“新时代学校德育的改革与创新”丛书

新时代学校德育系统建设
N个“怎么办”

（中学分册）

叶文婷　主编

上海科学普及出版社

图书在版编目（CIP）数据

新时代学校德育系统建设N个“怎么办”. 中学分册 / 叶文婷主编. -- 上海：上海科学普及出版社，2023.6

（“新时代学校德育的改革与创新”丛书）

ISBN 978-7-5427-8178-9

Ⅰ. ①新… Ⅱ. ①叶… Ⅲ. ①中学－德育工作－研究 Ⅳ. ①G631

中国国家版本馆CIP数据核字(2023)第103098号

责任编辑 陈爱梅

“新时代学校德育的改革与创新”丛书

新时代学校德育系统建设N个“怎么办”

（中学分册）

叶文婷 **主编**

上海科学普及出版社出版发行

（上海中山北路832号 邮政编码200070）

http：//www.pspsh.com

各地新华书店经销 上海商务联西印刷有限公司印刷

开本787×1092 1/16 印张16 字数272 000

2023年6月第1版 2023年6月第1次印刷

ISBN 978-7-5427-8178-9 定价：56.00元

本书编委会

主　编　叶文婷

编　委　王　宇　杨　岚
　　　　秦　蓁　周雯婕
　　　　陆春晔

丛书总序

【编书缘由】

党的十八大报告指出“把立德树人作为教育的根本任务”，对中小学培养什么人，如何培养人和为谁培养人指明了方向。为了贯彻落实这一根本任务，教育部颁发了《中小学德育工作指南》，强调：“该《指南》是指导中小学德育工作的规范性文件，适用于所有普通中小学。各地要加强组织实施，将《指南》作为学校开展德育工作的基本遵循，纳入校长和教师培训的重要内容，并将其作为教育行政部门对中小学德育工作进行督导评价的重要依据，进一步提高中小学德育工作水平。”为全国中小学在新时代改革创新学校德育工作和班级建设工作提供了一个具有普遍指导意义和可操作性的法规政策依据。

为了进一步贯彻落实《指南》精神，及时宣传推广上海市中小学的有效做法和鲜活经验，帮助广大学校德育工作者和班主任老师聚焦改革与创新的瓶颈问题，提高中小学校立德树人和建班育人的品质和水平，并形成相关的培训资源和课程，本丛书面世前，我们已经出版了《新时代班级劳动教育 N 个怎么办》《教育转型背景下学校德育 N 个怎么办》《教育转型背景下建班育人 N 个怎么办》等系列专著，受到了广大德育工作者和班主任的赞誉和欢迎，纷纷要求我们多出一些类似的书籍，以助推立德树人根本任务的有效实施，以赋能建班育人专业能力的进阶提升。为此，我们组织了一批上海市德育特级校长和特级教师以及十佳班主任和班主任带头人等，于 2019 年 11 月启动，历时三年有余，终于在中国龙年即将来临之时付梓，为新时代学校德育和班主任工作的改革与创新提供了可以“攻玉”的“它山之石”。

【丛书简介】

一、书名

从书名为《新时代学校德育的改革与创新》，以全国中小学校长、班主任老师以及学校德育工作和班主任工作的管理研究人员为主要阅读对象，以“学校德育”和“建班育人”为子系列，以小学和中学（包括初中和高中）为单位，编写出版四本专著，分别为《新时代学校德育顶层架构N个“怎么办”》（小学分册）、《新时代学校德育系统建设N个“怎么办”》（中学分册）、《新时代班主任专业素养进阶N个“怎么办”》（小学分册）和《新时代班主任核心能力提升N个“怎么办”》（中学分册）。

二、内容

站在新时代的起点上，聚焦立德树人的根本任务，围绕学校德育的改革与创新，立足学校德育和班主任工作两个维度，以解决问题为导向，提供有效的做法和新活的经验。

《新时代班主任专业素养进阶N个“怎么办”》（小学分册）选取了来自小学一线优秀班主任的30篇育人案例和智慧故事，让我们清晰地看到了新入职班主任“初尝试”的十个应知应会、在岗班主任“做扎实”的十个管理艺术、骨干班主任“新跨越”的十个提升修炼等不同板块的内容和功能。

《新时代班主任核心能力提升N个“怎么办”》（中学分册）精选了37个“怎么办”，分别从“互联网+时代班集体建设能力”“有效组织开展班会活动能力”“家班合力开展家庭教育指导能力”三个方面切入，聚焦真问题，呈现真情境，采用“研训合一”的模式，提供了可以复制的解惑之招。

《新时代学校德育顶层架构N个“怎么办”》（小学分册）坚持顶层设计系统架构的思想，遵循纵向衔接、横向贯通、分层递进和螺旋上升的原则，精选了29个生动的案例，分五个篇章，为我们呈现了学校德育的目标与内容、方法与途径、评价与管理、组织与保障等体系的科学架构。

《新时代学校德育系统建设N个“怎么办”》（中学分册）围绕健全系统化落实机制，激发学校改革活力的主题，梳理了31个“怎么办”的具体情景，分别从课程实施、文化建设、活动组织、队伍培养、资源整合等五个方面，以问题为导向，瞄准难点和堵点，勾画了学校德育工作系统化落实机制的四个特征。

三、体例

瞄准新时代背景下学校德育和建班育人的若干个“怎么办”，呈现学校德育和班主任工作改革创新、实践探索的鲜活经验和有效做法，力求做到：上接天线，立意高；下接地气，针对性强。既有学术深度，又有时代创意，更有实实在在的解惑之道和实践之招，不仅提高了本丛书的应用性和实操性，更为破解中小学德育和班主任工作的瓶颈问题提供了具有借鉴意义和辐射价值的“道术器事”，凸显了丛书政治性、专业性、系统性、实操性和实用性的鲜明特点。

1. 情境导入：以叙事的方式，为标题中的“怎么办”提供一个具体的情景。

2. 问题归因：针对情景中的问题，分析出现这种现象的原因。

3. 理论分析：从理论的角度，证明标题中陈述句所表达的观点，分析其成立的理由。

4. 实践支招：为情景中的问题提供解决方案。

【作者队伍】

丛书由上海市中小学德育研究协会副会长、德育特级教师陈镇虎和上海市普陀区教育学院德育研究室主任、德育特级、正高级教师王萍领衔，担任丛书主编。各分册主编及编委如下：

1.《新时代学校德育顶层架构N个“怎么办”》(小学分册)

主　编：梁　莉　杜川嫣

副主编：吴晓丽　罗丽萍

编　委：王　槿　谢晓燕　徐巍炜　罗丽惠

2.《新时代学校德育系统建设N个“怎么办”》(中学分册)

主　编：叶文婷

编　委：王　宇　杨　岚　秦　蓁　周雯婕　陆春晔

3.《新时代班主任专业素养进阶N个“怎么办”》(小学分册)

主　编：范　莉

编　委：孙丽萍　姜丽霞　陈洪云　凌洁敏　费笑雯

4.《新时代班主任核心能力提升N个“怎么办”》(中学分册)

主　编：李　岩　胡　诚

副主编：黄晓雁　陈雪琴

编　委：孙丽凤　唐　燕　龙骋华　施金辉　李　静

由丛书主编及各分册主编组织120多位来自上海市中小学校一线的优秀校长、班主任以及市区研究部门的资深研究人员参加了丛书的编写。三年多来，他们克服了难以名状的重重困难，终于为我们奉献了一份丰硕的新春厚礼！透过浓浓的墨香，我们更能悟出丛书背后折射出的、凝聚在作者及其团队身上的精气神韵——一种由献身教育的初心、爱满天下的情怀、教育本原的执着追求和高远的教育境界等集聚而成的崇高精神；一种由锐意改革、开拓创新、攻坚克难、永不言败，仰望星空又脚踏实地的务本求实、追求卓越等涵养而成的浩然气概；一种由健康的价值观、高尚的道德情操、站在时代前头的学术水平，以及不言之教的人文力量和润物细无声的人格魅力等蕴藉丰润而成的动人神韵。我们看到了广大德育工作者包括班主任改革创新的足迹和成果，体验到了他们不断前行的艰辛和快乐，感悟到了他们知难而进、迎难而上的理想光芒。因此，确切地说，这是一本凸显教育初心、信念使命和专业素养的智慧之书，虽然都出自一线很平凡的德育工作者，却能给人以感动，启人以理性，催人以奋进，不负韶华，永续始终。也许这就是本丛书的力量之源泉。

——为此，我们脱帽喝彩，并致以崇高的敬意！

上海市中小学德育研究协会副会长、德育特级教师　陈镇虎

上海市普陀区教院德研室主任、德育特级正高级教师　王　萍

健全系统化落实机制
激发学校德育活力

（代　序）

2017 年，中共中央办公厅、国务院办公厅印发的《关于深化教育体制机制改革的意见》指出：要全面深化教育综合改革，全面实施素质教育，全面落实立德树人根本任务，系统推进育人方式、办学模式、管理体制、保障机制改革，使各级各类教育更加符合教育规律，更加符合人才成长规律，更能促进人的全面发展。可见，提升学校育人质量是一个系统工程，在对学校德育工作的现实审视和思考中，我们常常会发现德育的针对性、实效性与吸引力、感染力还不尽如人意，工作的随意性和无序性依然存在，究其原因，可能是由于学校缺少健全的立德树人系统化落实的机制，全员育人、全程育人、全方位育人的德育工作格局尚未完全形成。因此，加强德育工作的顶层设计和统筹协调，激发学校改革活力，已成为新时代教育改革的必然要求。

本书共分五编，按照学校德育的实施途径，从课程实施、文化建设、活动组织、队伍培养、资源整合五个方面，以问题为导向，瞄准学校德育实践中遇到的难点和痛点，梳理了 31 个“怎么办”的具体情景，并通过问题归因、理论分析、实践支招三个步骤，系统地呈现了学校围绕立德树人根本任务，有序有效推进德育工作的过程，体现了学校德育工作系统化落实机制的四个特征：

1. **以育人为中心，具有教育性**

学校管理系统不同于一般机关企事业单位的管理系统，其基本功能是根据一定社会政治、经济、文化发展的需要，遵循人的身心发展规律，把受教育者培养为德智体美劳全面发展的社会主义建设者和接班人。因此，在落实学校一切工作时都应注入育人价值，以人为本，以德为先。在本书中，学校不仅注重课程与活动的育人成效，更是将校园内一草一木一砖一石、校园外各类场馆基地和家庭资源都纳入教育教学全过程，体现了学校管理者对管理系统各元素蕴含的育人价值的敏锐性和创生性，充分发挥管理系统中所有元素的育人功能。

2. 以发展为宗旨，具有人本性

对学校而言，人本性是指以学生为本，以教师为本，以这两个主要群体的发展为本。从现代管理学来看，教师和学生是学校的真正主人，虽然学校管理系统错综复杂，但实质是为师生发展服务的。因此，衡量学校德育工作机制建设是否优质，关键看能否为学生和教师创造了良好的学习、工作环境和发展平台。本书提供了一系列学校现代化治理的案例，特别是在学生的民主管理、教师发展内驱力的激发上，给出了鲜活的成功经验，可有效提高学校管理者的管理水平。

3. 以目标为引领，具有系统性

学校教育是一个多层次、多结构、多因素的系统，是一个相互联系、相互制约的整体。学校确立各层次目标及举措时，必须注意系统性原则，使德育的总体目标由宏观到微观，由笼统到具体，逐层分解和落实。本书五编案例呈现的正是基于德育目标引领下的不同操作路径，体现了学校各层次组织和成员围绕学校的总体目标，面向全局、立足本职，坚持校内外、课内外、各学科之间的合力教育，团结协作，系统推进，以保证学校整体目标的实现。

4. 以特色为抓手，具有创新性

学校管理是一门科学，也是一门艺术，既有规律可循，又因人、因时、因地、因事而千变万化，是一种充满创新的活动。所谓学校德育特色，就是要根据学生个性差异的现实、个性发展的需要以及学校各具特质的育人目标，做本土化的设计和实施。本书中的学校，有的扎根地域特色的孵化来打造德育课程，有的在原有学校文化传承中探寻京剧文化魅力，有的用心理剧赋能家庭教育指导中的难题破解等，可谓“八仙过海，各显神通”，展现了学校师生在立德树人系统化落实机制中的智慧结晶。

本书总共收集了36篇文章，作者大多来自学校德育管理岗位，有书记、校长、德育（政教）主任、年级组长、大队辅导员等，他们长期实践在学校第一线，调查研究、系统规划、组织实施，在学校德育系统建设上有着非常丰富的实践经验，31个“怎么办”为读者提供了鲜活的、可借鉴的育人智慧和管理策略。

另外，每一编还收录了一位区教育学院或学校德育研究骨干的理论思考，从不同角度分享了他们的德育科研成果，同时，这5位作者也是该编文章的主要指导者，为解决育人难题奉献了智慧与心血，使本书更具理论与实践相结合的高度。

学校德育系统化落实机制需要充满智慧的民主化管理手段，需要引导、吸引、激励全体师生和教职工参与其中，以主人翁的姿态去系统落实各项德育工作任务，让学生、教师、学校和谐发展，激发学校改革活力，正所谓和成事，慧泽人。期待本书能给学校德育工作者带来诸多启迪。

上海市教育科学研究院　叶文婷

2023年3月6日

CONTENTS 目　录

第一编　课程实施

第二编　文化建设

第三编　活动组织

第四编　队伍培养

第五编　资源整合

第一编

课程实施

"双新"改革下综合德育活动课程的设计与实施

王　宇

在教育教学改革不断深化的时下，随着从高中到义务教育学段，新课程标准的颁布、新教材的编写，"双新"的校本落实更显重要。近年来，部分省市取消高考考试大纲试行，以选拔高综合素养人才的评价形态，"双新"正走向"三新"。探究改革核心要义，"双新"教育改革的精髓就是通过适切的教学内容，优化的教学方式，提升学生核心素养。德育正在其中，要在教育改革浪潮中，与时俱进地思考，如何以课程建设的思路，在活动育人过程中，强调学生问题解决、真实体验、主观建构、道德成长的效果。

一、德育活动课程建设瓶颈与出路

（一）当下德育活动课程现状剖析

以"直接"和"间接"分类德育课程。直接德育课程中，无论是高中思政课，还是中小学道德与法治课，在"双新"改革中，教师不断升级教学方式，重视学生的体验参与感，强调知行合一。间接德育课程中，"学科德育"以润物无痕的思路，将课程育人落实到教学点滴。德育活动课程，意义在于通过学生主动参与活动，主观建构道德认知，应属于"直接"类课程，但现实中，以学校为设计者，教师为主导者的德育活动，更多显示出"间接"属性。但学生在真实活动情景中，主动思考不足，道德发展存在局限。

1. 德育活动课程大概念小主题的意识不足

新时期人才培养观，要具备正确的价值导向与必备的关键品格。学校往往根据上级要求开展德育主题活动，对完善学生德育观应具备的大概念意识不足，即：对基于思想政治、道德品质、文化传承等德育大概念上设计并实施德育活动的认知不足。同时，不同学校校情与学情的不同，德育活动要形成本校特色，就得在小主题上深入思考，如：培养国家意识德育活动中，如育人中学依托校园资源，以传承发展红色革命精神教育为切入口，创设“铁军精神”系列活动课程，在国家意识小主题教育中实现了突破。

2. 德育活动课程形式启发与激发性有限

目前常见于学校德育活动课程的实施方式，常表现于“体验式”“参观式”“讲解式”“动手式”等，这样的活动课程方式对学生综合素养的提升、对道德建构的促进价值有限。结合时下“双新”背景对育人方式的要求，以学生的兴趣为出发点，设计活动主题与内容，教师的辅助引导，学生的主动性与聪明才智，在探究问题的德育活动中，得以更好激发。

（二）德育活动课程与时俱进的发展方向

上海市教委教研室在 2019 年发布《上海市中小学综合德育活动建设指导意见》，提出：综合德育活动，要关注“综合”二字的价值，要寻找到活动育人和学科育人的结合点，综合两者，在实践性、协同性、主体性上发挥活动育人价值。德育活动课程的重要表现在其能激发学生于真实体验中主动建构道德认知。同时，“双新”课改，将学生“双基”的培养，转变为“核心素养”的培养，落实到德育，要将“必备品格”与“价值导向”素养要求在校本化实践中落实落细落小。提出要升级优化教学方式，以项目化学习推进真实情境下的深度学习。

受此启发，开展综合德育活动课程，是新人才观培育下的积极探索，在德育大主题引领下，优化德育内容、升级德育方法，做到主题系列化，内容校本化，方式项目化，这样方能使得德育活动建设更具生命力。

二、综合德育活动课程设计思路

（一）区校联动机制下的研究与实践

综合德育活动课程要在原有活动基础上要有创新与突破，需要通过区校联动方式，区域统筹下做实顶层设计，开展项目研究，征集项目实验校推动实践不断深化。

通过项目及课题研究，在综合德育活动课程主题、内容、实施等角度设计实践任务，以管理互动、专业互动、实践互动、信息互动的工作机制建设，有步骤、有重点地引导学校孵化实践成果。

（二）"德目"要求下综合德育活动课程主题设计

梳理问题中，综合德育活动课程大主题设计要打破已有德育活动主题零散、随机的状态，上位梳理与统筹，根据学校特色，再形成系列化的活动主题，使得综合德育活动更系统、规范。根据上海市大中小德育一体化项目成果，从"德目"出发，浦东新区结合"政治认同""国家意识""文化自信""人格养成"四个一级德目要求，根据学校德育工作特色及时代新要求，再梳理具体的活动主题。目前较为成熟的系列化主题如表1所示：

表1　浦东新区综合德育活动课程系列化主题

大主题（落实"德目"）		小主题	参与学校
一级德目	二级德目		
政治认同	党的领导 政治制度	青少年"四史"教育	浦三路小学、福山证大外国语小学、第六师范附属第二小学
国家意识	国情观念	浦东改革开放 30周年纪念活动	洋泾中学南校、上海市实验学校、浦三路小学、进才实验中学
		生态保护	上海市实验学校附属东滩学校、民办尚德实验学校
		国际理解教育	上海市实验学校国际部、民办尚德实验学校
文化自信	历史文化	中国文化影响世界	民办尚德实验学校
人格养成	诚信守法 自强合作	劳动素养	民办尚德实验学校、第六师范附属第二小学、上海市实验学校
		生涯教育	交中实验中学、第六师范附属第二小学
		诚信守法小公民	建平世纪、洋泾中学南校、交中实验中学、进才实验中学

说明：综合德育活动系列化主题尚在不断完善中，此表仅梳理已取得成果的主题。

（三）结合时政与校情的综合德育活动课程内容设计

德育活动课程内容不同于教学中的教材内容，具有时间范围内的稳定性，常常表现出动态更迭，以"变中的不变"形容综合德育活动课程内容资源最为妥切。变是因为，其要随着发生在学生周围的德育资源因时政与社会发展的不同而更新，从而更显丰富而生动；或者是因为学校办学特点，更能符合学生成长理念，更显个性而有活力。不变的表现是，这些德育内容资源围绕的均是提升学生的综合素养，提升学生的道德认知。综合德育活动课程内容资源体现一校一品的同时，更要符合时代特点，强调德育时效感。

1. 时政性课程资源

开展青少年“四史”教育，加强思想意识与政治认同教育中，如进才实验中学，以“道德与法治”课为基础，拓宽课堂教学边界，依托场馆资源，建设综合德育活动课程内容。其遵循教学要与社会实践活动相结合，加强课内课外联结，实现隐性课程与显性课程相配合，培养青年一代成为有理想、有担当、有责任的接班人。依托中共一大会址爱国主义教育基地，构建课程内容“在场馆中行走，寻找一个个历史故事，让场馆说话”。在体验式的学习方式中，感悟和建构个人成长和国家发展的关系，在自主探究和合作探究中认识时代赋予青少年的责任。

2. 校本性课程资源

如上海市实验学校附属东滩学校，依托崇明地域生态资源，孵化学校特色综合德育活动课程。其中“趣自然”东滩湿地研学考察课程内容中，利用崇明东滩湿地，构建课程内容“模拟湿地环境，学生讲解湿地保护”“湿地十公里徒步”“在大自然中学会生存（学生如何在荒郊野外作污水净化和做逃生绳索钻木取火等）”“种植蚕豆活动，体验农耕乐趣”，这样系列化的课程内容，使同学们对大自然的神奇和环境保护的重要性有了更深的体验，也让学校课程更具校本特色。

三、综合德育活动课程实施模式

(一)“PASS(路径法)”实施模式介绍

综合德育活动课程的学理依据来源于：一是知情信意行下的认知建构，二是项目化学习方式借鉴：问题（任务）驱动、高阶学习、主动体验、物化成果。

其优势功能表现为：解决传统主题式德育活动缺少激发学生主动探究的问题感，解决学科所学与德育活动关联度低，解决德育活动中学生主体及主动性弱，解决德育活动中学生获得感较弱。

在活动方法上实现升级，体现在：第一，创设活动情境，能将学生所学知识在其中予以应用。第二，激发学生参与活动的主动性，通过设计驱动性问题，激发学生探究兴趣，真实体验中不断提升其综合素养。

目前形成初步的课程实施模式凝练为“PASS（路径法）”：

P（Problem）：驱动性综合问题

A（Activity）：综合德育活动体验

S（Subject）：学科探索

S（Success）：学生成果成效

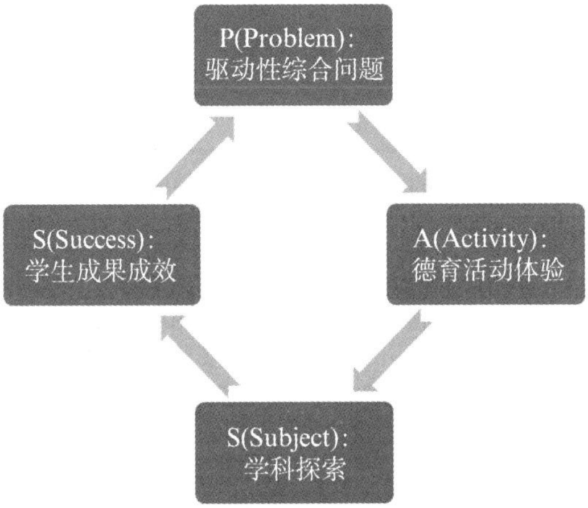

图 1　中小学综合德育活动课程“PASS（路径）”实施模式

在“P（Problem）：驱动性综合问题”设计实施中，要提出总体问题，还要提出解决的总体思路。

在“A（Activity）：综合德育活动体验”设计实施中，要按照德育活动设计思路，围绕大概念小主题，在“德目”下，聚焦学校德育发展特色，确定“活动主题”“活动中解决的具体问题”“活动内容（活动目标、参与对象、活动过程、活动作业）”“预期活动效果”。

在“S（Subject）：学科探索”设计实施中，要呈现“教学中解决的具体问题”“教学简介（学科、课程类别、年级、学期、教学内容、课时）”“教学设计概述”“教学效果（对解决问题的回应）”。

过程中，要阐述德育活动与教学的关系，针对学生对象，所开展的教学内容与涉及的活动内容之间以及与育人的关系。针对总体问题，分散进课堂教学和德育活动中，分别重心在哪里解决问题。

在“S（Success）：学生成果成效”设计实施中，要将能印证成果的物化表现的文字、照片、视频等呈现。

（二）案例解读：“晒被子”劳动教育综合实践活动课程①

上海市实验学校附属东滩学校，地处崇明生态岛，中小学生住宿中，要学会自己晒被子，根据“PASS（路径法）”实施模式，简要将学校劳动教育综合德育活动课程案例按照“PASS（路径法）”解读如下：

1. 驱动问题：冬日在上实东滩学校住宿，你的被子应该怎样晒？

2. 学科探索（以地理学科教学探索为例）。

表2　地理学科“晒被子”教学概要表

提出问题	怎样的晾晒时间和朝向能使晒被子效果最好？	
教学探究概要	根据地理中地球自转知识点，学生观察百叶箱一天中三个时间点的温度：即：8:00、14:00、20:00，得出14:00温度最高，最适宜晒被子。 实验过程：（略） 实验结论：中午12:00—下午14:00温度最高，最适宜晒被子	根据地理中地球公转知识点，学生分两小组晒被子，一组朝北，一组朝南，下午用手摸被子温度。 实验过程：（略） 实验结论：晒被子朝南接受的太阳光热更多，被子更暖和
	 地理课：不同材料的被子有不同的“特点”，要选择不同的时间和地点晾晒，同学们根据探究，选择了12:00—14:00通风良好处来晾晒被子	 地理课：这条漂亮的棉花被子是我根据自己的探究和妈妈一起购买的。我选择了自然环保的棉花被，通过探究我知道棉花材质没有羽绒和丝绵那么容易吸潮
解决问题	选择符合学校地理位置特点的晾晒时间和晾晒朝向，使得被子晾晒效果达到最佳	

① 本节在上海市实验学校附属东滩学校陈丽萍校长提供基础上修改。

3. 德育活动

表 3 “晒被子”综合德育活动劳动课程

	校内“晒被子”劳动活动	校外“晒被子”劳动活动
“晒被子”劳动活动课程	在新生入校前下发“晒被子”课程学习包（内容包括：“晒被子”项目化学习成果汇报微视频、安全注意事项，同寝互帮互助方法介绍），指导新生家长结合学生需求选择不同材质的被子。在新生入学当日，高年级志愿者为新生介绍东滩的地理环境和气温变化特点，指导新生找到合适的晒被子地点，引导同寝室小伙伴互帮互助完成第一次晒被子活动。通过活动提升学生的劳动能力，同时让新生通过晒被子活动养成良好的个人卫生习惯，与同寝室友及高年级师哥师姐尽快成为好朋友	学生在家中帮助父母叠被子、晒被子，学会劳动技能的同时，学生们切身体会到了父母的辛苦，学会感恩。提高主动承担家务的意识，增强家庭责任感
	 六年级弟弟妹妹们，冬天到了被子厚，你们的身高和力气都小，让师姐来教教你们寝室的小伙伴如何互帮互助安全晾晒被子吧	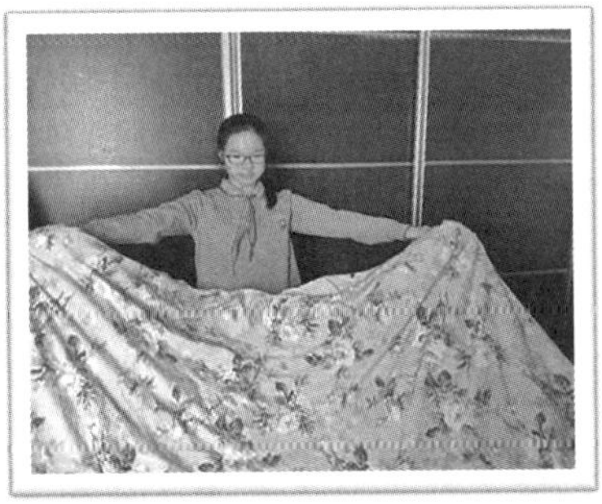 在学校学习了晒被子劳动课程，回到家我要变成小主人，帮助妈妈选被子，晒被子了

4. 成果成效

展现学生成效的照片等资源在表格中，文字呈现如下：

（1）**“知信行”统一。**“晒被子”综合德育活动的开展，在问题驱动下，学生将课堂所学与真实德育活动体验相结合，掌握劳动技能的同时，还对科学现象、科学原理有更为深刻的理解。

（2）“情意”结合。校内、校外综合德育活动的有机结合，让学生的劳动技能得到了巩固，同时也让学生切身体会到父母的辛苦，学会感恩。提高主动承担家务的意识，增强家庭责任感。“晒被子”的综合德育活动课程的实施，增加了班级同学间的交流与合作，发展了学生的沟通交流能力。同时让一些在传统环境下学习困难的学生找到了自信，这些学生动起手来要比平时学业成绩优秀的学生更协调敏捷。

综合德育活动课程是一项富有生命力但尚处发展中的一项工作，在实践过程中，遇到阻力：一是，在设计德育主题下的驱动性问题，存在空泛、操作性弱。二是，教学探索与德育活动仍有不贴合“两张皮”的问题。即：驱动问题性下，教学探索与活动体验的内容联系度低，各管各。分析背后原因，有管理制度的限制，有教师理念的滞后。但是，未来人才的时代召唤，学习已不仅仅是知识技能的掌握，而是综合素养的较量，因此，深化综合德育活动课程中，更需笃定而坚持的努力。

作者介绍

王宇，上海市浦东教育发展研究院教育评价指导部、德育研究指导部副主任（主持工作），研究领域聚焦学科德育与德育评价。上海市浦东新区德育骨干教师，上海市育德之星，浦东新区优秀共产党员。主持的研究工作先后获得2017、2021年上海市基础教育教学成果奖二等奖、第七届上海市教育科研成果二等奖、第十届浦东新区教育科研成果二等奖，在各类核心期刊发表文章30余篇，多篇文章被人大复印资料转载。

思想政治课难以入脑入心怎么办?

创设大观念下的典型情景
提高课堂教学质量

苏百泉

情境导入

“双新”(新课标、新教材)之后，新教师教学研讨会上，入职不到一年的思想政治课教师们在分享工作收获的同时，也诉说着工作中的困惑和问题，希望从老教师那里得到指导与帮助。

1. 教师感受

研讨会上，新老师们普遍反映，新课标倡导的构建活动型学科课程的理念非常必要，学科内容采取活动的方式呈现，有助于增强学生的学习兴趣，提高教学效果。老师们普遍认为，新教材设置的“探究与分享”、“综合探究”等栏目内容为活动型学科课程的构建提供了思路和依托。

新老师们还谈到了教学中的不少困惑和问题。比如，开展学科活动往往需要更多课时，甚至还要利用学生更多课余时间，可是学生的学习时间是一定的，怎么提高活动效率，不增加学生负担?再比如，学科中有大量概念、理论，学习概念理论和开展学科活动的关系怎么处理?理论知识与生活关切的关系怎么处理?开展学科活动会不会削弱学科知识的掌握?

2. 学生反馈

研讨会上新老师们还谈到了，学生们普遍反映思想政治课和他们的社会生活关系密切，多数学生对思想政治课兴趣浓厚，能够积极参与课堂活动和课外社会实践活动中。

不过，有些学生反映课堂活动虽然很热闹，但是课后却不知道学到了什么，也有学生反映虽然学到了不少理论，却不知道有什么用，怎么解决生活中遇到的实际问题。

与高中阶段其他课程不同，思想政治课是一门既具有学科理论知识逻辑体系，同时又具有鲜明实践性特征的学科课程。一方面，学科理论学习需要按照理论内在的逻辑进行推理论证，另一方面既要帮助学生增强社会理解和参与能力，促进知行合一，又需要紧密结合社会实践活动，凸显课程的实践性与参与性。如何处理好学科逻辑和实践逻辑的关系，是思想政治课构建活动型学科课程过程中必须直面的重要问题。

问题归因

一、班级授课制天然的局限性

班级授课制的优点是效率高、有利于开展系统的有计划的教学、有利于发挥教师的主导作用等。但是，班级授课制也存在明显的局限性。比如，从空间上说，课堂环境与真实的社会生活环境迥异，造成课堂所学内容难以迁移到真实的社会问题上；从时间上说，分课时的教学安排，使得复杂问题的教学受制于课时，不得不削足适履，教学效果大打折扣。同时，这种时空限制也使得在课堂上难以开展有效的实践活动。另外，统一化的教学安排容易忽视学生的个体差异，增加了因材施教的难度。

二、思想政治课学科内容应用场景的复杂性

思想政治课强调学以致用、促进知行合一。思想政治课的学科内容与社会生活具有极强的关联性，无需教师刻意引导，学生就会自然地将思想政治课的内容与社会生活联系起来——结合社会生活理解所学内容，并运用所学内容分析和解决社会问题。但是，思想政治课的学科内容大多是从社会现象中提炼出的具有普遍意义的、一般性的抽象理论知识，而社会问题往往是多因素、多变量相互交织、持续作用的综合体，其复杂程度使得学生很容易陷入纸上谈兵、盲人摸象的困境之中。所以，当所学内容难以对社会问题给出合理解释时，学生就容易对学科内容的价值甚至科学性产生怀疑。

理论分析

一、解析：学科课程与活动课程

（一）学科课程

学科课程又叫做分科课程、文化课程，是一种主张以学科知识为中心来编定的课程，其重要功能是促进系统学习。学科课程是一种传统的课程类型，它主张课程要分科设置，分别从相应科学领域中选取知识，根据教育教学需要分科编排课程，进行教学。这种课程类型强调将具有系统性、逻辑性与完整性的学科知识传授给学生。

（二）活动课程

活动课程则建构在主题学习的基础上。许多哲人、教育家都对其有论述。柏拉图的“儿童游戏场”主要通过讲故事、做游戏、唱歌等形式对儿童进行早期教育。法国教育家卢梭的“自然教育思想”认为，教育要将学生放归大自然，通过锻炼、劳动、观察事物来发现学习。还有提出了“教育即生活”“学校即社会”“教育即生长”的美国教育家杜威，强调“做中学”，即通过丰富多彩的活动学习知识。

由此可见，活动课程是与学科课程相对的一种课程类型。活动课程又叫活动中心课程、经验课程或者学生中心课程，是一门以学生为主体，以满足学生兴趣和需求为目标，通过组织学生参与一系列活动，在活动中获取直接经验的课程。

二、启发：活动课程理念对开展高中思政课的价值

因为学校教育的目的性、计划性，以及对效率的追求和受时空限制等因素，学科课程一直是学校课程体系中的主流，活动课程一直居于次要地位。“活动型学科课程”作为课程类型上的创新，力求打破传统课程论对于学科课程和活动课程的划分方式，实现学科与活动的高度融合。

（一）活动型课程的核心：主题式教学

“活动型学科课程”的基础是学科逻辑和理论知识，不过，学科知识并非彼

此割裂的“知识点”，而是具有内在逻辑的“知识系统”。我们把能统领每个“知识系统”的概念、原理称为“核心概念原理”或者“大观念”。我们把这种围绕“核心概念原理”或“大观念”而进行教学称为“主题式教学”。就高中思想政治课来说，需要将抽象的概念、原理，转变成一个大观念，开展主题式的教学。不是一颗颗葡萄，而是一串串葡萄，这样的教学效果更能贴近学生实际。

(二)活动型课程的优势：情景教学的生动性

活动型学科课程就是实施过程和方式高度活动化的学科课程，无论是课堂教学活动，还是学科课外实践活动，它都要求其实施过程符合实践逻辑，与学生生活经验相结合，学科内容采取思维活动和社会实践活动等方式呈现，即通过一系列活动及其结构化设计，实现“课程内容活动化”“活动内容课程化”。

学科活动的开展要依托一定的情景。只有在课堂上创设或引入真实而复杂的社会生活情景，做到学科知识问题化、学科问题情景化，才能为学科活动开展提供载体，促使学生对学科内容的理解与迁移实现入脑入心。

实践支招

活动型学科课程既从课程性质的角度揭示了思想政治课的内在矛盾和本质属性，又通过课程类型创新为思想政治课的改革指明了努力的方向。但是，如何实现“课程内容活动化”“活动内容课程化”，如何实现学科逻辑和实践逻辑的有机统一，如何能将思政教育入眼入脑入心，还需要我们不断进行教学实践和探索。

一、大观念教学统领学科理论

大观念的英文是 Big idea，又叫做大概念、大想法、大思想。这里的“观念”对于学科教学来说，一般是指概念（定义、判断）或原理、定理、规律（判断或推理）。“大”主要强调基础性、稳定性、系统性（体系性、可分性），“大”具有相对性，比如，课时相对于教学环节、单元相对于课时、模块或课程相对于单元、章和课相对于节和框目都可以称之为“大”。

具体到新课标下的思想政治课教学，大观念应该是学科核心素养与具体学科内容的结合。大观念有助于教师从教材中细枝末节、零零散散的名词概念中解放出来，不在受琐碎知识点的桎梏，抓大放小、提纲挈领，使教学紧紧围绕大观念展开，有助于学科核心素养的培养，有助于提高学科理论教学效率，也有助于为理论教学与学科活动的融合开拓空间。

比如，必修1“中国特色社会主义”的四课内容容量很大。以第一课“社会主义从空想到科学、从理论到实践的发展”为例，教材详细阐述了从原始社会到奴隶社会、封建社会、资本主义社会、社会主义社会的人类社会发展历程，涉及不少概念、原理。比如氏族、部落、文明、阶级、国家、剩余价值、生产过剩、经济危机、社会化大生产等。如果教师试图把这些概念原理都讲解得明明白白，课时就会不够用。

那怎么办？教师必须从大观念的高度审视这些概念原理，明白这些概念原理在课程中到底主要是论点还是论据？只有大观念才是需要重点掌握的论点，不属于大观念的概念原理则可以视为论据，大致了解即可。

那么，必修1“中国特色社会主义”的大观念有哪些呢？我们可以把整本书的大观念概括为“中国特色社会主义是科学社会主义理论逻辑和中国社会发展历史逻辑的辩证统一”，这是必修1最重要的观点，教材的所有内容都是作为这一大观念的分论点或者论据。

在这一大观念下，第一课的大观念可以概括为“人类社会的发展进程取决于社会基本矛盾的运动”。“人类社会发展的一般进程”就是从原始社会、奴隶社会、封建社会、资本主义社会到社会主义社会，“社会基本矛盾”就是生产力和生产关系、经济基础和上层建筑之间的矛盾。这两对矛盾贯穿于所有的社会形态中，在不同的社会形态中有不同表现。前面提到的那些具体的概念原理，往往是阐述社会主要矛盾在不同社会形态中的特殊表现时涉及的，它们基本上都是为了说明社会基本矛盾运动服务的。所以，教师在进行必修1第一课教学时，只需要把“社会基本矛盾运动如何推动人类社会从低级阶段发展到高级阶段”这一大观念讲解清楚，其他的概念原理则可以灵活处理。

二、情景化教学使抽象概念和原理具体化

情景，又可称为案例、素材，它有多种表现形式，比如故事、历史事件、文艺作品片段、文献资料、模拟或表演，等等。它既可以是文字材料，也可以是影音作品，还可以是学生活动，包括社会实践活动。

学科核心素养就是看学生能否运用学科内容应对各种复杂社会生活情景的问题和挑战。学生的学习应该是在一个又一个基于真实生活情景的主题或项目中通过体验、探究、发现来建构自己的知识，发展自己的能力，养成自己的品格。情景可以使抽象的概念和原理具体化。学生在典型情景中可以先获得感性认识，为提炼理性认识奠定基础。在教学中引入复杂的真实情景更有助于学生有效迁移、学以致用，提升教学有效性。

（一）示例情景

最简单的情景创设是举例子。一个抽象的概念或者原理，如果能通过典型的事例加以解释说明，往往有助于学生获得准确的理解。举例是思想政治课教学非常普遍的教学方法。比如，要想理解什么是实践，就需要举出来大量典型的例子或不典型的例子。比如工人做工、教师教学、作家写作小说、社会改革都是典型事例，但是耕牛耕田、回忆往事、蜘蛛结网等则不属于典型事例。

（二）主题情景

更加复杂的情景创设可以用典型主题情景贯穿某个教学环节、一节课甚至一个单元。

我们可以通过典型主题情景贯穿某一个教学环节，解决某个具体问题。比如，要想学生弄清楚法定继承和遗嘱继承，可以通过创设一个典型情景，其中既包括第一顺序继承人，也包括第二顺序继承人，既包括具有赡养关系的，也包括没有赡养关系的。也可以设置多个遗嘱，考察遗嘱的有效性问题。甚至可以将遗赠等内容设置在情景中。通过情景的分析，学生就可以准确的理解相应概念和法律规定。

我们也可以贯彻单元教学的理念，用一个典型情景贯穿整节课甚至一个单元。比如，我们可以用中国高铁发展的事例贯穿整个必修2“经济与社会”的第一单元“生产资料所有制和经济体制”。这一单元包括两课内容——第一课“我国的生产资料所有制”和第二课“我国的社会主义市场经济体制”。两课的大观念分别是“所有制结构是我国社会主义经济制度的优越性的重要体现”和“使市场在资源配置中起决定性作用，更好发挥政府作用”，包括了不少比较抽象的概念原理。为了提高学生兴趣，为学生学习搭建支架，我们可以选用被称为中国“新四大发明”的高铁发展作为典型情景。在这一情景中，我们可以围绕中国高铁建设的投资来源、铁路公司的改革、火车票价形成机制的改革、高铁技术的引进和创新、高铁对中国经济社会的影响等具体资源素材，创设情景、设计问题、开展活动，让学生在典型情景中感受、思考、分析、讨论，逐渐形成对我国生产资料所有制和经济体制从感性到理性的认知，进而理解“两个毫不动摇”和“使市场在资源配置中起决定性作用，更好发挥政府作用”的政策主张。

教无定法，思想政治课要走入学生内心，需要广大一线教师发挥自己的聪明才智。智慧的教师总能让自己的教学做到深入浅出，不但保证思想性、理论性，还能具有亲和力和感染力。“双新”起步不久，有不少新问题有待思政课教师去探索、钻研。希望广大思政课教师以自己的教学智慧助力学生健康成长。

作者介绍

苏百泉，华东师范大学第二附属中学思想政治课教师，政治教研组长，上海市浦东新区学科带头人。曾获得上海市、全国思想政治课优质课比赛一等奖，先后发表数十篇论文。

初中生“知行不合一”，怎么办？

依托部编新教材　开展活动课程建设

王　婷

情境导入

部编教材“道德与法治”已经进入课堂第三年了，如何用好这本教材让有意义的思政课堂变的有意思，让学生喜欢，实现知行合一的育人目标，思政课老师应在自己的教育教学工作中不断思考、不断探索。

某校初二某班的思政老师同时也是这个班的班主任王老师，最近感到困惑又苦恼。学校的校规规定学生在校园内不可以使用手机，携带手机的同学在进入校园后要将手机交由班主任代为保管，放学后统一领回。刚开学不久，道德与法治课上就讲了“遵守规则”。王老师心想，这下班级的同学应该不会再违反校纪校规了吧。可是，班里的小孙同学，最近有点玩手机游戏上瘾，他又一次带着手机进入了教室。下课时，他躲在教室角落里玩手机游戏，被同学看到并报告了老师。

王老师：不能带手机进校园、进课堂这是学校的校规，你知道吗？

小孙同学：我知道。

王老师：前两天，我们道法课上还讲过要遵守规则，你为什么不遵守这项校规呢？

小孙同学：书上讲的，和您讲的这些大道理我都知道。可是，我太喜欢玩手机游戏了，我管不住自己。

小孙同学的回答，不由得让王老师产生了挫败感。她说思政课最难的不是学生不知道，而是知而不信、知而不行。

知行合一始终是德育的基本原则之一。2017 年教育部颁发的《中小学德育工作指南》中就“课程育人”指出：“围绕课程目标联系学生生活实际，挖掘课程思想内涵，充分利用时政媒体资源，精心设计教学内容，优化教学方法，发展学生道德认知，注重学生的情感体验和道德实践。”作为德育主阵地的思想政治课程如何真正有效落实知行合一的育人目标，是我们工作中急需解决的关键问题。

问题归因

一、教材变化

《初中道德与法治学科教学指导意见》指出：初中道德与法治学科的教材是以核心素养为指向的教材，是引导学生走向深度学习的教材。相较于传统的外部灌输、被动接受的“浅层学习”，深度学习指向的是培养学生的高级认知和高阶思维，更是强化情感驱动的非认知学习特征，也就是指向立德树人、发展核心素养、培养全面发展的人。这样的教材设计必然带来教学的变革，但目前大部分教师延续着传统教学中的一些教学惯性，比如过分强调传授知识、死记硬背知识点，习惯教教材而不是以学生为本，关注学生的全面发展。对于新教材，很多教师还没有厘清教材逻辑，较难以将教材逻辑和学生已有的认知结合开展教学，导致学科知识碎片化，无法帮助学生完成教学内容的结构化，学习浅尝辄止，效果堪忧。

二、教学惯性

随着部编教材进入课堂，教师面临着教学理念和教学方式变革等的各种挑战。新教材中有大量的课堂活动设计，这些活动都是以解决现实问题为主导的，需要教师以问题设计的方式搭建教与学的支架，帮助学生在真实问题的分析和解决过程中逐渐培养学科核心素养，这对于习惯于传统教学中只要按照教材，拿着教参就能完成一节满堂灌的课的教师来说，是一个巨大的挑战。面对新教材和新的教学理念，教师们本体知识的匮乏以及渗透跨学科教学意识的缺失、教学方式的单一等是导致“知行合一”目标难以达成的其中一个原因。

三、学生特点

“知行分离”从学生角度来看的原因，当下信息化时代，学生接受信息渠道非常多，面对纷繁复杂、良莠不齐的信息，初中生缺乏理性判断能力，容易走偏。每一个学生都是独立的生命个体，都有自己独立的思想和情感体验。他们来自不同的家庭，受到家庭的教育和影响，有很多已有的认知以及生活经验，他们不是一张白纸。所以德育课程不关注学生的已知和未知，盲目开展的教学只能是空洞说教，变成学生眼里一门只讲大道理的无趣副课。

其次，学生身处的社会呈现出的问题是复杂多样的，然而课堂教学情景却是简单的，简单的书本学习会导致道德认知上的一知半解、知而不信、知而不行。

理论分析

一、遵循学生认知及道德品质养成规律

初中阶段，学生的抽象逻辑思维开始由经验型向理论型转化，三观形成模糊框架，自我意识获得快速发展。因此初中”道德与法治“课目标应注重在真实情境中引导学生对社会规范和道德规范形成更为深刻的认识。

二、遵循建构主义教学理论

建构主义学习理论是学习理论中行为主义发展到认知主义以后的进一步发展，主张学习是学生自己建构知识的过程，学生不是简单被动地接受信息，而是主动地建构知识的意义。

建构主义学习理论主张教学不能无视学生已有的知识经验，不能简单地强硬地从外部对学生实施知识的“填灌”，而是应该把学生原有的知识经验作为新知识的生长点，引导学生从原有的知识经验中，主动建构新的知识经验。

因此，在“道德与法治”课中，道德知识对于学生的价值不仅在于实现从“不知”到“知”的跨越，更在于从“知”到“信”的提升。“道德与法治”的学科特性“理论与实践相统一”，决定了要将学校小课堂与社会大课堂有机结合起来。实践性教学是初中“道德与法治”课教学环节的重要部分，是“道德与法治”学科坚持理论与实践相结合的必要途径之一。教师要积极搭建各类实践平台，学生要积极主动地参与整个学习过程，根据自己先前的经验来建构新知识，在主动体验中，在相关活动（知、情、意、行）后逐步形成稳定的道德品质，也就是我们所说的“知行合一”。

实践支招

一、优化“道德与法治”课堂教学方式

首先，课堂教学设计要以凸显学科核心素养为目标，加强教学内容结构化避免学科知识碎片化。这就要求教师在进行教学设计时要将学生心理特点、认知起点和能力基础与教材逻辑整合，形成契合学生需求的教学逻辑。

其次，在教学方式的选择上，要注重学生能力的培养。因为“核心素养必然外显于学生的某种能力”，所以无论选择什么方式都要以问题解决为主导。“通过知识问题化—问题情境化—情境活动化—活动序列化的设计路径，在真实问题的分析和解决过程中推进相应知识的学习，引导学生提出质疑、进行辩论、给出创见，在知识的迁移过程中，促进关键能力、必备品格与价值观念整体提升。”

再次，就课堂教学的组织者教师而言，思政课教师的个人魅力决定了学科课堂魅力，亲其师方能信其道。思政课教师不仅要有思想魅力，更要有人格魅力。思政课是铸魂育人、立德树人的特殊课堂。思政课教师作为价值观的传播者和塑造者，在一定意义上可以说是思政课的人格化存在。学生往往会从教师的自身存在，去领会、印证他所言说的价值观内容。教师在课堂所展示的人格魅力，就成为思政课教学魅力的内核和底蕴。只有有思想的人，才能讲出思想的水平；只有有信仰的人，才能讲出信仰的意蕴。

二、延展“道德与法治”课堂边界

首先，思政课的学科特性“理论与实践相统一”决定了这是一门活动课程，课堂教学要有效结合学校开展的各种德育课程，将思政小课堂和社会大课堂有机结合起来。比如，可以结合学生综合素质评价活动中的社会实践课时，充分利用学校周边或者和学校共建的一些场馆，开展馆校合作课程。学生在场馆中行走、在活动中体验、在体验中感悟、在感悟中认同社会主义核心价值观，实现润物无声的教育功能。

其次，课堂教学要有效结合学科综合实践活动，有效延展课堂教学的宽度和厚度。学科实践活动要根据学生成长发展需要和学科内容精心设计，教师要加强对学生相应学法的指导，帮助学生获得关注社会、探究和服务社会的体验，运用学科知识，在发现问题、分析问题、解决问题的过程，学会面对复杂的社会生活

和多样的价值观念，作出正确的价值判断和行为选择，实现知行合一。

立德树人是教育的根本，知行合一是教育永恒的主题。中学生处于人生的“拔节孕穗期”，最需要引导和精心栽培。只有遵循“知、情、意、行”的教育规律，就能让每一节有温度的思政课在青少年学生心中埋下真善美的种子。新时代新要求，致力于引导学生走向深度学习的教材变革对教学方式提出巨大的挑战，对教师提出更高的要求。思政课不再是简单的知识输出，如何利用有限的课堂时间与教学情景复刻无限的问题冲突，并在此过程中引导学生深入思考，内化知识，培养新时代的青少年，这是一个亟待解决的问题。

因此，引导学生“知行合一”，教师在提升教学能力，丰富知识储备的同时，更需要完善个人修养，依托人格魅力，形成“润物细无声”的常规化思政效果。注重学生情况的调研分析，形成契合学生特点与教学要求为导向的教学逻辑，强调问题解决的情境创设，创新延展课堂边界，联动社会大课堂与思政小课堂，将“立德树人”的教育根本融化于心。

作者介绍

王婷，上海市进才实验中学学生处主任、道德与法治学科教师，中学高级教师，浦东新区学科带头人。作为一名思政教师，王婷老师始终秉承“教师在课堂中成长”的专业发展理念，以生为本，在学科教学中建立师生平等的对话关系，立足学生起点，在教与学中提升学生的能力。

学科德育不能有效落地，怎么办？

明晰内涵与路径　深耕课堂教学实践

王　宇

情境导入

1. 学科德育有点“窄”

（1）德育内涵有点窄

梳理近些年区域学科德育精品课程报送情况，发现无论是语文、历史类人文学科的选题方向，还是化学、数学等科学类学科的教学设计，“育德”主题围绕爱国主义教育的比例占到6成左右，语文学科选择《少年中国说》这样的爱国主义美文，数学在“圆的周长”授课中，讲解中国数学家影响世界的故事等。而其他方面，如：“国情教育”“美德教育”“环保教育”等育德主题涉及有限。

（2）学科类型有点窄

在学科德育实践中，很多老师思维定势于德育的显隐性学科之分，觉得诸如语文、历史类人文学科教师才是开展相关实践的主要群体，所谓的“全员育人”落实度较低。

2. 学科德育有点“假”

学校中有一种课，虽精心打磨，但是演给观课老师看的，称为教学表演课。在学科德育课堂中，老师容易找到这样一堂课，精心设计，打磨成为“学科德育表演课”，师生互动中课堂育人氛围浓厚。但这样的课不能长久。不仅育不好人，还会形成一种弄虚作假，应付了事的功利氛围。

3. 学科德育有点“空”

德育学界达成共识，育德过程中，教师的育德目标越内化，育德内容越贴近学生实际，育德效果越显著。换言之，感受不到的说教，听不到的“大道理”，才越能走进学生的内心。

有一些课堂教学中，教师生怕学生听不到所谓的育德要求，常常在课最后的总结环节，将课堂育人拔高到学生一听就知道要“假大空”说一些“套话”的时候，这样的学科德育教学是空洞而无效的。

问题归因

从上述情景分析中，学科德育的问题，往往由于教师学科德育效能感低造成。教师要么以“应付”的心态，不愿意做，显得学科德育有点“假”。要么教师想做，但是不知道学科德育要育什么，以及实践路径，显得学科德育有点“窄”，有点“空”。教师需要弄清如下两个问题：

一、学科德育是什么

关于学科德育内涵，从过程性角度，“学科德育”是指教师在基础型学科教学中，根据教学内容与学生实际，充分挖掘德育资源，将育德自然地融入教学的各个环节，对学生道德品质的建构产生潜移默化的作用。从价值性角度，学科德育教学要达成知识技能与情感态度价值观的同频共振。

而学科德育中的“德”是指什么？笔者根据上海市大中小德育一体化项目成果中“德目”① 要素，就“政治认同”“国家意识”“文化自信”“人格养成”内容要素抽象而概括成德育目标，变成学生听得懂，想得明，落得实的故事素材，全面而科学地融入学科德育教学中。

二、学科德育怎么做

聚焦在课堂教学实践，教师希望看到更多的鲜活经验，如：学科德育典型教学策略，以同行经验共鸣的方式，学会教案设计，教学实施，反思总结。只有这

① 上海市大中小德育一体化项目成果中的“德目”，包含四个一级德目“政治认同”“国家意识”“文化自信”“人格养成”，每个一级德目下四个二级德目，共计十六个，分别为“政治认同”下的“党的领导”“政治制度”“发展道路”“科学理论”，“国家意识”下的“国情观念”“国家利益”“民族团结”“国际视野”，“文化自信”下的“国家语言”“历史文化”“革命传统”“时代精神”，“人格养成”下的“健康身心”“守法诚信”“自由平等”“自强合作”。同时，细化出六十多个育德点。（该“德目”仍在不断完善中）

样，学科德育教学才能成为教师学得会、做得了、愿意做、一直做的自觉教学行为。

理论分析

一、全人发展视域：从学科德育的社会性把握“德”的内涵

马克思和恩格斯在《德意志意识形态》和《共产党宣言》中，分别阐述关于人的全面发展的理论，主要涵盖了人的个体能力（体力、智力、交往能力等）的发展、人的社会关系的丰富化以及人的个性（身心和谐、个体的自我意识和道德观念等）的全面发展 3 个方面[①]。

“德智体美劳”五育并举下的教育发展，站在“全人发展”视域下，从学科德育的社会性出发，即：课堂教学是青少年综合素养提升、社会性发展的重要阵地与载体。同时，结合教学实际，将惠及学生一生的关于道德素养、人格健全、意识形态等方面德育元素融入课堂，有助于教师提升学科德育意识与能力。

二、有效教学论视域：从学科德育的科学性理解其实践基准

有效教学是始 20 世纪初的重要教育理论，是现代教学论的一种表现形态。所谓有效教学，就是教师要在教学过程中遵循教学规律，着力维持学生的学习热情进而达到预期教学效果的教学过程。[②]

“有效教学论”强调，基于教学的规律性，从学科德育的科学性角度，从学科教学本质出发，以学科素养角度，根据每一学科育人功能的独特性与方向性，有机而巧妙融入育德元素，在科学的教学方式导向下，开展学科德育。如：语文教学的学科德育，要从文字美的赏析中唤醒学生情感的共鸣，而思政教学的学科德育，要从教学素材中显性化的理解掌握德育目标，如果生硬而机械化地将语文课上出思政课的味道，既不符合语文教学规律，学生反而会失去学习语文的兴趣。

---

① 胡洪彬．课程思政：从理论基础到制度构建［J］．重庆高教研究，2019，7（1）．

② 同上．

实践支招

一、科学认知与落实“德目”

（一）基于“德目”的学科德育教学资源建设“3s”法

做好教学资源的解读与细化，是做实学科德育的前提与精髓，如下梳理的“3s”法，可供借鉴。

1. Study（学习）

（1）学习课标。了解学科课程标准的基本要求，课标下的德目落地，要符合学科教学的基本导向。

（2）学习教材。深入研读教材内容，清晰定位其中的育人要求，教育内容，并对各类资源进行梳理。

（3）学习文件。深入解读德育的各类文件与报告，例如：《中小学德育工作指南》，其所强调的学生德育工作重点，如：社会主义价值观教育、心理健康教育、生态文明教育等，要在课堂教学中确定合理的落脚点。

2. Sort（梳理）

（1）确定梳理框架。按照分类要素：德目、教学目标、教学重点、教学篇目等要系统化形成梳理框架。

（2）将教材内容按照“德目”显性育人点，整理进分类框架。

3. Supple（补充）

结合校情、学情及德育热难点，对教材中落实德目较少的内容进行校本化补充与完善。

（二）落实“德目”的课堂教学

“德目”内涵相对抽象，根据教学内容、学生实际，找到“德目”适切落脚点，同时无痕地设计于教学中，以收到较好的教学效果。以小学三年级语文《大禹治水》课文教学为例，供老师们参考。

1. 德目梳理

（1）一级德目：文化自信。二级德目：历史文化。

（2）德育价值

通过大禹多次过家门而不入，一心治理洪水的故事，让学生知“舍小家为大家”这种无私奉献的精神是中华文化中积淀的精神追求，进一步感受大禹的伟大和坚韧不拔。

2. 落实“德目”教学片断——以读促悟，情境体验文章主旨

（1）填词练习

师：大家根据课文内容，填一下括号中的词语。

生：大禹离开了家乡，一去就是（十三）年。这（十三）年里，他到处奔走，曾经（多）次路过自己的家门口。可是他认为治水要紧，（一次）也没有走进家门看一看。

师：一年是365天，十三年就是四千多个日日夜夜，大禹治水用了很久的时间。哪位同学能带着感情，着重在刚才填写的词语中，再读读这一段落。

生：着重读书填写词语后……

师：哪位同学能谈谈大禹治水的这十三年里，走到家门口时怎么做的？为什么这么做吗？

生：大禹治水时间用了很久，几次走到了家门路口都不进去，因为当时洪水没有治好，他得尽快去治理洪水。

（2）动画教学

师：接下来请同学观看动画视频：大禹治水，三顾家门而不入，老师提问：看过动画故事后最让你感动的是什么？

动画结束，学生回答老师之前问题。

生：大禹不分春夏秋冬，一直坚持在治水。

生：我感觉动画片中，他的儿子非常想念自己的爸爸。

生：我感觉他的儿子有点生气，他说：“爹，你为什么不回家？！”

师：那大禹为什么不回家？

生：因为天下百姓还在等着他去治水。

师：禹想念自己的孩子吗？

生：想念，因为我看到了他伤心的泪水。

师：那么想念孩子家人的禹为什么坚持去治水？

生：因为大禹说：“洪水没有治好，不能回家。”

师：大禹的这种精神，就是“舍小家为大家”。小家就是家人孩子，大家就是国家百姓。只有洪水治理好了，国家才能安定，百姓才能过上幸福安康的生活，每个孩子才能快乐地和他们的爸爸妈妈在一起。

3. 德育价值分析

语言学习是语文学科核心素养关键之一，在小学阶段，语文课中，大量的文字练习，朗读练习，教师若将育德的要求细化进字词填空，听读模仿中，对文字情感的理解与把握，自然而然地就会内化于学生心中，而这也是非常值得推广的语文学科德育教学重要策略。

二、学科德育典型教学策略剖析

(一)人文类学科(语文为例)：问题链教学策略激发情感认知

一般情况下，主问题是一篇课文的核心问题，子问题的设计是为了更好地帮助学生解决主问题，达成学习目的。这样层层递进、逻辑严谨的关系也让学生的学更有层次、有节奏、有主心骨。鉴于此，如果一篇课文的育德目标同时也是这篇课文的教学重点，就可以采用这样的学习策略，让育德目标在层层递进的问题情境中逐步推进，引导学生较为全面的感知与体悟。

例如：初中语文《关雎》一课，主问题：《关雎》这首诗中“君子”“淑女”塑造了怎样的形象？子问题一：何谓“君子”？从“君子”的形象入手，把握住了原文有关君子追求淑女不得后的表现，得出了“君子”应具备：克制、高雅、率真的特点。子问题二：何谓“淑女”？从“淑女”的形象入手，把握住了原文有关捞取，采摘，挑选荇菜的相关内容，得出了“淑女”应具备：姿态美好、情趣高雅的特点。子问题三：诗歌是怎样逐层展现“君子”“淑女”的品质的？通过问题的层层推进，诗歌中“君子”“淑女”的形象得到逐层的展现，落实一级德目“人格养成”下的二级德目“健康身心”“自由平等”，培养学生高尚的道德情操、健康的审美情趣。

(二)科学类学科(数学为例)：小组合作培养积极思维品质

根据数学学科教学本质，确定在数学教学中开展积极数学思维品质及健康人格养成的德育目标，落实“德目”中“人格养成”的落地。通过“小组合作教学策略”，在活动情境的师生互动、生生互动中，培养其积极的质疑、探究精神品质。如：以“三角形内角和”为例，组织学生开展小组合作，通过测量法、拼折法，得到三角形的内角和是 180 度。测量法通过测量有限的几个三角形猜想三角形的内角和，不完全归纳法；而拼折法直接操作，直观得到三角形内角和是 180 度。小学通过小组合作的形式，提高学生对课堂学习兴趣，来培养学生的学习动力，同时培养团队意识。中学的小组合作就要求更有深度，学生需要构建平行线，利用平行线的性质，证明三角形的内角和是 180 度，小组成员各抒己见，力求多种方法进行证明，更注重探究意识的培养。

学科德育教学目标是要惠及学生，而实施是重在教师。学生道德养成教育中的知情信义行的统一，需要点滴教育中的感悟与内化，而其中，教师肩负着助力其一生成长的重任。如何认知到学科德育的重要性，在认知到后，如何有效落实于常规教学中，变成教师的自觉行为，任重而道远，但是，基于学科德育要符合教学科学性、提升学生综合素养，发展自身专业成长的角度，从别人的经验中汲取实践推广的智慧，从科学认知学科德育中“德”的内涵，从实践操作上探索学科德育教学策略，方能使得学科德育教学具有生动的教学感召力。

作者介绍

王宇，上海市浦东教育发展研究院教育评价指导部、德育研究指导部副主任（主持工作），研究领域聚焦学科德育与德育评价。上海市浦东新区德育骨干教师，上海市育德之星，浦东新区优秀共产党员。主持的研究工作先后获得 2017、2021 年上海市基础教育教学成果奖二等奖、第七届上海市教育科研成果二等奖、第十届浦东新区教育科研成果二等奖，在各类核心期刊发表文章 30 余篇，多篇文章被人大复印资料转载。

着眼招生制度变革
系统研发生涯课程

许　青

情境导入

1. 高中招考制度变革

2014 年 9 月，国务院颁布了《关于深化考试招生制度改革的实施意见》，提出在全国范围内基本形成以分类考试、综合评价、多元录取为特征的中国特色新高考制度的目标。上海市作为首轮试验点，随即推出了具体实施意见，从 2017 年高考开始，实施“3+3”模式的高考改革，从单一的凭分数录取，改变为“两参考一依据”高考招生制度改革。

招生考试制度的改变，给了考生更多自主选择的权利，录取方式的改变，也给了学生更多样选择的机会，然而怎么选、选什么，却是摆在学校、学生和家长面前更为现实的问题。依据相关文件精神，学校教育是高中生接受生涯教育最主要的方式。

那么，高中阶段的生涯教育该如何开展？高中阶段的生涯课程又该如何实施呢？

2. 学生生涯素养缺乏

小 X 是我校 2018 届毕业的一名学生，当年他以不错的成绩考上海某所本科院校，因为对自己没有清晰认识和合理规划，他进入了该校较为热门的会展专业，然而性格内向的他不喜欢这个专业，勉强毕业后，仅在实习公司工作了几个月就赋闲在家，家长更是为了这个拿着本科文凭却不肯外出工作的孩子头痛不已……

问题归因

一、生涯意识淡薄

面对激烈的高考竞争，很多学生依然相信“只要我的成绩好、分数高，就可以有更多地选择”、“只要能进 985、211 高校，我今后就能找到好的工作”。因此，在我校早期的生涯课上屡屡出现拿着模拟卷走进教室，边听课边刷题，甚至课也不愿听只顾着做题的现象。

在学校的实际工作中，我们依然遇到不少学生，在志愿填报时茫然无措，难以确定目标院校及意向专业；还有部分家长，不顾学生的个性特长和专业喜好，在志愿填报时仅片面地考虑未来的就业形势、职业稳定等因素，导致有的学生进入大学后缺乏学习兴趣，没有学习动力，即便是想转换专业也遇到各类困难。

二、生涯课程的缺失

高考制度的变革倒逼着学校生涯课程的研发，然而这门课程对学校和老师而言都是新的挑战，谁来上？怎么上？之前，我校和其他许多高中学校一样，将生涯通识教育梳理为生涯规划的基础知识和基本方法，由心理老师在心理辅导课中完成教学任务。此外，学校还会不定期地邀请刚进大学的校友、职场成功人士、家长志愿者等到校为学生举办讲座。

由于没有系统的课程，碎片化的生涯教育散布在学校的各类课程、德育活动之中，学生无法理解和运用生涯规划的知识和技能，无法对自己的生涯规划形成更为深入的思考。没有明确方向的学生，在加试学科的选择上往往“朝令夕改”，甚至有的学生在等级考试仅剩几个月的时候，还要更改考试学科。而更多的学生在问卷调查中表示，希望有更多“走出校园，去大学看看”“去外面看看”的机会，能有更多接触社会的机会，能有更多了解各行各业的机会，也希望能在各类生涯实践活动中找到自己的方向。。

同时，在驾驭生涯课程指导方面，班主任们却常常会遇到有心无力的困境，因为他们缺乏理论的支撑，也没有实践的经验，“从学校到学校”的老师们对学校以外的行业也是了解有限，对有些新兴行业更是知之甚少，无法给学生清晰的解释。而众多学科教师对学科教学融合生涯教育了解更少，从转变观念到进入课堂仍有待时日。

理论分析

一、心理学理论依据

美国心理学家舒伯（Donald E.Super）的生涯发展理论，把人的职业生涯划分为五个主要阶段：成长阶段、探索阶段、确立阶段、维持阶段和衰退阶段。高中阶段（15—24岁）正处于生涯发展探索阶段中的初探期，是学生个性逐渐形成、认知水平不断发展、自主发展能力提升的关键时期。高中阶段的教育应引导学生发现自身兴趣、提升自身能力、树立积极向上的价值观，并能依据这些做出学科选择，设定未来发展目标，制定学业和职业计划，促进学生良好品格的养成和未来的发展。这关乎学生一生的幸福。

二、社会学习理论

美国生涯教育学者克朗伯兹（J.D.Krumboltz）所提出的生涯决定社会学习理论则认为，影响一个人生涯选择的因素纷繁复杂，既有个人内在的发展，比如兴趣、爱好、价值等均是影响人做出生涯决策的关键因素；更有社会环境对个人决定的影响，即当下的社会经济状况、教育机会、社会观念等环境因素。因此，克朗伯兹的生涯决定社会学习理论非常注重积累学习经验和实践体验。高中阶段的学生学习经验有限、社会经历不足，较易对自身兴趣、性格、能力等方面的判断过于狭隘或存在偏差，如果在高中阶段有意识地拓宽学生接触的领域，重视能力和兴趣的拓展，则能帮助学生在不断丰富的实践经验中验证对自身的认识，寻找自身的兴趣点，更好地找准今后发展的方向。

实践支招

一、生涯校本课程内容

课程内容重点包含核心模块课程，职业体验课程和升学指导课程共三类课程。

模块内容	课时	建议开设的时间
核心模块课程		
认识自我和心理成长	6—8	高一
生涯阅读课（阅读名人传记）	4—6	高一
学习规划课	6—8	高一
认识职业和职业规划	6—8	高二
职业体验和参观活动（社会实践）	3—6	高二
采访职场人士和调研行业（社会实践）	2—3	高二
职业体验类课程		
KAB 创业课（依托交中实验现有课程）	8	高一、高二
机器人课程（依托交中实验现有课程）	6—8	高一、高二
现代科技理解	8	高一
人文社科理解	8	高一
升学指导类课程		
如何选科目	3	高一、高二
如何参加自主招生，大学和专业如何选择	3	高三

在上述三类课程中，有的是依托原有课程融入生涯规划的通识知识，如“认识自我和心理成长”即是心理健康课与生涯规划课程的有机整合；有的是将学校原有特色课程纳入体系之中，如 KAB 创业课、机器人课程等；还有的则是学校重点打造的生涯规划特色课程，如“生涯阅读课”“学习规划课”“现代科技理解”和“人文社科理解”。

“生涯阅读”课程主要由语文教师执教，通过阅读名人传记，帮助学生理解和分析自身的兴趣和优秀品质，明确人生目标。在教学方式上，学生需要在课前完成阅读，课堂上讨论与交流，课后完成反思写作任务。这门将阅读素养培养与生涯规划相结合的课程，让学生在阅读与思考，讨论与交流，写作与反思过程中，寻找自己的兴趣和职业发展方向。

“学习规划”课程主要由班主任老师执教。对高中学段的学生进行学习方法指导、激发学习动力是很多班主任进行班级团队建设的基本内容，将这些有益学生的内容列入课表、纳入生涯规划课程体系，也使原先班主任零敲碎打的工作更趋规范化和系统化。该课程通过高效学习方法和思维方式的学习，帮助学生了解自己的学习风格，学会时间管理、目标设定，能运用科学的方法提升信息素养，掌握情绪管理和焦虑控制的方法等等，从而能够合理有效地规划好自己的三年高中学习生涯。

“现代科技理解”和“人文社科理解”这两门课程共分 8 个不同的学科方向，由 8 名不同学科的教师分别为学生讲授物理、化学、生物、信息技术、经济学、管理学、法学和艺术设计。该课程的学习通过了解大学学科和专业的前沿发展，来帮助学生了解和发展自己的兴趣，激发学习动力，找准选科方向。在该课程的建设过程中，学校逐步培养起一支跨学科的生涯规划教师工作团队，也有助于更多学科教师探索学科教学与生涯规划渗透的方法与路径。

二、生涯校本课程实施

（一）整体实施方案

我校作为浦东新区区级生涯教育试点校，自 2015 年即开始进行高中阶段生涯规划教育的探索与尝试。通过早期的实践，我们认识到在高中阶段开展生涯教育，应在引导学生认识自我、了解社会的基础上，合理地制定目标、规划未来，并将自己对未来的规划目标化、步骤化，在三年的时间里，逐步将自己的规划落到实处，达成目标。自 2017 年起，我校又在先前的基础上，立足学校发展实际，以学生发展为导向，对学校的生涯规划教育进行全方位的梳理和整合，进一步研发校本生涯课程，组织相关生涯实践活动，加强了师资队伍建设和配套资源整合，逐步形成了较为完整的生涯规划课程体系。

目前，我校已将生涯规划特色课程分年级纳入课程体系，高一年级是生涯启航阶段，以生涯初探为主题，在开设“生涯阅读”、“学习规划”等限定选修课的同时，利用寒暑假期开展行业调研、服务学习等实践活动；高二年级是生涯续航阶段，以职业体验为主旨，结合不同学生的选科，邀请高校学生、家长等到校开设不同类型的专业、职业讲座，同时，利用寒暑假期开展生涯研学等实践活动，鼓励学生将研学经历与研究性学习相结合，形成自己的专业（职业）研学调研报告；高三年级是生涯远航阶段，以生涯决策为主题，通过组织志愿填报的专题讲座、个别辅导等，帮助学生结合自身兴趣特长找准发展方向。

此外，学校仍积极探索利用家长资源，推进全员导师制等方式进一步提升学校生涯规划教育品质。我校组织家长志愿者团队开设学生或家长专题讲座，同时，充分利用区级“祥云工程”家长学校平台，开展线上线下的家长学习活动，让家长成为孩子生涯成长的有力支撑。我校也将深入推进全员导师制，充实生涯规划教育工作团队。加强班主任工作团队的培训与学习，支持有兴趣、有志向的年轻班主任参加心理咨询师、生涯规划导师的专职培训，以更专业的方式对学生进行个性化辅导。组织面向全体教师的生涯规划理论与技能培训，鼓励有能力肯付出的老师成为生涯导师。学校则为校内每名学生配备生涯导师，并将生涯导师与学生的谈话、家访等工作适时予以记录，及时记录学生每个阶段的成长，并与综合素质评价有机结合，助力学生成长。

（二）生涯特色实践活动

1. “服务学习”夏令营活动

该暑期活动是在金山廊下某小学进行的，由我校近20名学生担任小老师，在前期培训后负责完成对百多名小学生设计并执行为期五天的夏令营活动。活动期间，学生们既要募集资金、组织活动，又要备课上课，做好小老师，还要担任班主任工作。五天的时间不长，但学生们既辛苦又充实，进行了一次难忘的志愿服务。教学之余，同学们还对金山当地的家庭教育、现代农业与经济发展以及环境保护现状进行调研，完成了相应的研究性学习报告。

2. 生涯研学活动

为了帮助学生更好地了解大学专业，感受不同职业、行业的特点，我校每学期均利用寒假或暑假组织学生进行不同领域的研学实践活动，有医学方向、金融方向、计算机方向、艺术设计方向等多条线路。每条线路的活动均由大学教授的专业介绍，大学校园、主题场馆的走访，以及专业公司的参访等几部分组成，在完成上述活动之后，我们还组织学生分小组，选择自己感兴趣的行业撰写行业分析报告。在报告的写作过程中，同学们更深入地投入对自己感兴趣行业的学习，将自己的所思所想诉诸文字。在随后的“生涯研学工作坊”活动中，各小组展示研究性学习的成果，汇报交流行业体验与职业探究成果，在讨论与交流过程中，帮助学生更深入地明确自己的职业方向，激发学习动力。

3. 行业调研活动

每届高一的暑假，我校均会组织学生开展行业调研活动。各班学生以小组为单位，充分利用各类资源开展活动，有前往家长工作单位的，有走访亲戚开的超市或店铺，还有访问培训机构教师、工作人员等。在完成访问后，每个学生均会提交个人的行业调研小结，班级组织各小组交流评议。在班级选拔的基础上，再推荐优秀小组参加年级组里的主题演讲比赛。为了准备演讲比赛，每个小组团队得到充分锻炼，从讲稿的打磨到 PPT 的制作，从演讲方式到团队配合，每次的活动都让更多的学生在实践中得到了锻炼和提高。

我校生涯规划课程的研发与实施过程是一项有意义的工作。学生在经历了生涯规划的课程学习与实践，培养了自尊自信、积极向上的个性品质，学会选择，学会负责，这对于学生的健康成长终身受益。参与生涯规划课程项目的老师们也在此过程中，重新审视自己的教学方式，反思自己的职业规划，更多地感受到了与孩子们一起共同成长。随着“双新”课程的推进，生涯规划课程如何更好融入新的课程体系，如何更好地发挥育人作用，还有待在后续的实践过程中不断思考与改进。

作者介绍

许青，上海交通大学附属中学浦东实验高中，学生处主任。中学生物教师，历任班主任、年级组长、教研组长等岗位，有着较为丰富的学生工作经验。从教 27 年来，秉承“点亮人生，成就更好的自己”的教育理念，用爱温暖学生，用人格影响学生。

挖掘地域资源优势
打造德育课程亮点

陈丽萍

情境导入

“你们学校的课程到底有何特色？”“我家孩子到你们学校来读书能有什么与众不同的收获？”“你们的教育特色是如何体现的？”……这是在新生入学前家长们常常会“拷问”学校的问题，因为课程建设是学校工作的重点，对于一所新学校来讲，更是关系到学校自身生存和发展的大事，所以课程建设需要顶层设计、整体架构，凸显亮点和特色。

上海市实验学校附属东滩学校是一所开办仅三年的新学校，每到招生季就会面临着家长提出的这些问题。因所处世界级生态岛崇明区陈家镇国际生态实验区内，学校打出了“生态教育”的特色，家长非常关心学校是如何通过课程建设来体现生态教育的？是不是举办一次关于环保的活动就是生态教育？地处上海市区的其他学校也有生态教育，我校和它们究竟有何区别？学生到底喜不喜欢我校的课程？

问题归因

一、办学理念和课程建设两张皮

课程建设是体现办学理念的重要载体，有的学校办学理念提得非常响亮，但往往停留在文字表达和口号上，过于注重朗朗上口和方便记忆，而不关注内涵建设，没有和课程建设相融合，呈现两张皮的状态。

二、德育课程没有“特别”设计

（一）课程设计缺乏整体规划

很多学校的德育课程缺乏整体规划，只是由几个零敲碎打的活动组成，给人碎片化的感觉，或者是课程缺乏结构化，很难形成大的格局和生成丰富的意义。

（二）课程内容缺乏推陈出新

德育内容和形式缺乏时代性，与几十年前的基本无差别。课程内容陈旧、呆板，脱离学生生活和社会实际，没有回归学生生活世界，没有关注学生学习兴趣和需要。传递与复制德育内容很难孵化特色。

（三）课程实施缺乏实践创新

德育课程实施仍旧是以单一的知识传授为基本方式、以知识结果的获得为直接目的的学习活动，缺乏多样化的实践性学习，如探究、调查、访问、考察、操作、服务、劳动实践和技术实践等。

三、德育资源没有“特地”挖掘

德育资源有校内、校外，显性、隐性之分，有些资源是显而易见的，只要充分开发运用就行，而有些资源还如宝藏，就需要“特地”挖掘。作为最重要的课程资源的教师，需要发挥主体性，灵活机动地开发与挖掘各种德育资源，实现德育课程资源的“活化”与动态生成。

理论分析

学校特色是实现育人目标的育人文化，是以校本课程等为载体的一种独有的文化积淀。它是学校的价值观体系，体现于学校的办学理念、思想观念、教学方式等方面之中，从而成为学校师生成长的生态环境特征。办学特色很大程度上取决于学校的课程特色。这就要求学校针对自身的实际情况主动调整、创新，科学、有效地使国家课程、地方课程校本化和个性化，提高课程对本校学生的适应性，开发满足学生发展需要的校本课程，实现学校的课程创新，学校特色的形成就有了基础。

探索适合学校校情的德育课程特色，是建设形成学校鲜明特色的有效途径。《中小学德育工作指南》中实施途径的第一条就提出了“课程育人”，明确了用课程来融合丰富的德育资源以及开发地方和学校德育课程的实践思路。学校德育课程特色的形成在于合理的差异性设计，其中，运用地域资源是拉开差异的一种非常有效的方法，因为其往往是独一无二的。要对学校所处的地域资源优势有一个客观而又全面的认识，并统筹学校的有限教育资源，拓展校外的无限教育资源。

充分挖掘地域资源特性，打造德育课程需要注意三结合策略：第一是地域性和价值性相结合，这是地域资源在德育课程中运用的基本准则。第二是体验性与教育性结合，这是地域资源在德育课程中运用的基本要求。精心选择那些能激发学生学习兴趣的内容，挖掘相对应的地域资源，使学生在现实生活中有更深的体验，取得最大的教育效果。第三是体验性与适度性结合。这是地域资源在德育课程中运用的基本前提。资源选择须考虑适合课程目标，也须考虑是否和学生的身心发展及认知水平等匹配。

实践支招

一、因地制宜，打造学校特色

上海市实验学校附属东滩学校在制定学校的办学理念、目标前，深入地思考了三个问题：学校在哪？地域的优势在哪？如何形成特色？

通过分析，我们发现学校虽处远郊，但坐落在世界级生态岛崇明陈家镇国际生态实验区，距长江隧桥陈海公路出口仅 2 公里，交通便捷。学校的建筑吸收了东西方文化之精髓，同时也保留了世界级生态岛的地方特色，集教育、生活、生态、环保等理念为一体。学校有着得天独厚的地理位置和丰富的自然资源，校园绿草如茵，植被茂盛，占地 162 亩，绿化率达到了 56.07%，空气清新，曾被坊间誉为上海市最美校园和空气质量最好的地方之一。还有一条横穿校园的自然景观河道，是大自然独一无二的馈赠。学校周边无化工厂，无高楼遮挡物，毗邻东滩湿地和鸟类保护区，附近还有华师大生态研究所、中华鲟保护区、长江口、瀛东生态村、横沙岛、长兴岛和多个知名五星级酒店等。

根据这些资源优势，学校因地制宜，将办学理念定为：为每个学生提供自然成长的教育；办学目标定为：生态嘉园，美美与共。在德育内容方面，把生态文明教育作为学校的特色。这些都是从地域资源中找到的融合点和生长点。

二、因景制宜，践行课程育人

有了清晰的办学理念，学校开始在各个领域追求教育价值的完整体现。以立德树人为教育根本任务，进一步实现国家德育目标及内容与学校育人目标的融合，并以德育课程的整体建构来落实育人的任务。

学校地处崇明东滩，有着优质的生态环境，在夜空中闪烁着喧嚣城市很难看见的星海，这片景观对于生活在城市的大多数人来讲是很少能经历的珍贵体验。学校想要留住这种美好给师生，更想将这种美好进行分享。再加上学校周边生态教育基地场馆相对集中，经过深入研究与实践，因景制宜，用课程来融合丰富的德育资源，开发了以“星”命名的生态课程。

“星”课程蕴含着“仰望星空，脚踏实地”的生态育人理念，具有“让每一个孩子都成为最闪亮的星”的课程理念。星课程分为“星之遇见”(重体验、拥抱自然)、“星之约定”(重了解、探索自然)和“星之守护”(重探究、融入自然)三个主题，每个主题又由若干个项目组成。其中“星之约定”主题中的“星星节”是该主题的品牌活动，该活动进行全方位生态文明活动的开展和生态成果展示，让学生时刻浸润在生态的育人氛围中，犹如春雨润物一般，滋养和浇灌生态的种子，让生态的种子在学生的心中生根发芽，茁壮成长。“星之守护”主题则结合学校传统STS课程，在信息化条件下重构各拓展探究科目，该项目群重视学生的探究，帮助学生融入自然。

三、因时制宜，开展综合实践

学校打破时空限制，将课堂(CLASS)、校园(CAMPUS)、社区(COMMUNITY)和城市(CITY)联系起来，形成跨时空的“4C”课堂，让学生的学习不受时空限制，超越教材、课堂和学校的局限，将校内外资源整合起来，在活动时空上向自然环境、学生的生活领域和社会活动领域延伸，密切学生与自然、与社会、与生活的联系，用真实生动的体验替换冰冷的图片或视频演示，用互动参与的活动形式替换教室内固定座位的听讲等。

比如“星”课程中的“稻田里的星星”综合活动项目，学生在数学课上学习探究如何用最简单的工具画出一个五角星，在校园里通过小组合作开展小规模的实地测试，再到社区生态村的三亩稻田里，根据所学的知识，用绳子和竹竿把待收割的稻子围出一颗标准五角星。在这个过程中，除了学科知识在现实生活中的运用，学生在稻田里还体验了割稻等劳动项目，并收集稻秆回到美术课堂上进行稻秆画创作，用以校园布展，为美化校园环境献上一份力量。同时，学生在科学课上了解和探究了稻米的生长和稻蟹工程的原理，再走进社区生态村，见证了大米的一生和在稻田里进行生态养殖的神奇作用。最后化身“小小导购员”，在语文老师的帮助下撰写介绍词，并在社区工作人员的安排下，到附近的五星级酒店大堂帮助农民伯伯面向游客进行崇明大米这类优质农作物的推销和售卖……这些精心设计的综合活动，从探究有形的“星”到无形的“星”，使学生感受到大自然的神奇和伟大，明白土壤等生态环境才是真正的“星”，不仅激发了学生学习的兴趣，锻炼了学生的综合素养，而且树立了他们的环保意识，形成了爱护自然、尊重自然的道德观，明白了人、自然与社会和谐共生、良性循环、全面发展的道理。

这边风景独好，关键要有一双善于发现的眼睛和一双善于开发运用的双手。地域资源始终是滋养特定地域师生的沃土，只有充分挖掘地域资源的教育元素，发挥其育人价值，将地域特色融入课程建设，方能丰富学校课程特质。德育课程的特色孵化路径之一就是，依托学校特有资源优势，赋能课程内涵建设，在传承和发展地域文化，让学生快乐学习、健康成长。最好的资源就在我们身边，最好的教育就在我们身边。

作者介绍

陈丽萍，上海市实验学校附属东滩学校校长、书记。教育管理硕士，浦东新区德育学科带头人，在德育课程建设、德育评价改革、德育课题研究和班主任队伍建设等方面积累了丰富的工作经验。

新时代红色革命教育不能引起学生共鸣，怎么办?

架构课程体系　培育红色基因

史炯华

情境导入

那是一次学校爱国主义教育讲座，学校邀请了三林镇新四军老战士来校为学生举行讲座，但会场上学生的表现让身为校长的我汗颜：有的学生心不在焉；有的交头接耳；有的还偷偷写起了作业……看着白发苍苍的老战士努力保持脸上的笑容，但神情之中难掩失望的样子，我深感愧疚，同时，也不禁陷入了深深的沉思：是什么，让我们的学生对革命传统教育置若罔闻？如何做，才能重新激发起革命传统教育的活力，让学生感动于我们身边的英雄人物和英雄事迹，让爱国主义的红色基因深深扎根学生的内心？

问题归因

首先，社会大环境的影响毋庸置疑。娱乐化倾向、享乐主义、拜金主义的盛行，给三观尚未成熟的青少年带来极大的冲击。

其次，家庭环境也是一大因素。物质条件优越、家庭过度的呵护和顺从，使很多孩子都很少愿意顾及他人感受，集体意识淡薄，奉行个人自由主义。

那么，作为承担学校教育责任的我们，之前对学生的教育到位了吗？注重对学生革命传统教育了吗？对相关的教育内容进行精心的设计了吗？活动开展到位了吗？活动种类丰富了吗？开展的活动是学生喜闻乐见的吗？这些问题，似乎也无法给出令人满意的答案……

理论分析

一、德育内容和形式要符合新时代初中生道德认知特点

新时代，德育的内容转为以社会主义核心价值观为主体的正能量传递，同时，形式也要富于时代的特点。新时代的学生个性突出、思维活跃，简单的说教无法让他们接受，实践和体验更容易产生道德的萌发。因此，通过实践和体验唤醒他们内心的道德种子，是实现品德成长的前提条件。新时代的德育形式要以实践和体验为主要路径，推动德育走出知识中心、教师中心，走向体验中心、生活中心，在广阔的社会生活中发现、培养学生的美德与性格优势，使学生不断趋向德行的完善。

二、校本德育课程建设要实现体系化

德育的目的是促进学生的全面发展，要实现这个目标，必须克服之前碎片化的缺陷，转而建设系统性的德育课程。提炼、提升德育理念，基于科学的理念与生态系统观进行顶层设计，形成课程体系；基于学生立场和社会生活做整体规划与协调，重构德育形态、丰富德育载体、拓宽德育渠道、融合德育途径，从而提高德育课程的系统性、主导性、针对性和实效性，推动德育改革。而在对课程的实施过程中，方向上要做到导向正确、路径清晰、目标明确，频率上要做到德育工作与教学工作整合为一体，形成常态化、系列化。

实践支招

一、凝练课程精神内涵

根据学校原有的“浦东新区新四军历史研究会革命传统教育联系点”这一德育资源，我们找到了建设校本化德育课程的立足点。将新四军的“铁军精神”落实到学生身上，设想通过整合校内外各项德育资源，建设系统化的德育课程，培养学生的“铁军精神”。

“铁军精神”萌生于北伐革命时期。国民革命军第四军中的叶挺独立团因作战勇猛，屡立奇功，被百姓称为“铁军盾”，并赋诗曰：

烈士之血，主义之花，四军伟迹，威震迩遐。能守纪律，能毋怠夸，能爱百姓，能救国家。摧锋陷阵，如铁之坚，革命抱负，如铁之肩。功用若铁，人民倚焉，愿寿如铁，垂忆万年。

这是对叶挺独立团的赞誉，也是对“铁军精神”的昭示与诠释。我们将其中的“能守纪律，能毋怠夸”提炼为“守纪精神”，将其中的“能爱百姓，能救国家”提炼为“担当精神”，将其中的“摧锋陷阵，如铁之坚”提炼为“拼搏精神”，将其中的“革命抱负，如铁之肩”提炼为“信仰精神”。

在大力践行社会主义核心价值观的今天，我们将“纪律”“拼搏”“担当”“信仰”设定为校本德育课程的德育主题词，借助氛围、文化、教学与实践等，传承不畏逆境、艰苦作战、奋发向上的铁军精神，弘扬优秀的中华民族精神基因，将德育落实到学生生命成长的细节之中。

二、清晰规划课程定位

（一）目标定位

充分利用本校和本地区的特有教育资源，结合浦东新区新四军研究会联络点的特殊身份，开发镇、区、市三级德育网络体系，从而贯彻学校的办学宗旨，以促进学生认知、情感、行为的协调统一、各有特色的发展为主要目标。

（二）类别定位

将德育课程分为直接课程（直接指向德育目标的养成）、间接课程（在学科教学和活动中渗透德育目标）和隐性课程（制度条例、校园文化布置等物质、精神、条例形态等，通过文化熏陶和浸润达到育德的目的）。

（三）功能定位

强化课程的实践性和丰富性，弥补了国家课程及地方课程中对红色精神传承方面课程的不足，形成富有三林地域特色的德育课程，利于我校学生个性精神的发展，促进学校特色的形成。

三、扎实推进课程实施

我们全力建构“三位一体”的德育校本课程体系，扎实推进课程实施。“三位”即“直接课程”、“间接课程”、“隐性课程”三类宏观课程，每类宏观课程下面设有相应的中观课程，每类中观课程下面设置了若干学科教学及主题活动。整个课程体系中，每一个学科教学都渗透德育目标，构建全员育人新格局；每一个主题活动都做到“有主题”“有计划”“有系统”“有组织”，给活动找到新的方式，为活动注入新的内涵，改变以往“动一动、玩一玩、走过场”的耗时低效，最大限度地发挥德育渗透功能。

“一体”即通过整合三类大课程，使整个德育校本课程形成一个有机的整体，各个中观课程和微观课程相互独立又相互渗透，教室课堂、活动课堂和社会大课堂有机融合，共同发挥德育校本课程的育人功能。

（一）直接课程

“直接课程”围绕四个德育主题词，努力整合挖掘各类教育教学资源，开发出基于课堂学科教学的“基础德育课程”。

学校按照不同学段学生的成长规律和认知能力，依据国家课程标准和各学科特点，积极挖掘学科育人功能，提炼道法、语文、历史、音乐、美术、体育等学科课程中蕴含的“铁军精神”德育元素，将道法课作为直接德育课程，将语文、历史等学科作为学科渗透课程，积极探索“学科课程教学与德育相融合”的教学范式，把课堂教学作为德育的主渠道。各重点学科也不断打磨精品德育课，作为基础德育课的范例，目前已有语文学科的“我爱这土地”“灯光”“散步”“故宫博物院”、历史学科的“百家争鸣”、音乐学科的“瑶族舞曲”、美术学科的“设计卡通形象”等多堂代表课程探索的德育精品课。

在德育精品课的辐射下，学校各重点学科教师都已做到在教学中将传授知识与立德树人结合起来，教案中体现德育目标，铺设落实途径，课堂中设置渗透环节，强化课程的育人功能，突出学科课程的育人特点，最大限度地发挥学科育人的价值，力求达到全科育人的目标。

（二）间接课程

“间接课程”指向各类团队及社团活动，开发出基于活动的“主题活动课程”，将以往各类社团活动及校园活动进行整合与提升，注入新的德育内涵，最大限度地发挥德育渗透功能。

“主题活动课程”分为“直接德育活动”和“德育渗透活动”。

以“直接德育活动”为例，开设直接指向德育主题词的主题鲜明的系列活动，深入挖掘其中的育德元素，如“行规教育系列活动课程”“抗美援朝革命精神系列活动课程”“‘以毅抗疫，勇于担当’系列活动课程”“职业体验系列活动课程”等，每一个活动系列都紧扣当下学生需求及时事热点，激发了学生的活动热情。

“行规教育系列活动课程”中的“我爱国防绿”实践体验活动，学校请来了与学校结对的武警中队的战士，设计了“同舟共济”“匍匐前进”等多项集体竞技项目，武警战士还教学生实物投掷和站立射靶等技能。跟着平时充满敬仰却无缘接触的武警战士们训练，学生的热情高涨，每一张脸都凝结着汗水，每一个眼神都充盈着庄严。

“‘以毅抗疫，勇于担当’系列活动课程”中的“听一听——最美逆行者的故事”活动，学校请来了本校初二学生劳同学的妈妈——上海第八批援鄂医疗队队员、仁济医院重症监护室护士长厉燕女士。知道自己同学的妈妈竟然就是新闻里一直宣传的“最美逆行者”，学生的眼神里多了一丝敬意；听到劳妈妈出征武汉前一夜毅然剃光一袭飘飘长发，学生的脸上多了一丝动容；听着劳妈妈讲述更多在武汉雷神山医院的点点滴滴，学生仿佛亲临了那个没有硝烟的战场，承受着身体的不适，更承担着艰巨的使命，很多学生流出了热泪……

学校还积极探索爱国主义场馆社会实践活动的活动范式，实现了主题系列化、课程常态化、学生自主化，形成了规范的“活动主题 + 活动操作 + 活动评价”模式。如分年级开展以“铁军精神耀童心，时代美德伴我行”为主题的社会实践活动，激发学生的历史使命感与时代责任感，传承红色基因，担当历史使命。

预备年级以“倾听国歌的历史留声”为主题，参观了上海国歌展示馆。初一年级以“追寻伟人的历史脚步”为主题，参观了中共四大纪念馆及鲁迅纪念馆。初二年级以“访历史的红色印记”为主题，寻访四行仓库纪念馆。初三年级以“缅怀先烈的革命精神”为主题，来到了龙华烈士陵园，瞻仰先烈的英勇事迹，缅怀先烈的革命精神。对于每一个场馆的参观实践，学校都事先进行宣传介绍，设计针对性的活动手册供学生记录，活动结束后进行评价和反馈。经过一年的实践探索，我校的爱国主义社会实践活动不再是走过场的打卡，而是深受学生欢迎的“行有所学、学有所得”的有效教育。

通过显性结合（如分主题系列活动、爱国主义场馆社会实践活动、读书征文活动等）、隐性挖掘（各类社团活动等）、拓展融合（如综合实践课程、团建活动等），做到“有主题”“有计划”“有系统”“有组织”，将“铁军精神”四个德育目标融入各个活动中，在校园内形成全过程育人、全方位育人的态势，夯实了育人的基座。

（三）隐性课程

“隐性课程”指向校园及班级的条例、环境和氛围，开发出“制度形态课程”、“精神形态课程”和“物质形态课程”三类中观课程，使学生在学校或班级的“生活学习世界”中有意无意习得和“铁军精神”相关的规范、态度及价值观。我们通过条例制定、广播和网络氛围宣传、校园环境布置等方式设置隐性课程，它的效果可能不会立竿见影，但却具有“持久性”和“稳定性”。

“制度形态课程”方面，先后制定了以“懿德　睿智　健体　才艺　勤劳——争做育人好少年”为主题的《上海市育人中学学生行为规范教育手册》《上海市育人中学学生奖惩试行条例》《上海市育人中学校外集体活动紧急处理预案》《温馨教室创建制度约定》等，使学校各项德育工作做到有章可循。

“精神形态课程”方面，充分利用广播、升旗仪式、讲座、网络等宣传阵地。如“铁军精神耀童心，时代美德伴我行”红领巾系列广播，“敢拼搏，勇担当”国旗下系列讲话，“理想伴我远行”初三年级系列讲座，“抗疫”系列“育人星园”公微和晓黑板宣传，宣传阵地的拓宽和延伸极大提升了德育的育人效果。

“物质形态课程”方面，积极打造“会说话的墙壁”，如利用教室外走廊墙壁悬挂仁人志士宣传画像，利用楼梯走道张贴优秀诗歌，利用班级黑板报进行“学习抗美援朝精神，树立崇尚英雄情怀”“疫情防控，我们共同坚守”墙报板报展览。利用楼道内的漂流书吧，放置《铁军》《大江南北》杂志，引导学生自主学习。

“直接”“间接”“隐形”三类宏观课程的整合实施，使“铁军精神”德育校本课程形成一个有机的整体，课程与课程之间相互独立又相互渗透，教室课堂、活动课堂和社会大课堂有机融合，共同发挥德育校本课程的育人功能。

四、创新提升德育内涵

清晰的定位、创新的设计、扎实的实施，使我校的革命传统教育赢得了学生的欢迎，学生的整体面貌焕然一新，学校也重新焕发生机。

（一）把握德育本质，实践唤醒道德

德育课程的本质，是唤醒学生身上的道德品质潜能；德育课程的目标，是培

养人，而不是训练人。红色革命教育的实施，要使学生在潜移默化中受到品德情感的感染、受到品德意志的熏陶，激发出爱国爱校爱社会的情怀和主人翁意识，促使他们养成规范守纪习惯，增加自信心和意志力，也让他们初步树立起人生的理想，并愿意为之为拼搏奋斗。而要实现这样的教育目标，手段创新是关键，应该在实践和体验中实现内心唤醒，在实践中学，在实践中思，在学与思的基础上强化道德体验，从而建构学生内心的价值引导，实现“强心、明志、厚德、励行”，完成全人格的培养目标。

（二）凝练精神内涵，生活丰富德育

“铁军”的年代已久远，但是它的精神内涵历久弥新，在新时代散发出新的光芒。将“老”的精神赋予“新”的内涵，将“新”的社会生活融入“老”的德育内容，是新时代红色革命德育教育焕发新生的重要方法。新时代红色革命德育课程须以广阔的现代社会生活为德育载体，把学生可知可感的生活事件和生活人物作为教育的原材料，辅之以各类场馆基地，最大限度地拓展德育的时空，使社会成为滋养学生品德的肥沃土壤；须以学生的全面成长为出发点，营造积极的德育环境，贴近学生的实际生活，使革命教育变得有声有色、有血有肉、丰富多彩，引导学生主动参与，让学生心灵中沉睡的种子，吸收养分，绽放出美丽的花朵。

（三）强化顶层设计，体系赋能德育

校本化的德育教育是一项系统工程，贯穿于各教育阶段，为了规避零散化、碎片化、目的不明、管理不善等缺陷，应用顶层设计的思路，整体建构学校德育体系。明确德育理念，制定德育目标，把控德育内容，设置德育途径，运用德育方法。在上述基础上强调统筹推进，首先是学校教育系统内部各部门、各年级分层次设计课程体系，形成相互贯通、相互支撑的机制；其次是实现外部如学校与家庭、学校与社区、学校与社会的协同教育，不同侧面、不同角度进行德育教育，使社区和社会成为德育教育的重要资源。只有体系化的校本德育课程，整体考虑德育各层次、各环节与各要素之间的相互联系，才能增强学校德育的科学性、系统性、针对性和实效性，使教育效益最大化。

作者介绍

史炯华，上海市北蔡中学，校长、书记，正高级教师。上海市第三期双名工程名教师后备人选、上海市第二批优秀青年教师后备人选，浦东新区中学音乐学科带头人，高中艺术教材、教参《音乐情境表演》分册主编。关注学科教学与德育教育的融合与渗透，致力于音乐学科的育人价值研究。

第二编

文化建设

生命教育视域下校园文化的建设与思考

杨　岚

教育是伴随着人的生命成长需要而诞生的。中国著名教育家、华东师范大学终身教授叶澜认为，教育是直面人的生命，通过人的生命，为了人的生命质量的提高而进行的社会活动，是以人为本的社会中，最体现生命关怀的一种事业。教育只有回归生命，才能感受到生命的存在与力量，只有追求真实的生命成长，才能发现教育所蕴含的生命之源。“文化”，是指人类创造的一切物质产品和精神产品的总和。离开人的生命意识，任何文化的思考都没有真正的教育价值。校园文化是一种特殊的社会文化体系，是学校精神风尚的物质反映，是引领师生生命成长的外在力量。

文化对人的影响持久深远，一所优秀的学校是生命的园地，更是文化的摇篮，我们倡导在生命教育视域下，以育人为导向，结合学校特色建设的需要，构建提升师生生命质量、获得生命价值、充满生命情怀的校园文化。

一、建设环境文化，彰显生命力量

校园是师生之间心灵相遇的场所，是关照意义世界和感悟生命之美的场所。我们倡导校园环境文化与学校文化相结合，与学生生命成长需求相融合，把学校文化作为校园的灵魂，不断挖掘学校的文化符号，融入环境文化的每一个角落，彰显学校独特的精神气质与办学内涵。

马克思说过：人创造环境，同样环境也创造人。校园环境文化，着力于情境营造，在解决审美的基础上融入温度，让每一个空间都拥有自己的性格与故事，让师生在校园里学并生活着。我们摒弃常规的各种标语口号类展板，把大量空间留给学生，让学生直接参与其中。有的学校以书法为特色，创设“一笔一画写好字，一撇一捺做好人”之养心书法景观；有的学校外来务工子女众多，则开发

“融”文化新景观；有的学校结合办学理念建设“小溪流”文化景观群等纷纷利用走廊与墙面空间；有的学校设立“追梦长廊”，辟出一块“涂鸦”墙，由学生自由驰骋艺术灵感；有的学校设立“小小神农园”，种植生长性能良好的中草药，由学生自由进入种植休憩；有的学校设立“彩羽奋飞”充分利用校园空间设置个性化学习角等呈现着学校的文化积淀，陶冶着师生情操。这样的环境策划助力学生生命成长，将会使校园更为灵动、更有生气、更能强化学生的归属感。校园中一栋栋有“内涵”的建筑、一个个有“故事”的雕塑、一面面会“说话”的墙，为学校增添的是一道靓丽的风景，陶冶的是学生高尚的情操、启迪学生的心智、促进学生的生命成长。教室作为有限的空间，难免会呈现程式化、模式化的环境文化，我们倡导承载着师生智慧和力量的“温馨教室”创建，让师生感受智力劳动的愉悦，感受智慧之花的绽放。

环境于无形中育人，师生在校园的每一个角落都充满人性的温暖：笑声朗朗，书声朗朗，歌声琅琅……校园环境不仅是功能明确的教育建筑，更是学校传播文化精髓、释放文化气息的重要途径，真正成了教育的环境，美好的教育理念自然发生。

二、关注行为文化，引领生命发展

行为文化是学校文化历史积淀的显露，学校文化的动态表征。行为文化能促进师生规范言行，体现现代文明所倡导的行为习惯与风尚，彰显办学品位，是学校精神、学校价值和人才培养成果的折射。

杨浦区以市区行为规范示范校评审为契机，将行为规范教育与区域德育工作的整合，关注全员、全方位、全过程的行为规范教育。各校则聚焦学校德育核心目标，将师生行为规范教育作为创建学校行为文化的有力抓手，与学校管理、课程建设、教学过程、学生学习过程、教师队伍建设等相整合，如：有的学校以课程为抓手，通过“四名教育”强化、提升师生品格，形成师生共同倡导的行为文化；有的在教育教学的各领域创建师生共同参与的行为规范要求，在提高教师行为规范能力的同时培养学生行为习惯；有的在开展各类主题教育活动中引导师生不断养成、内化良好的行为习惯、文明的道德风尚，形成了独具特色的“橙果”文化；有的学校结合模拟社区活动，通过“社区化”自主管理的模式，达成教师的示范指导、学生的自我教育。各校在提高师生行为规范养成教育针对性和实效性，逐步形成具有校本特色的行为文化。

各具特色的学校行为文化，关注着师生不同个体的生命发展，实现了教育的价值追求。

三、构建制度文化，护航生命成长

制度文化折射出学校的价值观念、治理理念，它是学校文化系统中最具权威性的因素。它规定着学校文化整体的性质，是学校教育教学得以有效进行的重要保证，发挥着管理育人的作用。学校制度如教学制度、教师评价制度、后勤保障制度等和实施上述制度的各种具有物质载体的机构设施，以及学校成员对学校事务的参与形式、反映在各种制度中的人的主观心态。而形成的制度文化则隐藏在学校的教育观念、课堂教学、教育方法等各个方面。

校园文化建设作为一个系统工程，若要得到有序的发展必须借助明晰、合理、科学的规范、条例等尺度标准约束。亚里士多德曾说："我们每一个人都是自己一再重复的行为所铸造的。因而优秀不仅仅是一种行为，更是一种习惯。"管理学上也有一个强化定律，即奖励什么就可以得到什么，惩罚什么就可以避免什么。因此，制度文化的不断形成，让教职工在自我暗示中增强自律。

当然制度文化不是一味生硬冰冷的强调按章办事，教育是以生命影响生命，以生命启迪生命的教育。充满人性温暖的制度文化不仅能助力优秀校园文化的形成，还能护航师生生命成长。

四、营造精神文化，滋养生命情怀

精神文化是学校文化的核心。学校作为教育发生的场所，关系教育者和受教育者，因此学校精神文化建设，在着力于教师精神和学生精神的培育，体现师生个性的同时以文化的本质追求涵养人在生命发展中彰显精神的底蕴和气质。

杨浦区的思源中学通过对校本京剧课程等进行优化，使学生有更多体验，满足更多学生的学习京剧的需求。学校编著适合学生学习的京剧课本，使学生边跟学边自学，提升了京剧课程学习灵活性；建造"京韵馆"，请京剧名师尚长荣先生为京韵馆题字，使学生和参观者能在校内和家门口了解京剧文化；学生在京剧文化的熏陶中，气质和涵养有明显提升，学校在市、区教育界京剧文化方面有很好知名度，逐步形成了独有的学校精神文化。

上海民办杨浦实验学校通过晨间的班班诵读、午间的朗读者活动；建设校白色读书长廊及每层楼面的读书角，优化读书氛围与环境，让学生随处可以读书；开设"跳蚤书市"，在书市上大家交换心爱书籍，分享阅读心得与愉悦等多项阅读活动，营造书香型校园，让学生在校园文化中阅读经典，阅读思想，阅读精神。

各校整合学校发展目标，将学校办学宗旨、校训、校风、教风、学风的规划与创建，通过各类教育教学主题活动，潜移默化地传递给广大师生，打造具有校本特色的精神文化，彰显学校更成熟的教育思想、更充沛的生命活力。这些精神文化逐步成了学校成员的共同体现的文化特征，实现师生和谐的生命成长。

校园文化建设是一个长期的工程，它渗透在校园生活的各个环节，延伸在学生发展的方方面面。将学校的核心理念融于校园的环境、行为、制度、精神文化中，建设具有学校特色的校园文化，实现以文化人、以德育人，以多元化、多样态的方式促进学生德智体美劳全面发展，将是区域校园文化建设的宗旨。

作者介绍

杨岚，上海市杨浦区教育学院德育室德研员。第四期"上海市普教系统名校长名师培养工程"攻关计划名师后备、杨浦区教育系统第九批拔尖人才、区德育学科名教师。追寻"用生命温暖生命，用成长服务成长"的德育理想。

营造传统文化氛围
拓展礼仪教育路径

顾 岗

情境导入

习近平总书记在全国教育大会上提出，新时期要以中华优秀传统文化融入德育，以中华优秀传统文化为根基，建立一个中小学衔接的整体性德育体系。

礼仪文明作为中国传统文化的一个重要组成部分，内容十分丰富。对中国社会历史发展起到了广泛深远的影响。中国自古以来就素有“礼仪之邦”的美称。“礼”是我国特有的文化现象，是中国古代社会政治、经济、文化世代相承的主要形态，是我国古代社会政治、伦理规范与礼仪的总和。

然而随着时代的快速发展，人与人之间的交往变得更为直接，目标更为明确，方式也更为简单。人们关注的重点更加“物化”，“礼仪意识”却越来越淡漠，尤其是青少年，礼仪缺失的现象较为严重，校园内各种不知礼、不懂礼、不守礼的现象经常出现，这应该要引起教育工作者及全社会的高度重视。我们应该旗帜鲜明地将“礼仪教育”作为德育的一个重要分支，重视中华优秀传统文化与德育功能的契合，为学校德育重塑提供可能。

问题归因

一、家庭教育的忽略

家庭，是青少年成长的第一环境，父母的教育理念往往在潜移默化中影响孩子的行为。现在的学生绝大多数都是独生子女，家长都是想尽一切办法来满足学生所提出的各种要求，总认为只要硬件条件跟上了，就能够为学生提供足够的后勤保障，却忽视了“礼仪教育”对于孩子身心发展的作用。孩子从小在这样的家庭环境中长大，自然形成了自私、任性，凡事以自我为主的心理。另一方面，家长自身对于“礼仪教育”的理解也可能存在偏差，甚至有些家长自身的礼仪习惯就不佳，更不用说如何给孩子起到表率作用了。

二、当下升学的压力，导致学校缺乏对礼仪教育的重视

长期以来，由于受升学考试的影响，学校教育片面地注重知识传授，在一定程度上弱化了思想教育的建设。部分学校开展的礼仪教育活动往往是草草收场，效果不佳，具体表现在师生积极性不高，主动参与的人数偏少。在当今中学生中，不少学生对应有的礼仪不重视，礼仪观念淡薄。大部分中学生普遍对自身以及周围同学的礼仪水平满意度较低。学校的“礼仪教育”未能形成制度化、常态化，形式单一，师生的参与度不高，“礼仪教育”的实效性有待提高。

三、学校缺乏一支高素质的专、兼职礼仪教育师资队伍

从学校教育层面来说，多数学校的管理者能够认识到“礼仪教育”的重要性，但是在开展相关教育活动时却心有余而力不足。究其原因，除了缺少整体性的礼仪教育氛围以外，很重要的一点是学校缺少专职的礼仪老师，通常由从未接受过礼仪辅导的学科老师临时充任，呈现出“散兵游勇”的状态，既没有具针对性的教育体系，更没有教育活动完成后的考查评价，使得礼仪教育很难落到实处，减损了开展“礼仪教育”的实效性。

四、社会风气未形成正面导向，缺乏文明礼仪的自觉性

除了家庭和学校，社会也是影响学生礼仪的重要因素，特别是在信息化高速发展的当下，网络上的言论良莠不齐，虚拟世界鱼龙混杂，人与人之间的交流隔着冰冷的屏幕，少了一份温暖，少了一份共情，更重要的是缺少了必要的礼仪的维系。网络暴力、网络恶搞、不尊重他人隐私等行为极大地影响着青少年的健康成长，对青少年的人生观、价值观、世界观的正确形成带来较大的冲击。如果社会风气未形成正面导向，又如何让青少年自觉遵守文明礼仪呢？

理论依据

“礼”文化是中国文化中重要的组成部分，中华民族素有“礼仪之邦”的美称，礼仪在中华传统美德中占有重要的地位。中华礼仪文化作为中国传统文化中重要的组成部分，具有悠久的历史，对我国社会发展有着深远的影响。

一、“礼仪”释义

“礼仪”这两个简单的汉字，在中国传统文化中却呈现出诸多不同的含义。《说文解字》中，对于礼的解释是这样的：“礼，履也，所以事神致福也。从示从豊，豊亦声”。可见，礼是一个用来敬神致福的仪式。“仪”在《说文解字》中则为：“度也。从人义声。”因此，“仪”是法度。将两个字融合，“礼仪”就是按照相应的规则所进行的仪式。

随着时代的变化，“礼仪”的含义也在发生变化。“礼”在《新华字典》中的解释为：① 由于道德观念和风俗习惯而形成的仪节；② 符合统治者整体利益的行为准则；③ 表示尊敬的态度和动作；④ 表示庆贺、友好或敬意所赠之物：礼物、礼金、献礼；⑤ 古书名，《礼记》的简称；⑥ 姓。“仪”在《新华字典》中解释为：① 人的外表或举动；② 按程序进行的礼节；③ 礼物；④ 供测量、绘图、实验用的器具；⑤ 法制，准则：仪刑。在《现代汉语词典》中，“礼仪”解释为“礼节和仪式”。所以无论如何变化，以建立和谐的人际关系为目的，规范人与人之间交往的行为规范和准则这一界定，应当是符合从古至今人们对于“礼仪”一词的理解的。

二、儒家文化中的礼仪教育

儒家文化对于我们中华民族的传统文化有着巨大的影响。时至今日，每年的孔子诞辰之日，孔子的故乡曲阜会举行盛大的祭孔典礼。《论语》中记录了诸多关于孔子教导学生重视“礼”的语录。他告诉学生，不学习礼，就根本无法在社会中立足：“不学礼，无以立。”（《论语·季氏》）孔子极力将“礼”从个人行为上升到服务社会的层面，在他看来，要想让社会走向和谐，只有通过礼来进行节制和调和。“礼之用，和为贵。先王之道斯为美，小大由之。有所不行，知和而和，不以礼节之，亦不可行也。”（《论语·学而》）从中我们就能看出，“礼仪”在孔子心中的地位。

另一部直接以“礼”命名的著作是《礼记》，同样从个人和社会两个层面向我们展现了“礼仪”的重要性。正所谓“凡人之所以为人者，礼义也”，没有“礼”的生活，将会是一种混乱不堪、充斥恶意的生活。“道德仁义，非礼不成；教训正俗，非礼不备；分争辨讼，非礼不决。”（《礼记·曲礼》）更是强调了以礼治国的思想。这些都构成了我们开展礼仪教育的理论依据。

实践支招

礼仪对学生的个人素养、人格提升、人际关系和谐具有重要意义，加强学生礼仪教育，使得礼仪成为人们乐于接受的行为规约、社会规范。因此，学校的德育工作必须将礼仪教育融入其中。

一、学校重视礼仪教育的课程建设

课程是构成学校教育的重要组成部分，那么只有将礼仪融入课程，帮助学生树立正确的礼仪观念，认识到礼仪教育的必要性，才能更好地开展礼仪教育，更好地培养学生良好的品行。这里所说的课程，并非是传统意义上的课堂教学，而是可以借助各项活动挖掘活动中的礼仪教育元素。比如，利用升旗仪式、班会课、成人仪式、团队活动、志愿者服务等形式，让学生既能了解和掌握基本的文明礼仪，还能参与相关的礼仪训练，进而自觉地表现在学习与生活的细节之中，塑造良好的形象。

二、明确教师的引领作用

教师不仅是校园礼仪的亲身实践者，也是学生文明礼仪的监督者。如果教师能够注重文明礼仪的基本细节，在教育教学活动中遵循相关的礼仪规范，做到懂礼、知礼、达礼，这样将对学生起到很好的引领作用。比如，教师如果能够保持端庄的衣着打扮，服装样式和色彩都与其教师的身份相符，那么就能对学生的审美观起到正面引领的作用，学生自然也会使自己的衣着符合自己的身份。

另一方面，教师也要对学生的文明礼仪习惯进行监督。这种监督，并非教师事事亲力亲为的掌控，可以是在教师的指导下，学生自行组织的自我管理模式。比如成立文明监督岗、校园文明检查员等，定期向教师进行反馈。

三、营造校园文明礼仪的良好氛围

除了课程的学习，学生每天身处的校园也会对学生产生潜移默化的影响，因此，如果能够营造出一个注重文明礼仪的校园氛围，学生自然会对礼仪教育加深理解。可以充分发挥校园宣传栏的作用，不仅要定期更新宣传栏中的文明礼仪的理论宣传内容，还可以表彰校园内符合文明礼仪的行为习惯，通过评选“校园礼仪标兵”的方式，让所有学生都树立起对礼仪的内心认同，以此提升校园重视礼仪文化的氛围。

四、充分发挥家庭教育的功能

家庭教育的缺失是构成学生对于文明礼仪认知不成熟的重要原因，因此，必须充分发挥家庭在礼仪教育中的作用。学校可以通过“家长学校”“家长课堂”“家长沙龙”等方式定期给家长进行文明礼仪的相关培训，先让家长对于文明礼仪教育有一个正确的认知，并且在孩子面前起到言传身教的引导作用。学校要利用好家校沟通的平台，家庭和学校积极沟通学生存在的问题，共同开展好礼仪教育工作。

综上所述，对于学生的文明礼仪教育是一个庞大且重要的工程，如果我们可以将礼仪教育做到五个结合，即与家庭教育结合、与日常行为规范教育结合、与礼仪实践结合、与校园文化结合、与重大节日活动结合。只有我们积极行动起来，才能扭转当下学生文明礼仪缺失的局面。

作者介绍

顾岗，交通大学附属中学副校长。中学语文高级教师，曾获上海市优秀班主任、上海市金爱心教师、上海市园丁奖、上海市中青年教学比赛一等奖、上海市教学案例比赛一等奖。长期从事学校管理工作，在学生德育、思想政治教育、生涯发展等工作方面积累了丰富的经验。

学生缺少校园归属感，怎么办？

加强学生主体意识
创建自主向上的校园文化

张卫琴

情境导入

在校园里，一名学生会遇到存在感的问题，一群学生会遇到归属感的问题，一校学生会遇到成就感的问题，“存在感”·“归属感”·“成就感”构建起学生群体与学校之间关系的群像。随着时代的变化，个人的主体意识更为强烈，大部分中学生能意识到自己是学校的一部分，有积极的参与意识，活跃与学校生活的方方面面，并从亲身参与之中体会到成长的乐趣，美人之美，美美与共。也有部分学生的学校归属感缺乏，情感淡漠，情绪不稳定，人际关系疏远。表现为厌学、对学校集体活动不感兴趣、认为在学校没有安全感，没有自身存在的意义和价值，也很难从学校的利益出发，不以为学校作出贡献而自豪，其结果往往是两败俱伤。

问题归因

一、归属感的属性问题

归属感看似是一个和学生学业发展，行为规范没有直接关系的属性，也少有研究明确归属感与学校日常运行有关，因此不容易被重视；归属感又是一种看不见摸不着，无法定量研究的内心感觉，增强学生的归属感在操作层面缺少具体的行动方案，较难实施，更难的是对归属感进行评估并观察实践操作后的效果。

二、影响学生归属感的原因

影响学生归属感的原因有很多，有研究曾发现学校的衣食住行、教师态度、娱乐活动都是影响因素。本文仅从“文化育人”的视角探索问题的原因，包括学生参与学校文化活动的广度和深度、缺少学生发声的渠道、缺少属于学生的可视化作品，以及缺少学生作品的代表性展示。

理论分析

高中校园作为自我同一性建立关键时期的学生的主要生活和学习场所，是其不断成长并逐渐走向成熟的重要课堂，澳大利亚教育研究委员会曾发布一份报告，考察了澳大利亚学生在校归属感情况。报告显示当感到自己是校园群体的一部分时，学生会更加积极地投入学习或其他活动中，更有动力且更愿意付出努力；若归属感较低则会导致更多不良行为，如辍学。据美国一项研究显示，学生的在校归属感从 7 年级到 11 年级呈递减趋势。与此同时，学生接受教育的意愿也在下降。

马斯洛把人的需求分成由低到高的五个层次，分别是生理需求、安全需求、归属感与爱的需要、尊重的需要以及自我实现。一般情况下，只有在低级需求得到部分满足之后，才会出现更高一级的需求。想达到自我实现，在这里可以理解为学业成就。学校归属感的获得是必不可少的。马斯诺认为，人在安全需要之后都寻求一个自己所归属的集体，在这个集体中获得他人的尊重和帮助、关心爱护。学生正是有了这种内心需求，才会希望在所在学校获得这种归属感。

借用互联网思维中“参与感　归属感　成就感”三感合一的理念。有了参与感才会有归属感，最后才会有成就感。用“以梦为马”众筹，让学生充满归属感，使每个人都能成为学校的主人，有作品甚至是产品能被肯定，从而提高自我价值，意识到自己在集体中的地位，产生心理上的满足感。

实践支招

学生原本就是校园的主体，因此在讨论增强学生归属感的时候，回到这个命题的原点便可找到答案。当学生重新回到校园的主体，可以如同主人一般学习生活时，归属感便自然形成。参与·归属·成就，学校要做的是帮助学生成为合格的主人，辅助他们打造一件件靓丽的“代表作”，让他们被同伴“看见”，被师长“看见”，被时代“看见”。

一、学生自己设计的校服

校服是学生的贴身物，就像运动员的运动服、警察的警服一样，是身份的代表，便于树立形象、提高凝聚力、创造特有的校园文化。学生常会抱怨，校服不好看，穿着像“保安”。或者有学生会在校服外套上自己的衣服，以显示自我的个性。学校利用学校艺术节的校服设计大赛，邀请学生设计新一代的校服，通过投票当选的第一名设计作品，最终定板申请专利并投产。学生们首次穿上自主设计的校服，不仅心里美更充满了骄傲。这套棒球服是时至至今最受欢迎的校服单品，并未被取代。一身校服标志着凝聚起了学生对学校的归属感。

二、学生自己创作的校歌

国歌作为国家的一种象征和标志，体现着国家精神和民族情怀，运动员在获得荣誉时响起的国歌，每周升旗仪式上高唱的国歌无不凝聚着所有中国人的精气神。同样校歌也凝练着一所学校的精神，彰显着气质和理想追求。控江中学在六十多年没有校歌的时间里，好像总感觉缺少了什么，又不愿意将就着随意选择。于是学校又想到了来自学生的智慧，由学生作词的《踞海控江》终于诞生了。校歌不仅仅是歌颂学校的歌，而是将学校的沧桑历史、学生的青春岁月、青年的家国情怀有机结合，也真正引起大家的共鸣。有一年“五四歌会”，所有参赛歌曲表演完毕，正在紧张的计分环节，音乐老师走上舞台，即兴地带领场下的全年级学生唱起了校歌，全场热血沸腾。校歌犹如巨龙盘旋在礼堂的上空，等待着冲破屋顶飞向天空。

三、学生自己策划的活动

由学生自行组织策划活动是增加学生归属感的有效途径。马卡连柯说过：“活动教育了集体，团结了集体，加强了集体，以后，集体自身就能成为很大的教育力量了。”高中生的学业自然是繁忙的，却阻挡不住他们希望参与学生活动的热情。由于疫情的原因，一些聚集性的活动被迫取消了，总有学生来问：“能不能再组织一点活动呀？”于是他们在有限的条件下策划组织，台前幕后，好像有使不完的劲。学生积极参与课外活动时，能意识到自己是活动参与者和组织者，培养他们对集体的归属感。社团活动亦是如此，学校从“社团课程化”建设入手，经过器物建设到制度建设，再到文化建设这一由浅入深的实践过程，创设了促进学生发展和个性成长的平台，使学生社团日益成为控江校园一道靓丽的风景线。社团课程的内部治理遵循“有序自治，以法治团”的精神。社团章程产生在教师指导和社员民意基础之上，一旦达成共识，则让渡自由权利，人人遵守，这就是社团自治。管理的日益规范，民主自治精神的传扬，使得学生社团充满动力与活力。

四、学生自己举办的展览

光有“代表作”还不够，学校还积极提供学生展示自我的舞台。就像《我为歌狂》的主题曲唱的那样：我的舞台我自己建造，要让全世界看到，我的剧本我自己写好，相信自己永远是个主角。学校专门为学生的科创作品，文创产品开设“琳琅展”，从微型发布会到陈列展示，学生的作品在对外展示馆里拥有了独立展示的平台。在艺术节的舞台上，学生原创话剧《盲》用现代戏剧的手法表达了当代青年学生的迷茫，吸引了所有人的目光。这个时代的高中生不愿意活得像一个问号，东张西望找不到自己的跑道，他们要活成感叹号，为梦想超速在奔跑。这是他们青春飞旋的舞台，展现真实的声音和自我，再这样的展示中，他们更能找到自己的价值，在校园中收获属于自己的成就感。

基于“文化育人”的学生“代表作”定制方案，让学生的归属感在参与感中形成，在成就感中升华。成就学生与成就学校相辅相成，归属感就好似其中的催化剂，让所有的美好一同绽放。

作者介绍

张卫琴，上海市控江中学德育主任。中学高级教师。从教二十多年一直秉持着“沟通从心开始；教育从爱起步”的教育理念。坚持既做老师，又做学生的朋友，并坚信惟有这样，师生关系才会水乳交融，并达到教学相长之目的。

京剧文化传承有如“空中楼阁”，怎么办？

探寻京剧文化魅力
让红色基因融入血脉

王国平

情境导入

京剧是中华民族优秀文化的重要组成和艺术瑰宝，已是家喻户晓。但当代青少年对京剧文化在心中的喜爱、参与及欣赏的行为等与人们对京剧的认可度并不相称。为何京剧文化作为优秀传统文化的代表，却被高高“挂起”，难于进入寻常百姓生活之中呢？我校是区优秀传统文化校，在开设了京剧等优秀传统文化课程过程中，也遇到这类问题。可以这样说，学生很有兴趣，但兴趣成为大家的行动似乎条件还不完备，再加上京剧等艺术要有一定的文化积淀和专业学习积累，才能更好参与和欣赏。为此，我校作了大量的探索、改进和创新，使京剧这项优秀传统文化项目得到了很好的发展，我们将不断探索其在学校传承的实效路径，为京剧等优秀传统文化在新时代成为青少年喜爱，彰显青少年气质和素养的特殊名片而不断努力。

问题归因

在寻找解决方案前我们寻找了问题归因。通过对家长、学生和专家的访谈、调研集思广益，准确掌握问题，力求在学校层面更好落实解决方案。

一、宣传不够，影响不深

60 年代过来的人们对京剧有一份特殊的感情，很多人虽说不一定懂京剧的专业知识，但观看京剧表演和对京剧的那种喜爱情感很深，源于那个年代京剧在人们生活中常现。京剧从剧的特点来说，对受众是有台阶的，虽说一听便知唱了什么，但不是一看就懂其艺术内涵，只有常听常看，再学一些京剧知识，才能做到欣赏和热爱。京剧从声腔、唱法、脸谱、装饰、不同角色的一招一式等都有深刻的含义，也需要不断地积累，而今的青少年，对京剧体验很少，自然难以产生兴趣。必须让京剧课程给学生有更多体验，要通过京剧的宣传、活动体验，提升京剧对学生的影响力。

二、课时难保证，展示机会小

由于学校课时的有限，仅从课时上去推进京剧进校园，很难实现京剧文化在学生中普及和扎根。学生在京剧文化进校园中体验少，难以形成对京剧文化的兴趣和热爱，京剧进校园的目的难以持续。除了安排一定的课时进行京剧学习，还应当通过展示、观摩、进社区、看专业表演、听专题讲座、了解京剧文化、进行京剧人物访谈等活动，增强在京剧文化方面的熏陶，培养学生对京剧的了解和热爱。

三、学业压力等，家长对孩子学习京剧等课程有偏见

学生以学为主是正确的，学业压力大，对其他活动时间的挤压是不争的事实，但过大的学业压力，过度地把学生精力集中在学业上，而不去关注学生的多元发展、个性发展，有时会错失学生的发展机会。学校应当在对家庭教育进行指导，帮助家长发现孩子的兴趣和特长，在孩子的兴趣培养、能力培养、多元发展趋向培养方面给予更多指导，为孩子的幸福着想，改进家长的传统思考，注重人的全面发展，走出就学业而学业的培养误区。

学校有许多学生学习京剧等课程不耽误学业进步的实证案例，通过这些鲜活案例向家长们进行宣传，展示这些学生在京剧等学习中培养起来的重要的学习品格，让家长们悟到孩子学习京剧能激发他们积极向上的学习欲望，提升孩子们的综合素养和能力；也欢迎家长们通过身边这些真人真事去了解实情，消除家长对孩子学习京剧等会影响学业的担忧和偏见。

四、政府推动京剧等优秀传统文化发展的力度不够

政府在推动优秀传统文化方面有强大的资源优势和导向能力，一份文件的指

令模式不能起到根本的作用。应当在京剧等文化进校园中，能针对各类归因采取一揽子可行的解决办法，包括在学校京剧人才、开展经费、场地设施、对外交流学习等方面的政策支持，解决重视、氛围、落实上的难点和堵点。

理论分析

怎样把京剧文化传承好？学校针对以上归因，思考了自身要做的一些工作。

一、牢牢抓住青少年“兴趣”动力源

培养、发现、助推青少年“兴趣”这一原动力，使京剧的种子在其身上萌发、壮大，是学校、家庭和社会的责任。兴趣源于好奇与参与，热爱源于情感的享受和实现成功的认可。京剧必须在参与中慢慢体味，才能有更多兴趣，这与京剧的特点有关。这就要求学校要为学生培养京剧的兴趣爱好，从中发现京剧的“人才”，不断助推他们将兴趣转化为自身的能力和素养，带动更多人爱上京剧。

二、要营造京剧传承的良好氛围

要使传统优秀文化如京剧等能有更好的传承，要形成好的文化传承社会氛围。而做到这点不能只在校园里营造氛围，要在整个社会中形成对优秀传统文化的尊重和气氛，要让其有新的生命力，学校要主动作为，成为带领青少年关注、参与京剧等优秀传统文化的星星之火，给青少年更多发展此才艺、展示其才能的机会和舞台，让青少年感受到学了京剧成为大家的焦点，使京剧文化更多社会效益和强大影响力、生命力。

三、让京剧文化在传承中有更多受益

京剧作为高大上的文化精品，要飞入寻常百姓的生活中，成为一种广泛的选择，作为学校，要思考对学生发展有直接受益比如：将其在学习京剧上所获成绩与学生成长考核挂钩。长远上能对学生的身心健康、意志品格培养有益等。总之，要通过京剧关注到人的成长，使青少年受优秀传统文化熏陶，成为有更高涵养的人，为未来社会整体文化素养的提升做出贡献。

实践支招

针对在京剧传承中遇到的问题和归因，学校认真研究了解决办法，收到了良好的效果。

一、优化京剧课程和体验

学校通过优化京剧课程，让学生有更多机会体验京剧，满足更多学生的学习的需求。如：在提高学生学习京剧的兴趣方面，购置了专业的京剧服装和各类装饰，让学生在学习和表演时能穿戴京剧服饰进行表演，还为学生请来了专业的京剧化妆师，为他们表演增色不少。请家长来观摩表演和比赛，家长拍下照片，参与孩子领奖，对孩子的成长，尤其是在京剧表演上的能力和天赋，得到更加完美的展现，孩子成长的快乐，感受成功带来的自信，对孩子影响很深，反过来，也使他们更加喜爱京剧这门艺术。为了拓宽学生对京剧的热爱，学校还请专业的京剧乐器演奏老师为大家上京剧器乐教学，许多学生报名后，成为学校京剧配乐乐队成员，上台进行京剧配乐表演，受到家长和同学们的高度称赞，也在区乐器比赛中获得大奖，提升京剧课程对家长和学生的吸引力。学校还专门编著了适合学生学习的京剧课本，使学生可以边跟学边自学，提升了京剧课程学习灵活性。为了更好宣传京剧，学校还专门建造了“京韵馆”，请京剧名师尚长荣先生为京韵馆题字。在京韵馆中有大量的京剧音视频资料及读物、有京剧各类角色及相应服饰介绍，有名家名段介绍和欣赏，有京剧著名视频音频电视查阅和自主放映，使学生和参观者能在校内了解京剧文化的生动内容，有了更多更好的京剧文化体验。

二、搭设更多平台，以综合评价体现课程价值

学校作为区优秀传统文化示范校，积极参与市、区各类传统文化表演和比赛，以京剧为龙头课程，展现我校学生在京剧学习方面的进步和才艺，多年来，学生京剧团队参加的市、区各类比赛中获得多项多次大奖，在市、区文化展示中，代表杨浦区初中学校参加表演和展示，获得表彰和好评。学校还经常被区、街道邀请参加各类大型活动的热场、群众文艺表演、庆典等活动中，学生的表扬获得众多喝彩，许多领导和观众纷纷要求与表演学生合影留念，流露

出对京剧的喜爱之情，学生通过参与这些活动，给自己更多出彩和锻炼的机会。学校每年的艺术节主题都是以优秀传统文化京剧为龙头的“抒爱国豪情，展艺术风采”展开，各种京剧片段表演，京剧乐器演奏，上海京剧院名家演员登台展示等，掀起一阵阵京剧热潮，让全校师生看到京剧在我校校园文化中巨大的生命力。学校也将京剧等课程纳入学校在对学生综合评价中，成为对学生全面评价的重要组成部分，学校还对积极参加京剧等课程，尤其是在各类表演中积极的同学给予综合素质评定加分，以评价杠杆撬动的更多家庭和学生的关注和参与。

三、广泛提升对京剧的关注度

学校加强在家、校、社区中进行京剧等优秀传统文化的宣传。通过学校将京剧文化推进到家庭和社区。学校建立了与社区的文化共建协议，经常请居民参加学校的艺术节、京剧展演活动，社区在举行暑期纳凉晚会等节庆活动时，请我校京剧表演团队为居民表演京剧节目，居民看了赞不绝口，说过去看京剧的感觉回来了，没想到京剧这门艺术赢得了今天的青少年这样的喜爱，他们觉得学校的培养方向正确，孩子追求有中国文化底蕴的做法值得提倡，学校也坚定地认真做下去，传承好京剧文化艺术，让学校的文化生活更加高雅丰富。

四、立京剧品牌课程，推进育人价值

学校现在与市京剧院建立了长期的文化传承协议，聘请京剧院的老师为我校培养少年京剧人才；培训京剧社团，每年排练两个左右的京剧团队展演节目。不仅购置了较为全面的京剧表演服装，长期聘市京剧团的老师为学校进行京剧服饰穿戴、化妆、演前指导等工作，还每年请市京剧团著名老师为学生进行京剧才艺表演专场，不断打造学校京剧品牌，培育更多京剧小观众、青少年爱好者。现在学校在市、区教育界京剧文化方面有很好知名度，学生在京剧文化的熏陶中，气质和涵养有明显提升，也使学生和社区感受到优秀传统文化在学习过程中，有着深厚的育人价值。为了得到家长的长期支持，让更多家长和学生参与京剧活动，我校还在招生中，考察有京剧情怀和兴趣的同学，从进校伊始，就注重对课程的宣传，也引起学生和家长对我校京剧课程的关注，为他们选择我校给予更多支持，确保了京剧学习的学生源源不断，热情不减。通过优化学校在招生中对京剧课程推介，让社区和居民了解我校的办学特色，增强了京剧这一品牌作用。

学校对多年的京剧课程进行了深入总结，我们发现：学习京剧的学生气质上与众不同，他们更善于向他人学习，善于在各类学习中关注细节，做事追求完美；他们能乐观面对失败，勇于找自身不足，享受从失败走向成功的乐趣；他们对美有更高的追求，善于发现生活中的美、学习中的美、交往中的美。学生通过京剧学习培养起来的重要品格难能可贵，也是学校坚持抓好京剧课程建设的底气，京剧等课程对育人有积极的正向价值。

作者介绍

王国平，上海市思源中学党支部书记。学校作为杨浦区优秀传统文化示范校，建校以来，就开设了以京剧为龙头的一批优秀传统文化课程，培养了许多青少年爱好者，在市区有较强的影响力。

加强制度文化建设
争做新时代的雷锋传人

金　蕾

情境导入

“雷锋叔叔没户口，三月来了四月走。”这句歌谣所揭示的问题，正好反映了今天某些人在学雷锋活动中的一种心态，即把它当作完成一次任务，应应景、做做秀。部分学生、家长甚至老师认为，学雷锋已经过时了，所谓的学雷锋无非就是“三月里来扫个地，四月照样抓成绩”。来看以下一组镜头：

镜头一：书记办公室。

团队干部：书记，我们“学雷锋纪念馆”3 月 5 日前的参观预约已经全部排满了，但还是有不少单位要来参观，怎么办呢？

书记：踊跃参观的热情让人感动，问问他们可以在 3 月 5 日以后来吗？

团队干部：问过他们了，说是过了 3 月 5 日以后再来，就没有意义了。

镜头二：某敬老院内。

老人：哎呀，小同学，我的房间今天已经被打扫了 5 回，非常干净了，不用再扫了，你们还是回去吧。

学生：老爷爷，今天我们是来学雷锋的，老师要求每人要为敬老院做一件好事，还要敲章呢，您不让我打扫的话，我完不成任务敲不到章啊！

老人：那我给你签个名证明你已经来为我做过好事了，行吗？

学生：好的，只要完成任务就行。谢谢老爷爷。

镜头三：教室内。

数学老师：你看看你，这次考试大失水准，是不是志愿者做得太起劲了，我看你天天放学后就去地铁站维持秩序做宣传。

学生：老师，地铁站晚高峰人很多，秩序很乱，我看工作人员忙不过来，我就想去帮帮他们。

数学老师：有这个时间还不如多做几道数学题呢！

学生：好吧，我以后尽量少去。

这些镜头并非杜撰，而是在生活中实实在在地上演着，恍惚之间我们也会存在一种错觉，那就是学雷锋“一窝蜂”、“太匆匆”、“可有可无”。每年的3月学雷锋活动轰轰烈烈，然而等到3月份一过，就没有了“雷声”更没有“雨点”了，雷锋就像匆匆过客一般，无法真正让学生入脑入心。

问题归因

雷锋精神是中华民族精神的重要内容，是社会主义道德的标杆，是中国共产党先进本色的集中体现。雷锋精神具有与时俱进的品质，其产生六十年来，顺应了时代发展潮流，内涵不断丰富，有人曾用“雷锋精神60年代是助人为乐，70年代是钉子精神，80年代是学习成才，90年代是爱岗敬业”的生动语言，描述学雷锋历程中的鲜明时代特征和不同年代实践特色。这说明，雷锋精神具有持久强大的生命力。但现状是学雷锋活动往往陷入形式化、运动化的泥淖之中，常态化工作做得很不够，所以会导致上文的一系列现象产生。究其原因，有以下几点：

一、德育内容缺少成体系的整合

虽然学校围绕学雷锋的各类仪式教育、主题活动比较丰富，但是一方面没有考虑各年级学生的不同特点，造成目标比较笼统，和学生初中阶段身心成长的需求度不够匹配，成效不够显著。另一方面，活动内容碎片化现象较严重，缺少结构性思维、整体性思维、关系性思维和过程性思维，所以造成日常运动式、突击性、碎片化、风景线式的现象，雷锋叔叔也就变成了临时户口。

二、学生评价方式比较单一

目前对学生的评价方式仍然大多以考试为中心，因为考试成绩可以量化，而对于德育的教育成效很难考量。在中高考改革的大背景下，倡导对学生进行综合素质评价，要求学校要有多元的评价方式相匹配。为了更好地培养学生的综合素养，避免应试教育的弊端，要建立具备多维评价目标、多域评价内容、多元评价主体、多样评价手段的学生评价激励机制，来全面、全方位的衡量学生。同时，评价方式的改变也会督促教师转变思维模式，不再出现上述镜头三的场景。

三、德育工作者思想认识上的误区

对于学习雷锋精神的重要意义，德育工作者没有从文化传承、道德培养等角度去深入思考，思想认知上的狭隘轻视直接导致了行为的庸俗功利，因而学雷锋往往就成为一次活动，每到雷锋纪念日开展一下就可以了，缺乏对开展学雷锋活动的长远思考，更甭提进行制度化的考量。

理论分析

要突破学校学雷锋活动当前的困局，要从思想认识与制度保障两个方面入手。

首先要充分认识雷锋精神的时代内涵。谈及雷锋精神的时代价值，习近平曾提出：“雷锋精神是永恒的，是社会主义核心价值观的生动体现”。“雷锋精神是我们民族的脊梁。”我们要研究雷锋精神，这是为弘扬雷锋精神奠定基础。

什么是雷锋精神？雷锋精神是以雷锋的名字命名，以雷锋的好思想、好作风、好品德为基本内涵，在实践中不断丰富和发展着的革命精神。其内容有爱国主义精神、奉献精神、“钉子”精神、艰苦奋斗精神、助人为乐精神等。雷锋精神与我们现在所倡导的社会主义核心价值观是高度统一的，是我们弘扬社会主义核心价值观的重要抓手。同时，我们要认识到雷锋精神在促进社会和谐，促进个人全面发展方面的重要作用。学习雷锋精神是帮助学生健全个人人格，提高个人思想素质水平的重要途径。

在充分理解雷锋精神时代内涵的同时，我们要构建学雷锋的制度保障。所谓“没有规矩，不成方圆”。制度建设是通过组织行为改进原有规程或建立新规程，其大致包括三方面内容：一是制定公共规则，二是保证规则执行，三是坚持公平原则。

学校在制定学雷锋的制度过程中，要充分考虑以下几点：

第一，加强制度建设应当进一步深化对制度功能的认识，不断加大推进工作制度化的力度。学校要充分认识到制度建设对学雷锋活动的保障作用，并在各个层面推行，确保活动有章可依，制度落地。

第二，加强制度建设应当着眼于机制的建立完善，努力实现制度在更高层面的系统整合。学校制度不是为了设立而设立，需要充分考虑学校的实际与需求。

第三，加强制度建设应当要不断提高制度建设的质量和水平。制度建设关键是要管用、可行。制度在运行过程中要不断听取意见，及时完善或修正，确保制度成为工作的保障而不是枷锁。

第四，从制度规范到文化浸润。学雷锋作为德育活动，不仅要靠制度支撑，更需要有人文精神来维系，要靠文化浸润。因此学校既要加强制度建设又要在此基础上加强精神文化建设，以促进师生共同成长。

实践支招

上海理工大学附属初级中学作为上海唯一一所在校园内建有“学雷锋纪念馆”的学校，自 2012 年挂牌以来，在以“关心教育”为核心的办学理念引领下，明确了“以雷锋精神立人，以中华美德铸魂”的德育主线，打造分层浸润的制度文化，将学雷锋的经验做法固化下来，形成长效机制，破解难题，促成了学雷锋活动的常态化，使得它不再是“三月里的故事”，而成为校园文化建设中永恒的主题。

一、学校层面：开发学雷锋红色基因德育课程

学校是生命教育基地校，校内建有学雷锋纪念馆，依托该资源，结合初中生的个性和能力特点，提出层进式学雷锋红色基因德育课程的建设构想。根据学生的年龄特点，从认知、实践、感悟等层面组织活动，给学生以明确的定位，通过建立归属感唤起社会责任感，使学生对“雷锋精神”的理解呈螺旋型上升态势，使学雷锋活动得以持久深入，成为学生共同的价值追求。

年级	课题	内容	目标
预备年级	匹夫有责的爱国心	少年胸怀	1. 建立积极乐观的人生信念，对自身与国家的关系有初步认识。 2. 立志成为一名优秀的青少年，培养家国情怀
初一年级	大爱无疆的奉献心	关心你、我、他	1. 培养自己的自信与能力，热爱生活 2. 形成良好的自我认知，敢于奉献，乐于奉献
初二年级	助人为乐的合作心	团结互助	1. 逐步适应生生关系，师生关系，与人为善 2. 了解个人与集体的关系，学会融入集体并热爱集体
初三年级	刻苦钻研的进取心	积极进取	1. 对缓解学习压力有一定的认识，学会将压力转化为动力。 2. 形成适应自己的有效学习方法

二、班级层面：打造志愿者服务项目

与中考改革相结合，把传承与弘扬雷锋精神定位于大力倡导志愿服务精神，使得学雷锋不再局限于每年的 3 月，活动地点不再局限于校内。为了更好地把志愿服务活动固化下来，我校建立班级志愿者服务项目申报评审交流制度，并从参与对象、组织形式、服务对象、活动地点、服务内容、保障措施和负责人等方面加以明确，在每年的 3 月进行交流评审表彰，达到互相学习和借鉴的目的。

三、学生层面：形成多元评价激励制度

（一）对于所有学生，实行志愿服务计时制度

学校设计印制了《志愿服务手册》，学生人手一本，与综合评价制度社会实践要求相结合，把学生四年校园生活中参与的志愿服务以课时的方式进行记录，彰显学生遵循雷锋足迹成长的过程。

（二）对于优秀学生，落实培养培训制度和评选表彰制度

一是与“少年团校”建设相结合，落实“小青团”养成计划，在入团积极分子中培养学雷锋纪念馆讲解员，一方面促进讲解员自身的成长，另一方面让雷锋馆发挥教育辐射作用，成为区域内重要的育人阵地；二是与学校“上理之星”和“美德少年”评选表彰相结合，在“上理之星”评选中设置“社会实践”单项奖，在

“美德少年”中设置“志愿奉献”单项奖，形成学雷锋先进典型的激励机制。

得益于长效机制的形成，“学雷锋”活动在学校是贯穿全年的，在每年3月，当全社会掀起学雷锋的高潮时，学校进行全年的“学雷锋”活动的总结与表彰，并把它作为新的起点，部署一年的活动。而今，“学雷锋纪念馆”成为学校对外展示交流的重要载体和窗口，“学雷锋”成为全校上下共同的行动自觉，有效地助推了学生健康全面的发展。所以，虽然制度带有外在的强制色彩，但是，制度带来的有效保障可以把他律上升为自律，形成一种文化自觉力。

作者介绍

金蕾，上海理工大学附属初级中学党支部书记、副校长，中学高级教师。分管德育工作多年，致力于生命教育、家庭教育和校园文化建设，擅长课程设计、项目开发和课题研究。

丰富活动平台　营造书香文化

史贤俊

情境导入

曾几何时：菁菁校园中，学子们沐浴在灿烂的阳光中，膝上摊开一本书，闻着纸上散发着的油墨清香，心里充满了快乐。反复咀嚼，品味着每一个字，每一句话……阳光温柔地洒下，透过皮肤一丝丝进入血液。

海明威的简洁明快、屠格涅夫的细腻抒情、林语堂的儒雅高贵、泰戈尔的清新淡泊……沉浸于书香之中，让读书成为一种生活与艺术的享受。品中外经典名著、读历史传记、阅科普知识……伴随着书本里文字的起伏跌宕，带领我们回望过去、穿越未来，看到了世界各个角落不同的风景，感受到不同于自己生活的情感，领略到了睿智之人的精髓。于是，懵懂少年们在书籍的陪伴下慢慢成长为一个有独立思想和丰富情感的人。

现如今，在学业重压之下，学子们面对的更多是各类学科辅导书练习卷；阅读的范围也囿于学校推荐书目。相较于各类电子产品，书香似乎已不再那么香了，也无暇感受阅读的乐趣，更是没有兴趣追随书本穿梭空间和时间，体悟不一样的人生与经历。

问题归因

阅读习惯的缺失，会给正处于三观建立的青春期少年年带来不良的影响。

学习阶段的知识点是通过阅读来巩固和强化的，同时，阅读能够启迪智慧、开拓视野、增强思维。而缺少阅读的学生，他们的理解能力、思维构建能力都会比较薄弱，表达和书面写作能力也有一定的欠缺。

一、幸福感降低

幸福感被定义为：快乐＋意义的一种持续的满足感，而学生在越来越倾向于接受感官刺激的过程中，随着刺激的消失，就会感觉失落，为了弥补失落，就要追求更强的刺激，落入追求刺激—刺激消失、失落—追求更大的刺激的恶性循环。所以学生越来越容易感觉无聊、孤独。

二、注意力不集中

学生越来越容易被感官性刺激吸引，导致注意力无法长时间集中，很难进入比较困难的学习任务，也很容易从当前任务中抽离。最直接的影响就是当学生面对困难任务时难以集中思考，思维的品质欠佳。阅读是一项理解记忆的过程，也是通过进入书本，与作者进行深度共鸣的过程，缺乏这一过程让学生注意力不集中，从而导致遇到困难不敢面对，喜欢逃避，缺乏毅力。

三、思辨能力弱化

青少年受数字阅读、网络、手机等新媒体的影响，呈现碎片化、浅阅读、快餐式阅读的特点。碎片化阅读有其即时、交互等特点，但其本身的不足而不可替代传统的阅读。碎片化阅读可以充分利用零碎时间阅读信息，却冲淡了青少年深阅读的习惯。青少年进行浏览式和消遣式阅读，导致难以集中精力、全神贯注地阅读，读而不思、读而无益。这种碎片化、随意化的浅阅读影响系统性学习，降低了阅读品位和深层思考，弱化了思辨能力。

分析其原因，主要有以下几方面：

（一）学业压力，时间有限

各科考试压力之下，学子们的大部分时间用在了完成作业上。周一到周四每天回家后，需要完成学校的作业、补习班的作业以及家长补充的作业。周末的时间或为数不多的业余时间则被各类培训班或各种艺术考级所占据。这样的节奏之下，已经没有了足够的时间与精力用来感受经典名著的魅力。

(二)功利阅读，丢失兴趣

不知何时起，课外阅读已变成提高成绩分数的一种手段，经典名著慢慢换成了优秀作文选、各类题集等。甚至，阅读的同时会伴随着很多“测验”或“考查”，作业形式的“读后感”替代了自发的思考与感悟。于是，轻松而愉悦的读书，在学生的心目中，已经变味，变成了一种负累、变成了另一项作业。

(三)电子媒体，冲击阅读

电子化阅读让学生的生活发生改变，冲击了纸质书的阅读。现在是新兴媒体时代，信息碎片化的时代，有太多的非传统媒体冲击着学生的生活，电脑，手机，Ipad 等；网络信息即得、快速。因为时代的变化，让选择变多了。学生越来越倾向于感官类的，不用启动大脑运作的信息，如看图片、看动画片。一旦习惯了接受简单的刺激，对于需要加工的信息，如阅读，就会习惯性逃避，习惯性选择简单的。不仅如此，相比需要潜心品读的书籍，画面鲜艳、情节诱人的游戏产品，更让学生“爱”不释手，占用了原本应花在阅读上的时间。

(四)家庭读书氛围缺失

有不少家长仅仅给孩子买了许多书籍，但是，书籍可能并不符合孩子的兴趣与年龄阶段，而是父母心中的好书或经典。另外，书籍买回家后，只要求孩子阅读，却没有家庭共读的氛围，父母从不阅读。试想，父母整日手捧手机、沉迷网络，或是对打牌、麻将、电视等充满兴趣，这样的家庭氛围之下，缺乏父母言传身教引领的孩子，怎能感受阅读的乐趣?

理论分析

从学习动机理论方面来看，激发学生的内在动机，引起学生的好奇心和求知欲，决定了学生参与学习活动的学习主动性、积极性的高低。作为起主导作用的教师，在培养学生阅读兴趣中应采取多种方式引起学生正确的学习动机，经常进行学习目的教育，培养学生崇高的理想和强烈的求知欲，从而才能激发学生参与该项活动的主动性、积极性。

根据教育的综合性原则，教育的目的是为了培养全面和谐发展的完整的人，无论是课程设置的综合，还是学习评价的机制，其目的，都是为了让学生能达到生理发展和心理发展的统一，认知系统和情意系统的统一；因此，引领学生阅读书籍，感受经典文化，也是实施社会人文教育、艺术修养教育不可或缺的重要内容。

实践支招

青少年阅读状况直接关系到国家和民族的兴衰。学校、社会以及家庭应形成合力，多方关注，形成共识，采取措施。

教师和家长要着力培养学生广泛的阅读兴趣。“兴趣是最好的老师”，如果让学生对课外阅读产生了浓厚的兴趣，他们就能够自然而然地把心思转移到课外阅读上来。这样，即使再忙，学生也会挤出时间来读书，尽情享受阅读的愉悦。

教师和家长要切实减轻学生的做题负担，减少直至消除那些机械的、繁琐的“题海”，腾出时间来让学生痛痛快快地去读，潇潇洒洒地去读，真正与书籍对话。其实，学生素养的形成和发展绝不是靠做习题“做”出来的，而是靠广泛地阅读“读”出来的。

教师和家长要为学生创设良好的读书氛围，让学生拥有一种自由、惬意的读书情景。如果说兴趣是影响阅读的内在因素，那么氛围就是外在因素。对于教师来说，要舍得花时间来指导学生开展课外阅读，经常性地开展一些形式多样的读书活动，为学生创造展示与交流读书成果的机会，激发学生的读书兴趣。对于家长来说，要充分认识到阅读对学生精神世界的影响，要鼓励孩子课外阅读，并帮助孩子养成良好的读书习惯。如果条件允许，提倡家长和孩子共同阅读，享受亲子阅读的乐趣。

学校所采取的具体措施主要有以下几方面：

一、发挥图书馆在青少年阅读中的主体作用

学校图书馆是学校开展素质教育的重要载体之一。在提升藏书量的同时，加强图书馆管理员队伍的建设，确保开放时间。要充分利用课余时间，开展课外阅读活动，吸引学生的参与，培养良好的阅读习惯和阅读情趣。一是不断扩大和优

化青少年的阅读空间；二是增加青少年读物在馆藏中的比重；三是提供网络、手机等新媒体阅读平台和通道；四是充分发挥载体优势、资源优势，组织开展青少年喜爱的各类阅读活动；五是通过建立青少年阅读推广站、阅读指导站等形式，加强对青少年阅读的指导、辅导，以不断提高青少年的阅读品位。

二、倡导多种形式阅读，搭建活动平台

从晨间的班班诵读，到午间的朗读者活动，建设学校白色读书长廊及每层楼面的读书角，优化读书氛围与环境，让学生随处可以读书，让阅读成为习惯，让书香溢满校园。

鼓励学生们在阅读后，留下读书痕迹，撰写读书笔记，互相交流心得与感悟。

外请各类人文讲座，走出校园参观各类图书馆，通过阅读增加文化底蕴，通过经典诵读让学生学会做人，让书香伴随成长。

开设“跳蚤书市”，在书市上大家交换心爱书籍，分享阅读心得与愉悦。

三、做书香型教师，让学生看到老师在读书

读书是教师专业成长的有效途径。教师精神成长，需要丰富的阅读滋养；教师专业发展，需要经典的专著引领。

育人必先达己。让老师们享受阅读、享受教育、享受人生的同时，也给学子们以言传身教。

四、营造书香型校园，创造良好阅读环境

进入校园，白色长廊内有新书介绍，进入教学楼有自主阅览室，各个楼层门厅是阅览角，走进教室墙边有图书角……让学生在静态的校园文化中阅读经典，阅读思想，阅读精神。让学生真正与文化结缘，时时刻刻呼吸着文化的空气，得到审美的启迪。

五、家校合力，开展亲子阅读

共读是快乐的，陪伴是美好的。父母在与孩子共同阅读的过程中，既促进了亲子关系的和谐提升，也和孩子有了心灵的沟通。在孩子眼中书不仅作为文化的载体，而更像是一名导师。找到一本好书，在让孩子阅读前，家长可以先细读一

遍。在共读一本书的过程中，成人的价值观和世界观也无形中传授给孩子了。此外，根据兴趣，让孩子在某一领域上展开研究性的阅读也很有必要。

“一日无书，百日荒芜。”这是古代史学家陈寿说的。在今天，这句话依然成立。“书”是人类知识的源泉，如果没有书，人类文明将无法延续下去。而书，也是一个伴我成长的伴侣。总之，吸引青少年常常翻阅好书，手会变得灵巧，眼会变得明亮，脸会变得有书卷气，心会变得透彻，审美情趣会变得高雅。让阅读成为学生的一种习惯，成为一种生活方式。

作者介绍

史贤俊，上海民办杨浦实验学校副校长。史老师坚信：老师是只能陪伴学生走一段短暂的路。如果在这短短一程中，为人师的能从心出发，就能抵达学生的心灵深处，二者就能彼此滋养，共生共长。

鱼有“形”而生无“行”，怎么办？

开拓景观育人路径
构建校园生态文化

赵　敏

情境导入

近年来，人们认为20世纪60年代开始的环境教育、可持续发展教育等促进人与自然关系理解的教育，从某种意义上而言是不成功的。指向“生态公民”培养的生态素养教育，在国际范围内得到越来越广泛的认同和开展。将生态素养的发展作为人们社会生存所必需的核心素养之一，得到了教育界的普遍认同。学校引入了生态素养项目，子项目人工湿地在原来的微型鱼池基础上进行扩建和改建，中部建了两块人工湿地，西部装一个小型的水质监测系统，从而形成了学校环境文化的标志性景观——人工湿地锦鲤池，一个“教室”之外，让学生的内心与自然互动，以涵养学生生态素养的“地方”。

老师：你们一般什么时候去看鱼？

学生：我们喜欢午餐后去走走、看看鱼。

老师：那你们有没有查看过锦鲤池旁边水质监测屏的数据，关心过锦鲤的生存环境吗？

学生：这……没有注意过。

老师：德育处有鱼饲料，可以喂食鱼儿，也是一种乐趣，你们喂过吗？

学生：我们去德育处拿过鱼饲料，喂过。给锦鲤投喂鱼饲料，逗逗它们，是挺有趣的。

老师：那每天都去吗？

学生：如果我们感觉作业比较多，或者需要订正作业，就不去看鱼喂鱼了。

老师：哦，鱼其实会挺饿的。

学生：没事啊，我们有空的时候就多喂一些，一人喂一把鱼饲料，管饱。

老师：好吧，鱼儿是今朝有食今朝“撑”，今朝没食饿头昏，可怜的小鱼啊！

从师生对话中，不难看出：学生喜欢“鱼”的“形”，但是缺乏关爱“鱼”的“行”。

问题归因

标志性景观人工湿地锦鲤池是学校德育特色“爱的教育”的显性延伸，是学生在学校接受生态文明熏陶、亲近自然的“地方”，更是承载学校生态文明教育理念的环境文化之一。鱼有“形”而生无“行”的现象反映出景观育人效果并不理想，学校从生态校园文化建构和学生生态素养培育两方面进行了归因分析：

一、关于生态校园的理念文化尚在建构

随着社会的发展，社会对教育不断提出新要求，学校理念文化需要坚持继承与创新相统一的原则，与时俱进地调整、提炼和建构。校长室在深入分析学校的历史和现状，对学校未来发展趋势进行了科学的研判，将“爱的教育”重新提炼，结合“科技生态”项目进行创新，“生态校园”理念文化处于规划形成期。

学校想通过人造景观让学生在与“自然”接触过程中，形成热爱自然，顺应自然、尊重自然、保护自然，并与自然和谐共生的生态素养。但是只有“看得见”的景观标志物是远远不够的，还应该有理念制度的保障和教育活动的开展，使学生“感受到”人与自然和谐共生的重要性，“做得到”以“看鱼、喂鱼”为切入点促进学生生态素养的形成。

二、关于生态素养的育人方法急需改进

景观育人止步在“看得见”层面，学校分析了学情发现：学生是否“看鱼喂鱼”由自己的作业情况而定，德育处的鱼饲料有时几天就消耗掉一桶，有时一周都几乎没有被动过，不难看出学生虽然欣赏自然界中的美好生命，但学生更多的是从自我出发，缺乏对自然生态敬畏的价值理性，缺失珍爱生命、尊重生命、敬

畏生命的情感，“喂鱼”问题不仅体现了学生生态价值意识和生态责任意识的欠缺，还能看出学生生态文明素养的驱动力——生态素养的情感不足；而学生们很少关注鱼的生长环境（如水质），主要因为学生的生态知识匮乏。总之，从学情来看人工湿地锦鲤池的育人效果与预设之间的落差，是学生生态意识、生态情感或生态知识的匮乏导致了学生生态行为偏差而引起的。

学情指向的绝不仅仅是小初衔接生态素养教育的断层，更是指向了学校的生态素养的育人方法。值得肯定的是学校从学生的不足和需求出发，从生态素养培育因素即：生态意识、生态情感、生态知识和生态行为出发，开设的生态素养培育课。问题出现在：生态素养课程界限分明的知情意行教育目标，人为割裂了生态素养因素之间的关联；再者就是把生态素养培育局限在了课堂之内，没有真正从学生主体性的角度出发，从课堂和书本走进生态环境中，让学生与自然相融，启发学生的内心与自然的互动与共情。学生不能将“风景”与“心景”结合起来，学校生态素养教育方法一定是不成功的。

理论分析

一、什么是生态素养

生态素养一词最早由美国奥尔教授提出，根据他的描述，生态素养是人们在学习和生活中逐渐学习积累而形成的关于生态知识、生态意识和生态行为能力的综合素养。之所以说生态素养是一种综合素养，是因为生态素养不仅包含“人”对生态知识与方法的理解掌握，以及生态思维与行为能力，还包括“人”的生态态度、情感和价值观等精神因素，所以可以说生态素养是一种具备生态知识、行为和精神为一体的综合素养。

二、什么是学校环境文化

学校作为教育的主阵地，是传承文化、培养人才的重要场所，学校的教育说到底就是文化育人。学校文化主要包含作为核心的师生价值观以及承载这些价值观的活动形式和物质形式。因此，学校文化从可以分为理念文化、视觉文化、行为文化和环境文化。

学校环境文化作为学校文化的重要组成部分，充盈在学校有形实体中，满足学校主体需要并蕴含着特定的教育理念、审美旨趣和价值追求的文化形态。教育性的学校环境文化，可以对学生的情感态度和世界观、人生观产生潜移默化的影响。

实践支招

根据对标志性景观育人功能发挥不佳的归因分析，学校从生态校园文化建构为切入口，以生态素养教育为抓手，做了以下探索和实践：

一、自上而下，积极构建生态校园文化理念

（一）加强组织领导　建章立制

学校管理人员明确学校文化与学校管理双促进的关系，将标志性景观育人工作纳入生态素养养成项目，通过项目开展引导全校师生加强学校文化建设。建立以校长为组长，分管德育的副校长为副组长，以德育处携手教导处牵头各年级组为组员的生态素养养成项目工作小组，并逐步完善和规范各子项目的管理制度。

（二）加大宣传教育　增强意识

增强文化育人意识，通过多样化的载体，比如校班会、队会、升旗仪式、艺术节、开学典礼、休业式等，将学校标志性景观的内隐性育人内容和价值开展宣传和熏陶教育，让学校的每一块转、每一面墙都发挥育人作用。

二、“地方”本位，努力开拓标志性景观育人路径

（一）项目式成长理智

近两年来，学校依托中科院上海微系统与信息技术研究所、同济大学的环境科学院等高校和研究院所，引进并开发“人工湿地”“智能水质监测”“太阳能光伏”等五大生态教育项目，将景观育人纳入学校的生态教育课程系统中。以学校标志性景观“锦鲤池”为载体，对跨学科知识和教学法进行整合，以项目式的方式让学生将人工湿地、水质监测、观赏鱼作为一个有机的整体，发现“锦鲤池”中的生态问题，对这些生态问题中的因果关系做出更加深度、系统的思考，

并在此基础上建构可能的解决方案。“锦鲤池”不仅是学生体验自然的“地方”，是唤起学生对自然好奇心和持续探究愿望的“地方”，更是学生“理智成长”的“地方”。

（二）多场地培养品格

“生态素养”概念提出者奥尔指出：“如果说读写能力是由求知欲驱动的，那么生态素养则是由好奇心驱动的。”他从一开始就强调户外教育方式、与自然直接接触的重要性。学校从标志性景观“人工湿地锦鲤池”出发，充分挖掘学校附近的社区教育资源，如滨江的“雨水花园”就成了我校培养“生态公民”的校外延伸场所之一。通过学校精心设计的探究活动，让学生与环境建立联系，让学生与自己的经验取得联系。在探究活动中，学生置身于环境，更有机会了解并选择自己在生态环境建设方面的行动及其可能产生的影响。这种去除了“教规则、布道式说教”的教育方式，让学生的生态素养教育从品格培养起步，建立起人类与自然之间亲密关系的通道。

（三）行动化发展德性

生态项目刚刚起步，学生的知晓度不高，学校为生态素养项目量身打造了校园剧，校园剧中学生们放假期间偷偷溜回学校喂鱼的一幕，让“锦鲤池”成为师生关注热点，在师生心中埋下了爱护、尊重自然中每一种生物、保护生态的种子。学校还开展与智育、美育等有机结合的校园文化主题教育活动，育才以趣，让认知指导实践，在实践中获得体验，再丰富认知，促进学生知与行的统一、身与心的和谐。如学校以“弘扬生态文明　共建美丽校园”为主题开展生态月活动。学生将拓展课程中学习的内容，在生态月活动中进行了实践，在播种、喂养、配料、采摘等过程中，享受与自然的欢乐互动，在知行合一的实践中发展德行，提升生态素养。

该校探索标志性景观育人途径的过程，实质就是实施生态素养教育的过程。该校尊重学生的主体性，跳出“爱护自然、保护环境”等口号化的套路，通过以项目式、多场地、行动化为特征的生态素养培育方式，帮助学生建立起个人与自然的联系，如今的锦鲤池里的鱼安家乐业，孕育出一批批小锦鲤，正是学生们的有“行”让鱼更有“形”。

作者介绍

赵敏，上海市十五中学（同济大学附属存志东校）德育主任。从攻读华师大教育硕士学位到通过德育高级职称评审，她不断将德育科研和实践结合，研究学校德育规律，增加学校德育工作发展生长点，促进学校德育工作品质提升。

创生学生“自组织”拓宽文化建设新路径

陈安妳

情境导入

影响力是指一个人在与人交往中影响和改变他人心理和行为的能力。教师工作的过程实际就是影响力发挥作用的过程，通过对学生施加知识、心理、品德、思维习惯等方面的影响，引导学生健康发展。但是，深圳市教育科学研究所曾经对深圳市青少年社会化问题进行了一年多的调查研究，其中一个结论是：教师对青少年的影响力仅为 4.9%。也有学者对这一结论感到意外，认为教师的作用被低估了。但不可否认的是：相较于小学阶段，初中阶段教师的影响力的确是明显下降了。

问题归因

初中教师的影响力为什么会较小学教师有明显下降？一方面，随着初中生自我意识的发展，自尊心与人格独立性也明显增强。他们期望按照自己的意志行事，不希望别人时时管教约束。他们对教师的话，不仅不太听得进去，甚至有意无意地顶撞。另一方面，随着知识信息飞速更迭时代的到来，教师的知识储备已非全然优势，学习经验也不完全适应新生代的学生。而学生从信息化途径获得知识的方便程度、准确性以及丰富程度，往往都远超教师的途径。教师对学生影响力的减弱已成趋势。这也符合这个时代去中心化的特征，是时代进步的表现。

理论分析

在初中德育过程中，教师的影响力减弱了，怎么办？上述报告同时指出，同伴群体对于青少年学生的影响作用值得教育工作者重视。的确，“真正的教育是自我教育”，学校可以学生“自组织”为载体，推动学生群体文化建设，提升自我教育能力，深化主动发展。

学生群体文化是校园文化的一部分，指学生群体成员所共有的目标、价值、信仰和习惯，系在学生群体发展过程中，逐渐孕育形成的。由于每个学生来自不同的家庭、有着不同的家庭文化和习惯，他们将这些带入群体中，经过沟通与互动，逐渐融合而成群体文化，所以群体文化不但具有独特性，且对群体成员具有相当的影响力。

“自组织”理论源于20世纪60年代，最初是属于自然科学界的概念。“自组织”的一般定义是：“系统在演化过程中，在没有外部力量强行驱使和维持充分的物质、能量、信息交换的情况下，系统内部各要素协调动作，导致空间的、时间的或功能上的联合行动，出现有序的活的结构。”自然科学界中的自组织理论应用至管理领域中，会呈现以下规律：自组织在组织发展的进程里，能不受外界的影响，自我产生、自我管理、自我发展，也能够按照自身的需求制定目标，并以组织目标为重点，组织内部相互协调自主有序地向前发展。学生“自组织”作为一种组织形态，它是内涵丰富、联结紧密的学生成长共同体，其本质是将成长的责任与智慧释放给学生，充分发挥每一名学生的自主性，变个性差异为成长资源，化学力差距为互促共赢，让学生成为更好的自己与友好的学伴，最终实现每一名学生的健康成长。

实践支招

指导学生创生及运作“自组织”的过程，也是学生群体文化建设的过程。

一、“自组织”创生的形式和要素

（一）“自组织”创生的形式

根据初中学生的特点，学生“自组织”有两种形态，即：自上而下的、有领导的“自组织”和自下而上的、更自主的“自组织”。这两种形态在教师的角色、学生的自主性发挥等方面都存在着明显的区别，其创生的途径也有显著差异：

对于初中生来说，无论是自我教育的意识还是能力都不可能一下子达到“自组织”的要求，需要教师不断指导。自上而下的“自组织”有一个逐年递进的过程，学生在这一过程中进一步增强自我教育的意识、掌握“自组织”运作的基本方法，为自下而上的“自组织”的创生与运作打好基础。

“自组织”的关键是“自”。自下而上的“自组织”更能体现其组织特色，主要有：第一，自选活动方向，自主创生的“自组织”，学校推出“菜单式”的自选项目，学生根据自己的兴趣特长等，自愿组成“自组织”团队完成某一个项目。第二，自定活动方向，自主创生的“自组织”。这样的“自组织”更灵活、更自由，完全根据学生自己的需求和意愿，自由组合完成自定的任务。

（二）“自组织”创生的要素

1. 组织主体

“自组织”创生的主体是学生，在创生过程中应对学生做充分的分析。首先，应多维度、全方位地了解学生个体情况，例如：学生的基础、各方面能力、个性特征、性别等。其次，应充分考虑学生与学生之间的各种关系（志趣相投的朋友、关系平淡的同学、互相冲突的人等），合理协调安排。

2. 组织动力

学生的内驱力是组织动力系统不可缺少的要素。可以脑科学为依据，从动机情绪的培养、自控能力的培养、心理健康教育等方面改善学生的动力系统，在激发自身内在动力的同时，使组织也自带动力。

3. 组织规模

“自组织”的规模一般以 4—8 人为主，利于组内成员恰如其分地完成自己的任务，形成成员之间的互相依赖，发挥“自组织”高效作用。

4. 支持系统

“自组织”创生过程中的支持系统，包括人员支持和场域支持。

（1）人员支持，包括班主任、年级组长、学生处、教学处的支持。其中，班主任通过评价“自组织”来提供支持，包括组织内的个体和组织整体；年级组长主要承担着指导班主任更好地创生“自组织”的责任。例如：指导班主任如何合理安排行为困难学生、发现优秀经验并推广；学生处主要承担着如何在四个年级中推动“自组织”，设计并提供各类工具包的责任；教学处主要承担着指导教师如何在教学中创生及运作“自组织”的责任。

（2）场域支持，一方面是指各教室和校园内的环境应更有利于“自组织”活动的开展，包括桌椅布置等。另一方面是学校文化环境为“自组织”提供支持。例如，育才初中学生对学校办学理念“器识为魂　全面育人”中的“器识”的内涵（自律自强的精神、合作包容的品格、慧学善思的能力）的理解，有力地支持“自组织”的创生。

二、“自组织”运作的原则和路径

（一）“自组织”运作的原则

1. 共享愿景

“自组织”是内涵丰富、联结紧密的成长共同体。共同体是个体的集合体，它使每一个体都在“我”的意义上上升为集体的“我们”，从而具有了共同的意义、情感与传统。有共同愿景的“自组织”能使每个人都朝着同一个方向努力。

2. 互助共赢

每个“自组织”是由多个学生个体组成的整体，而这个整体是一个不可分割的整体。“自组织”中的学生拥有了伙伴，他们共同学习、互相帮助、共同进步、共同成长。

3. 融入集体

“自组织”不是孤立的，当“自组织”能健康成长时，其内的学生个体也能相应地受到正能量的影响，健康、阳光地成长。同样，个人的成长也会影响组织的成长。另外，不论是“自组织”，还是学生个人，都是隶属于班级的，都会影响班级的发展，也会受到班级的影响。因此“自组织”的运作应充分分析、考虑班级和个人的特点。

4. 动态调整

一方面，在“自组织”运作过程中，学生个体不断调整行为，努力与共同愿景保持一致。另一方面，“自组织”在运作过程中，不断结合运作现状及共同愿景，找到两者之间的差距，对其运作做出调整。因此，“自组织”的运作是螺旋式上升的，经历多次的修正与调整，精准地朝着共同愿景发展。

(二)“自组织”运作的路径

“自组织”的运作主要沿着图1路径进行:

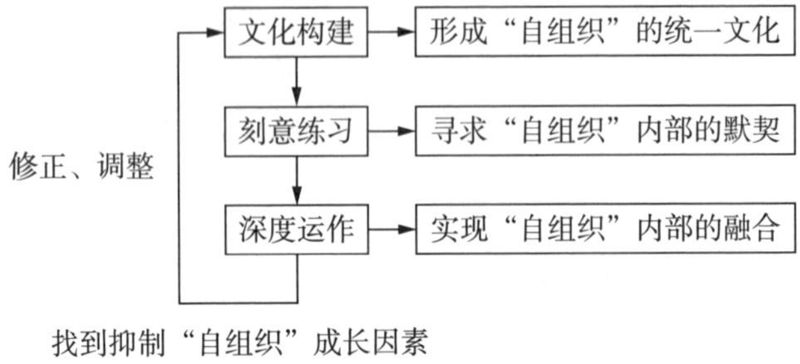

图1 “自组织”运作路径

1. 构建文化

“自组织”是贯穿于学生的班级管理工作和各类教学活动中的成长共同体,需要有“自组织”的目标、愿景和共同的价值观。所以,每个“自组织”都应有各自的组名、目标、规则、运作机制等,形成一个有统一文化的“自组织”。

2. 刻意练习

在“自组织”运作过程中,学生需要通过不断地对规则、各自分工等进行刻意练习,使其内化于心,外显于行,达成“自组织”内部真正的默契。这样的“自组织”是由整体架构的,而不是勉强将各个部分拼凑形成的整体。在刻意练习的过程中,评价制度和优秀的示范展示可以促进内部默契的形成。

3. 深度运作

在刻意练习的基础上,“自组织”继续深度推进。在教师的指导下,其内部成员能视彼此为伙伴,坦诚交流。同时善于反思,不断比较现状与愿景之间的差距,及时调整行为、完善自身,优化“自组织”文化,使其内部从默契走向融合。

三、学生“自组织”创生及运作的三个载体

(一)班级管理

在班级管理中创生和运作“自组织”,低年级以自上而下的“自组织”为主,随着年级的上升、学生的成长,逐步过渡到自下而上的“自组织”。其目的是把

班级还给学生，让班级充满成长的气息，让学生通过小组发挥对班级的日常事务、班级活动及各科学习等全方位的管理作用。以此促进全体学生的自主发展和完善。在起始年级的实践过程中，主要经历了以下三个阶段：

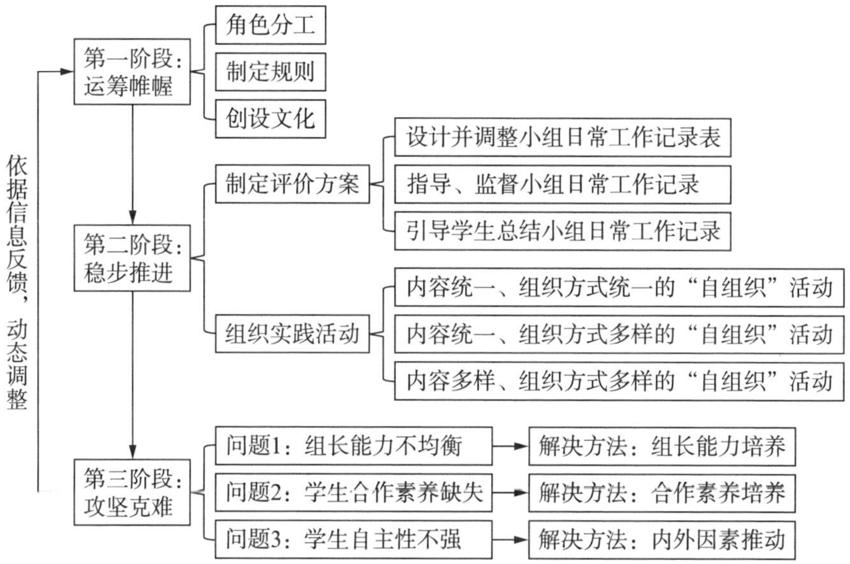

图 2　班级管理中“自组织”的创生及运作

（二）教学活动

“自组织”在班级管理运作的基础上，逐步在教学活动中运作。学科教师可以直接延用班级管理中的“自组织”，也可以根据学科要求和特点，重新创设新的“自组织”。教学活动中“自组织”的运作主要经历了以下三个阶段，逐步使师生适应以“自组织”形式组织的教学活动。

（三）学生活动

学生活动中的“自组织”主要是自下而上的，充分体现了学生自由组合、自主教育。主要有两种形式：

第一，自选活动方向的“自组织”，创生过程为：第一步，学校提供“菜单式”项目；第二步，学生根据兴趣爱好自愿报名参与不同的项目，成功创生“自组织”；第三步，学生依据前文的“自组织”运作路径，完成相关项目。

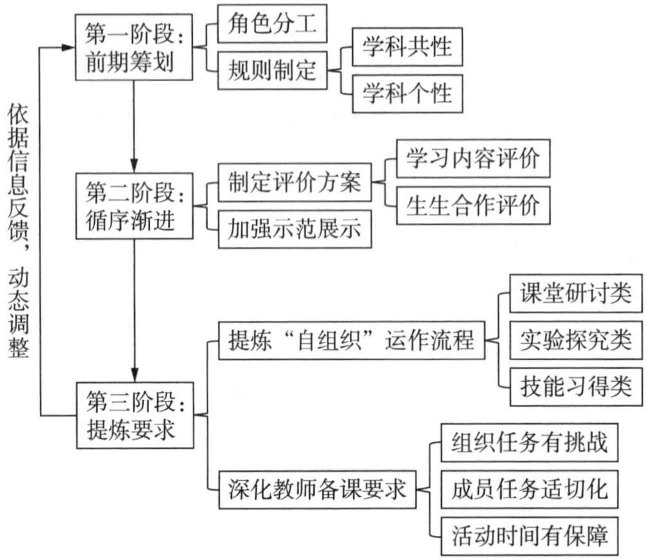

图 3　教学活动中“自组织”的创生及运作

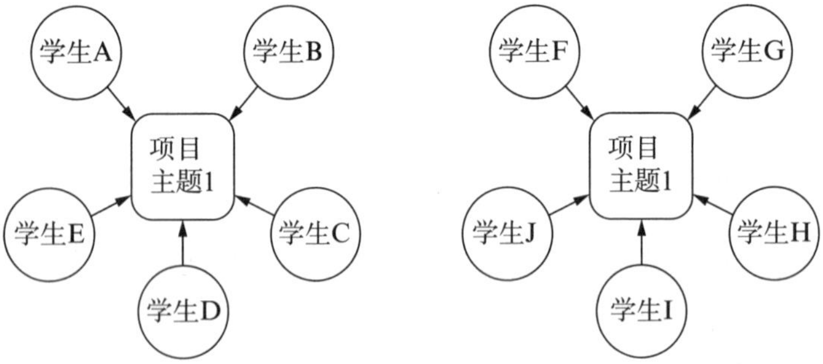

图 4　自选活动方向的“自组织”创生过程

第二，自定活动方向的“自组织”，创生过程为：第一步，一个或多个学生根据兴趣爱好确定活动主题；第二步，通过红领巾广播及宣传海报、视频等各种宣传途径向全校学生宣传；第三步，招募成员，更多学生参与此活动；第四步，面试成员，确定组内成员名单，成功创生“自组织”；第五步，学生依据前文的“自组织”运作路径，完成相关项目。

学生“自组织”的创生与运作，是承载着时代发展需求和学生发展诉求的一项开创性的德育实践，在此过程中，学生群体文化不断向着更自主的自我教育方向发展，丰富了校园文化建设的路径。

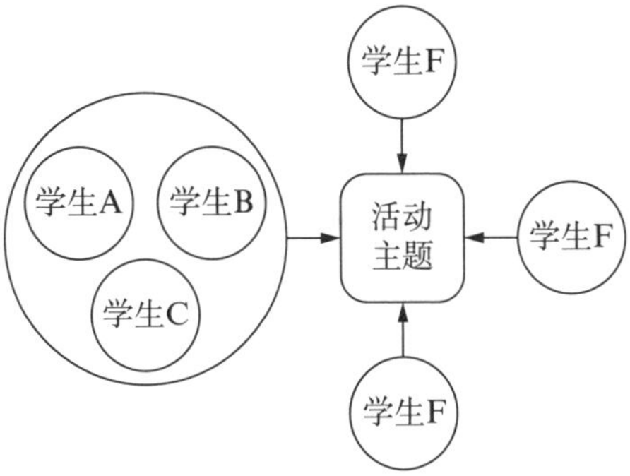

图 5　自定活动方向的“自组织”创生过程

作者介绍

陈安妳，上海市育才初级中学副校长，中学高级教师。上海市静安区政协委员，民盟上海市基础教育委员会委员、民盟静安区委委员，上海市青少年科普教育促进会理事。分管学校德育工作十多年，有着丰富的学生工作经验。

班级文化“千班一面”无特色，怎么办？

借助目标管理理论　创建特色班集体

叶文婷

情境导入

班级是学生学习和生活的重要场所，如何把一个自然编班的学生群体建设成一个富有鲜明文化特质且有凝聚力的特色班集体，一直是班主任们实践和探究的课题。于是，班主任们阅读书籍、走访外校、学习好的建班案例，并模仿优秀班主任建班的方法和经验。但在实际成效上，简单的“拿来主义”使得不少班级的建设目标雷同、活动同质、特色不明显，不仅未达到预期的班级建设效果，还陷入了“千班一面”的统一化和模式化，班级文化的特色就更无从谈起了。

问题归因

班级文化之所以出现“千班一面”的窘境，深究原因，可能存在以下情况：

一、班主任对班级文化的内涵把握不清晰

每个班级都是一个相对独立的组织，受学校办学背景、师资、生源等因素影响，不同班级会呈现出不同的发展需求，因此，班级文化的内涵也是不同的，包括建设目标、发展路径、评价方法等。

如果班主任忽略了班级的特质，未对其他特征属性作深入思考，简单照搬他人的做法，班级文化建设就会被统一化和模式化。

二、班主任对班级文化形成轨迹不清晰

班级文化的形成不是一蹴而就的，也不是搞一两个活动就形成了，其需要师生经过较长时间的共同实践才得以实现，因此，班主任需要在创建初期，对班级发展的目标、各年级的分目标以及主题活动等作系统架构，以保证班级文化得以持久的、稳定的发展，如果缺少对班级建设的顶层规划，“人云亦云”，未对其创建过程作系统规划，班级文化建设就会失去方向，变得随意和无序，特色也就无从谈起。

班级文化建设实质上是一个动态的、发展的系统工程，其成长必然要经历一个孕育到成熟的不断发展过程。对此，我们可以尝试从目标管理理论中找到应对与改进的突破口，开展特色班集体创建，从而形成有特色的班级文化。

理论分析

一、目标管理理论概述

目标管理是美国管理学家彼得·德鲁克提出的，主张让组织的管理者和组织成员共同参加工作目标的制订，并用总目标和与总目标相一致的分目标来指导生产和管理活动，在工作中实行“自我控制”。其具有注重整体观念、实现民主参与和关注心理因素的基本特征。

（一）目标管理有一套科学的、完整的目标体系

它着眼于组织的整体，通过调动全体成员参与的积极性，将组织的任务转化为组织发展的总目标，并通过目的链的方法，将总目标层层分解，形成目标体系，目标体系规定了生产活动的方向性、计划性、可行性。

（二）目标管理强调集体参与决策，注重民主

目标的设定并非单一的“由上而下”，而是通过上下协商，共同参与，逐级制定目标和分目标。过程中，管理者给予员工们充分的尊重与信任，注重调动每一个人的积极性、主动性和创造性，并使其将个人目标与集体目标保持一致。

（三）目标管理重视人的心理需求，实现自我控制

它是建立在以“Y理论”为核心的人性假设基础上，强调在实现组织目标过程中发挥人的主观能动性，满足自我管理的需要。在这种假设下，管理的方式是和谐与民主，而非命令与强制。成员愿意在工作中发挥自己的才智，并能对照目标修正过程、评价结果，从而实现自我控制。

目标管理理论为现代管理提供了可借鉴的成功经验，借助其理论，可帮助班主任更好地探究特色班集体的文化特征及形成轨迹。

二、特色班集体的文化特征

特色班集体的建设实质是一种文化的建设，是班级物质文化、制度文化、精神文化在建设进程中，对学生的信念、价值观、态度产生潜移默化影响的过程，并最终成为班级群体特征。

（一）独特性

目标的制定是基于组织的任务转化的，组织不同、任务不同、目标及其达成的过程也不同。特色班集体是在遵循学校班级建设共性要求的基础上，努力创造出富有个性特征的集体。独特性是特色班集体的本质属性，这种属性缘于每个班级都是一个相对独立的组织，受学校办学背景、师资、生源等因素的影响，不同班级会呈现出不同的发展需求，其建设目标、发展路径、评价方法等自然也不尽相同。这种“人无我有，人有我优，人优我精”的文化独特性更强调的是一种适切，它既是对班级实际需求的尊重，又是师生自主创新、民主合作的集体智慧，大大增强了成员对班集体的自豪感。

（二）优质性

优质性是特色班集体区别于普通班级的主要特征。由于特色班集体创建需要师生在先进的教育理念与适切的建班目标引领下实施，日积月累就会形成优秀的班级文化，具有明显的育人功能；同时，特色班集体是“全员参与、自主管理”的成果，其有效激发了每一个成员的潜能，使班主任的建班能力和学生的综合素养在自主建设中得以表现与提升，满足了个体在集体中的自我实现，具有强大的激励作用。

（三）系统性

特色的形成不是一蹴而就的，也不是搞一两个活动就形成了，特色班集体的创建实质是一种优秀文化构建的动态过程，会对班级成员的信念、价值观、态度、行为等产生长时间的、潜移默化的影响，并最终发展为班集体显著的特征，这就决定了其创建过程必然是一个从外显标识到精神内化，又从精神内化到外显行为的系统工程，师生需要在一个科学完整的目标体系下，有目的、有计划、有组织地进行长时间的集体建设。

实践支招

一、立足需求，定位特色目标

目标定位是特色班集体创建的第一阶段，也是形成班级文化品牌最关键的一步。班主任需对创建过程有一个宏观的设计，即明确自己班级的"特色定位"是什么，与之对应可以有哪些活动内容，并根据学生所处的不同年级做活动预设，以保证班级特色得以持久地、稳定地发展。

（一）分析现状，拟定目标

首先，目标必须是师生共同完成的集体智慧。参与决策是目标管理的主要特征，班主任应充分调动全体学生参与的积极性、主动性与创造性，群策群力形成被师生共同认可的、合理的班级发展目标；同时，参与目标决策的过程本身也是学生自我管理、自我教育的过程，有利于增强学生对班集体的认同感和归属感。

其次，目标要凸显教育意义与时代价值。班主任应根据党的教育方针政策及文件，准确把脉时代育人要求，并结合学校的历史、办学目标、办学理念等拟定建班目标，使班级目标与学校目标、局部目标与总体目标形成一个同向的矢量，以更好地实现建班的价值。如 2005 年上海市教委颁布了《上海市学生民族精神教育指导纲要》，在此教育背景下，笔者所带的 2009 届班级进行了"赏中华诗，感民族魂"古诗特色班的创建活动，引导初中学生更多地关注承载中华几千年文明、思想、精神的古诗词，进行文化认同教育。

再次，目标要满足班级发展的个性化需求。班主任应对班级实际情况作充分的调查研究，包括学生来源的社区环境和家庭环境，学生的兴趣特长，班级中原有的主流文化和亚文化等。只有实事求是，从学生的实际出发拟定目标，创建过程才能真正促进他们的成长和发展。如“小主人特色班”，班级学生多为独生子女，家庭生活条件优越，养尊处优，缺乏责任感，所以目标定位为责任教育，培养学生的主人翁意识。

最后，目标还可与班主任的兴趣特长相结合，这样也能进一步发挥班主任的指导作用。如“古诗特色班”的班主任是语文老师；“运动·健康特色班”的班主任是热爱运动的男老师等。

（二）分解目标，形成序列

预定目标经过全员成员讨论确定后，班主任就要将总目标分解，并设想每个年级准备实施哪些活动主题来达成目标，形成班集体建设目标体系。在商定分目标时要注意：目标不宜太多，必须有重点、有顺序；目标既要有一定的“挑战性”，又要有实现的可能性，即根据学生所处的不同年级、不同认知特点，提出不同要求，循序渐进，这样才能产生较强的激励作用。如“感恩特色班”在拟定班级总目标的基础上，设计了“温馨你我他，关爱到永远”主题系列活动，计划于六年级开展“谁言寸草心，报得三春晖”感恩父母系列活动，七年级开展“桃李满天下，阳光雨露恩”尊敬师长系列活动，八年级开展“海内存知己，天涯若比邻”关心班集体系列活动，九年级开展“赠人玫瑰，手有余香”服务社会系列活动。

二、创新实践，凸显文化内涵

这一环节，师生将通过各年级主题活动的实施来促进班级目标的达成，这既是班集体焕发生命活力，形成特色的中心环节，也是师生共同成长的过程。由于特色班集体创建是一个系统的、持续的、个性化的过程，因此其活动的设计、组织一般应注意以下几点：

（一）在多样中求系统

有些班级组织的活动内容丰富，形式多样，今天布置教室，明天搞社会实践、后天展示学生作品，但各项活动之间互不关联，缺少系统性，再加上实践时间短，难以对学生产生内化影响。因此，班主任必须把定位好的目标贯穿于特色班集体创建始终，包括文化建设、实践活动、评价方法等，都应尽可能围绕目标来实施，以实现方向上的一致性和教育上的实效性。

以笔者所带“古诗特色班”为例，我们先后开展了“我为诗诵”、“我为诗感”、“我为诗狂”分年级系列活动，通过主题班会、课本剧表演、诗词演唱会、主题探究、校园展示、社会实践等多种形式，激发学生对中华优秀传统文化的热爱。同时在班级环境建设中，我们以凸显中华优秀传统文化为主风格布置教室，先后开辟了“诗词园地”“赏诗专栏”“名句书法展”“古诗争星榜”等阵地；在班级制度建设上，实施两分钟预备铃诗句诵读轮流负责制、十分钟队会诗词接龙游戏规则等；在学生评价上，设计了与创建活动相匹配的少先队班本章，如“诵读章”“创诗章”“诗仙章”等，不断强化目标的引领导向，在慢慢形成特色的过程中提升学生的国家认同和文化自信。这些丰富的活动，始终围绕创建目标贯穿一线，每一个小活动的结束是后一个活动的起点，后一个活动又巩固强化了前一个活动的教育成效，通过持续的影响，最终形成班集体特色，凸显整体的教育效果。

（二）在共性中求个性

学校每年、每月都有德育的中心工作，有些班主任认为，自己的特色活动与学校规定的德育活动都不相关，且完成学校工作已花费了许多时间和精力，很难再另外搞班级特色活动。殊不知，学校的中心工作本身就是每个班主任开展班级活动的核心与方向，两者并不矛盾。成功的特色班集体往往将学校的育人目标及中心工作作为班级活动的指南，在学校统一活动的共性中寻求符合自己特色发展的个性活动。

如在建党 100 周年主题教育活动中，学校往往会通过主题班会、社会实践、征文小报等形式对学生进行爱国主义教育，此时，我们不妨尝试找到统一要求中的个性化实践：“心手相连特色班”通过“团结就是力量”的主题班会，展示了建党百年来，共产党人与人民群众团结一心，克服万难的光辉事迹，从而使学生明白“众志成城”的道理，引导学生学会互助合作，心手相连。这些个性化实践不仅符合学校统一的教育要求，也达成了特色班集体创建目标，又避免了各班级活动设计的雷同。

（三）在整合中求协同

孟子曰，“天时不如地利，地利不如人和”，学会“借力”很重要。一个特色班集体的健康成长，不仅仅靠班主任和学生，还需要许多合作伙伴来发挥协同教育功能。班主任可以争取任课老师的支持，向他们咨询，请他们协作；可以邀请家长参加班级活动，如讲座互动、书信交流、亲子活动等；还可采取“请进来”、“走出去”的方法来获取社会力量配合，如邀请知名人士、行业专家来参加班级活动，走访离退休老干部，参加社会实践基地活动等。通过学校、家庭、社会的资源整合、协同创建，可以使创建过程由封闭转为开放，更好地达成目标，提高创建效果。

如：“爱心大篷车特色班”开展了“夕阳关怀”主题系列活动，班主任在引导学生对家中老人尽孝心的基础上，又充分挖掘社区敬老院的资源，使学生懂得尽孝道的对象可以是家里的爷爷奶奶、外公外婆，也可以是社会上素不相识的老人家，在弘扬中华传统美德的同时，引导学生思考社会老龄化带给我们的社会责任，激发学生传递爱心、奉献社会的美好情怀。

（四）在合作中求自主

特色班集体创建是师生共同合作，共同创造的产物。班主任要充分尊重、相信、依靠学生，激励学生以主人翁的姿态参与目标的落实，共同成为活动的主人。一是活动内容、形式尽可能兼顾不同能力、不同性格学生的需求，使更多的人能在活动中找到自己的位置，帮助他们进一步认识自我、发展自我；二是让学生根据自己的特长爱好，自愿选择岗位，给予他们自我表现的机会和主动发展的权利；三是鼓励学生自己策划、自己组织，提供发挥才能、自我管理的平台，激发每一个生命体的活力。

三、定期总结，巩固特色成果

过程管理是实施目标管理的核心，特色班集体创建的实践过程一般要经过两三年，及时、定期对活动成果进行梳理和提炼显得尤为重要。这一环节，师生需共同总结前期成功经验，可利用学校升旗仪式、学期结业仪式、校园文化活动等舞台，向全校展示阶段性成果。这既是巩固现有成果的外显行为，在校园中起到示范辐射作用，又可帮助我们梳理前期的问题，及时修正下一阶段的目标，完善整个实践系统，促进特色班集体可持续发展。

此外，每一个班集体特色创建的过程，也是学校德育工作目标落地的过程，学校管理层可以在特色班集体的申报认定和激励评价上给予更多的引导和保障。

如定期召开经验交流、特色展示等活动，使先进的理念和有效的做法影响更多的班级，提高学校班集体建设的发展水平；也可在优秀班级、优秀班主任的评选中向特色班集体及其班主任倾斜，激励更多的班主任投身于特色班集体创建的实践与研究，促进班主任队伍的专业成长，从而推进学校德育工作的整体发展。

四、提升班级文化建设能力的几点思考

（一）班级文化建设的舞台究竟是谁的

特色班集体既不是少数学生施展才能的舞台，也不是班主任体现权威的管理工具，而是师生共同成长的精神家园。班主任要不断更新观念，树立正确的、先进的班级观和育人观。一是尊重学生的差异性，尽可能激发每一名学生的潜能，尤其是特长不明显、活动能力不强的学生，要信任、鼓励他们大胆尝试，促进班级教育生态的均衡发展；二是要体现教育引导作用，特别是活动不尽如人意时，班主任要与学生一起分析得失，积极实践，这也是班主任积累育人智慧，提升建班能力的重要契机。当特色班集体成为所有人共同成长的精神家园，其文化创建就能激发出昂扬的生命活力。

（二）班级文化建设与时代的结合点在哪

不同年代、不同地域的班级所处的教育环境都是不一样的，文化建设与时代的结合点在哪？首先，班主任要关心时事，主动学习党的教育方针政策和相关文件，分析德育工作所面临的环境，明确育人要求，将创建的目标与培养什么人、怎样培养人、为谁培养人这一根本问题紧密联系起来，在创建过程中破解当下的育人难题；其次，要把建根植于地域文化、学校文化建设的土壤，处理好局部目标与整体目标、小目标与大目标之间的关系，使特色班集体焕发出蓬勃的时代感召力。

（三）创建特色文化的关键价值是什么

虽然，我们全力打造特色，其创建过程也是围绕特色展开的，但绝不能简单地把特色作为班集体建设的终极目标，更不能为了形成特色而急于求成，违背教育规律。班主任要明确特色班创建的关键价值是育人，始终把立德树人作为教育的根本任务，发挥文化建设在促进人的全面发展上的积极作用，通过特色活动的

实施，以点带面促进班集体的整体发展，在形成优秀班级文化的同时，激发学生潜能，塑造健康人格，凸显育人价值。

（四）班级活动的组织是否有教育科学规律可循

特色班集体的创建不像学科课程那样有专门的课程标准和教材，有固定的课时和评价手段，其创建在很大程度上依赖于班主任顶层设计、有序组织的建设能力。因此，班主任需要培养以目标为导向的系统性思维方式，主动探究教育科学规律，设计并组织“纵向衔接、横向贯通、分层递进、螺旋上升”的活动。一是活动要符合学生身心发展特点及认知规律，班主任要重视各年级活动之间的纵向联系，科学规划教育内容，力求做到目标层层递进、活动环环相扣；二是要正确认识家庭、学校、社会在学生成长过程中既不可互相替代又横向产生作用的特点，通过精心组织活动，把对学生的各种教育在时空上作有机贯通，使家、校、社三方面的教育力量形成协调一致的叠加效应，提升班级文化创建的实效。

作者介绍

叶文婷，上海市教育科学研究院德育研究院、上海市学生德育发展中心高级教师，上海市全员导师制项目组核心成员，曾获“上海市园丁奖”“上海市育德之星”“普陀区首届十佳中青年班主任”“普陀区教育能手”等称号。主持或参与全国、市、区多项课题的研究，主编《新时期中小学劳动教育 N 个怎么办？》，副主编《班主任建班育人 N 个怎么办？》《共同的成长——上海市家庭教育优秀案例选编》等书。

第三编

活动组织

中学德育活动个性化设计的思考与实践

秦 蓁

学校德育活动是德育工作的重要组成部分，是青少年学生品德形成和发展的主要渠道和重要环节。厘清了德育活动的内涵，即德育活动是学校德育管理者根据国家的教育方针政策、学校的办学理念、育人理念、德育计划等，通过制定计划，有目的地组织老师、学生开展道德教育（既有学校内部的德育，也有校外的德育），以实现学生道德水平的提升和知行统一的育人目的，最终提升学校德育实效的活动形式。同时，针对近年来德育活动存在的学生主体地位的缺失、德育活动内容的空洞与抽离、德育活动的制度化等问题，笔者提出了德育活动个性化设计的观点。在德育活动的设计上，目标应追求"小微美"、内容应突出"生活化"、方式应体现"引导性"、过程应围绕"体验性"。在德育活动的实施中，要重视学生实际需求、要重视德育资源整合、要重视常规活动创新。

一、厘清德育活动的内涵，明晰主要问题

《中小学德育工作指南》中指出：在德育实践中，我们要遵循指南，明确德育活动目标；加强指南学习，准确把握德育活动的基本内容；精心设计，优化德育活动的形式；激发学生参与德育活动的兴趣，增强德育活动吸引力，充分发挥活动育人的优势，让指南落地生根，深入贯彻落实立德树人的根本任务，聚焦学生核心素养，培养"全面发展的人"。

对中小学校德育活动内涵的界定有不少说法，有相同的方面也有不同的内容。通过对文献资料的归纳，现在主要有以下几种观点：观点一认为，德育活动是指具有道德教育意义或功能的个人外部活动，或影响个人道德意识、道德行为、调节人际关系的外部活动。[①] 观点二认为：德育活动，就是具有道德教育意

① 檀传宝．德育原理〔M〕．北京：北京师范大学出版社，2007.

义或功能的个人外部活动。具体说，就是在学校道德教育过程中，由学生自主参与的、以学生的兴趣和道德需要为基础的，以促进个体道德的整体发展和社会和谐发展为目的的，影响个人道德意识、道德行为、调节人际关系的外部活动。[①]观点三认为：德育活动，可以简单地认为，是兼有德育意义的个人或集体的行为或活动。[②]观点四认为：旨在促进人的道德发展的教育活动，都可称之为德育活动。[③]观点五认为：德育活动是指具有道德教育意义或功能的个人外部活动，或影响个人道德意识、道德行为、调节人际关系的外部活动，它至少包括学生主动参与的游戏、劳动、学生之间的外部协作和其他集体性活动等。[④]笔者认为，中学德育活动是学校德育管理者根据国家的教育方针政策、学校的办学理念、育人理念、德育计划等，通过制定计划，有目的地组织老师、学生开展道德教育（既有学校内部的德育，也有校外的德育），以实现学生道德水平的提升和知行统一的育人目的，最终提升学校德育实效的活动形式。

德育活动是学校德育工作的主要途径，对于学生的成长起到非常重要的作用。然而近年来，在德育活动中学生主体地位的缺失、德育活动内容的空洞与抽离、德育活动的制度化等问题造成了德育活动的实效性低下。要让德育工作焕发新生机、让德育活动真正发挥其育人功能，要求德育工作者们学会把有意义的事做得有意思。可以依据国家育人标准，根据学校实际情况和学生发展需求等具体情况，形成一个个充满个性、富有学校特色的德育活动。让学生们的个性得到张扬、在活动中能收获快乐，得到健康和谐持续地成长；让教师团队得到锻炼、获得成长，与学生们分享快乐；让校园充满正能量，更具有蓬勃生机。

二、完善德育活动的设计，提升育人功能

（一）在目标设计上追求“小微美”

德育活动目标过于高大单一，就会出现“标杆过高”的现象，且不分接受者

---

① 孙雪芬，王立强．现代学校德育的有效方法途径〔M〕．上海：同济大学出版社，2007.

② 温建华，肖桂凤．心灵之航——欣赏型德育的活动模式研究〔M〕．合肥：安徽教育出版社，2006.

③ 赵祥麟，王承绪．杜威教育论著选〔M〕．上海：华东师范大学出版社，1981.

④ 李季，梁刚慧，贾高见．小活动大德育〔M〕．广州：暨南大学出版社，2012.

的年龄阶段，德育活动的效果就会大打折扣。当小学生高呼“准备着，为共产主义事业而奋斗”，中学生训练日常行为规范，大学生学习公民基本道德的德育系列被质疑的时候，学校德育活动的目标定位应该更现实一些、更精准一些。德育活动的目标，应从最基本的规范开始抓起，少一些“高大全”。比如，初中学校的“十四岁生日庆祝仪式”，它的活动目标基本上是围绕学校立德树人的育人目标制定的，一般都会从集体主义教育、社会责任感和感恩教育等多个角度来设计，一个活动承载了方方面面教育的要求。上海市时代中学根据本校学生的实际情况，选择把感恩教育作为该活动重要的教育目标，感恩父母的养育之情、感谢老师的教导之恩。活动的目标不在于多，也不在于高，而是要适切、聚焦、有效，要让德育目标的高大全落地，凸现德性的小微美。

（二）在内容设计上突出“生活化”

学校德育活动的个性化设计，最重要的是在内容的选择上，处理好“抽象化”内容与“生活化”情景的关系。德育活动应从生活出发，在生活中进行，再回到生活中去。内容的生活化，一方面以生活为依托，以学生生活中经常遇到的道德性问题为切入点，生成德育活动的主题；另一方面赋予日常生活以道德性，发挥道德对生活的引导作用。比如：对学生进行民族精神教育时，学校可以根据不同年级学生的年龄特点，并听取学生和家长意见，挖掘多方资源，设计系列活动。活动可以由易到难、由简单到复杂、由个人到集体。如：听民俗故事、做民俗玩具、玩民俗游戏、民乐串串烧、戏曲大联唱等，活动形式要丰富多彩，活动内容应该有意思又有意义。学生们可以在唱唱跳跳、玩玩乐乐的情景体验中认识民族文化、感受民族精神。在选择德育活动的内容时，贴近学生实际，贴近社会实际，贴近现实人生，要立足于“现实”，避免“理想化”“抽象化”的道德说教，而尽量让学生看得见、摸得着，具体、生动、形象、直观。

（三）在方式设计上体现“引导性”

要重视对学生个体的自主、独立和人格尊严的尊重，对学生需要、自主的道德判断和道德选择能力的珍视，对民主、平等的师生关系的建构。要实现教师从直接强灌到间接引导的转变，还要实现学生从被动接受到直接体验的转变，以凸显学生的主体性和个性。比如：学校的毕业典礼从设计策划到正式举行，应该始终把学生放在首位，尽可能让学生们在毕业典礼的整个过程中享受每个环节的意义和快乐。学校可以设计打造“属于每一个人的毕业典礼”，领取《毕业证书》是整个毕业典礼的重点环节。让每一名毕业生都能在毕业典礼的主席台上拥有专属于他（她）的40秒时间。毕业生依次上台，从校长手里接过象征着成长的《毕业证书》，和班主任老师拥抱，和校长拥抱，可以再跟老师说一句悄悄话，随后合影留念。这美好纯真的40秒时间，是属于该毕业生的专属时间，他（她）就是台上的主角，生活中的主角，自主成长的主角。要将德育活动方向性的引导以一种内隐的、无意识的方式融入学生的内心，对学生的引导在潜移默化中不知不觉地得以实现，其中情感的融入是隐性引导方式不可或缺的部分。

（四）在过程设计上围绕“体验性”

学生对道德的生命体验与内化主要依赖于实践，让学生在各种具体的生活场景中，通过主体参与和力行实践，经历现实、调动真实的情感，引发道德情感，形成坚定的道德信念。知识的学习是一种理性的学习，是入“脑”的；道德的学习是一种情感的学习，是入“心”的。比如：学校的“达人秀”等体验活动应该没有任何的门槛，人人有机会，个个可参与，选择空间大，展示形式可以不受限，把舞台真正交给所有学生。整个活动的关注点不是“秀”，也不是“达人”，而是“秀”背后的自我认识、辛勤付出、和“达人精神”。学生们在“练”的过程中，学会团队合作、自主创新；在“评”的过程中，培养耐挫、乐观等品质；在“选”的过程中，增强自主、公平等意识。道德的学习以体验为基础，体验是一种移情和理解，它使他人、他物融入我“心”，才能浸染生命，从而撼动心灵，最终改善行为。

三、关注德育活动的实施，回归教育原点

（一）要重视学生实际需求

德育活动的设计与实施，是为了学生，要依靠学生，充分调动学生的能动性，增加学生对生命的体悟，唤醒健康的积极向上的自我意识，培养起学生对自我生命成长的责任意识，从而实现学生生命成长的自觉。德育活动的内容要服务于学生的成长需要，满足学生的情感需求；在活动的实施过程中，调动主体、提供空间、搭建平台，让学生充分体验、展示、感知、成长。整个德育活动实现了平等交流，让道德教育不再约束生命、限制生命，而回到生命并引领生命自由

健康地成长。比如：上海市市西初级中学在对学生进行社会主义核心价值观教育时，充分认识到初中学生还处于人生观、世界观、价值观形成的过程中，处在探索世界的过程中，很大程度还有赖于“经验型”学习，并逐步向“理论型”转化。因此，在教育引导学生过程中，学校坚持以主题实践项目为载体，以各类丰富的德育实践活动为途径，强调学生的体验、感受和感悟；又以学科渗透的方式，通过与基础型、拓展型和研究型课程三类课程的整合，将“中华老字号”丰富的教育资源整合成符合学生年龄特征和认知特点的教育内容，扎实有效地推进以“中华老字号”为特色的中华优秀传统文化教育和核心价值观教育。

（二）要重视德育资源整合

作用于青少年道德意识与习惯形成的资源总和，包括学校、家庭、社会等一切可以对学生的道德形成产生影响的各种人、事、物的存在和作用。学校需要将德育工作中的有利因素进行合理的筛选和组合，确保德育活动的时效性和针对性，使得学校德育工作更加具有亮点。比如：同济大学附属七一中学在开展高中生志愿服务活动的过程中，依托学校附近的中福会少年宫、宋庆龄图书馆、中共二大会址纪念馆、静安老年护理中心、中国劳动组合书记部旧址陈列馆、静安雕塑公园、自然博物馆等社会资源，组织青年学生以团支部为单位，定期开展种类多样的志愿者服务工作等。学校在设计实施德育活动时，充分挖掘了校内外的各种育人资源，努力拓宽育人时空，优化育人氛围，真正形成了育人合力，切实促进了学生的个性化发展。

（三）要重视常规活动创新

长期以来，存在着对德育活动的“刻板印象”，将德育活动与枯燥、单一、无趣等词语联系起来，使得学生一提到德育活动，先从内心产生一种抵触和反感的情绪。因此，学校在开展德育活动时，要精心设计和组织，要尽可能多地挖掘提升活动所蕴含的思想政治教育因素，还要选择合适的时机、恰当的契机。不断寻找到突破点，创新育人模式，努力实现常规德育活动“内容鲜活、形式新颖、吸引力强”。比如，上海市风华中学立足综合项目化设计，开展德育研习营活动。“一营一项目”“分季持续更新推进”使得德育活动避免了零敲碎打、繁琐冗杂。每个活动案例均以综合项目化形式出现，与学科学习深度融合，设立明确的研习主题，活动持续时间根据实际需要灵活设置 2 个月至 1 学年，活动内容可根据最新要求以分季的形式不断推出升级版，综合呈现学科德育、学生核心素养培育、赛事锻炼挑战、生涯规划发展、综合素质评价、三全育人等多重教育元素。

中小学德育活动是学校德育工作的重要组成部分，是青少年学生品德形成和发展的主要渠道和重要的环节。在学校德育工作的实践中，必须要依据德育活动的时代特征，遵循德育活动的基本规律，建立和健全行之有效的德育活动的运行模式，以确保德育活动对青少年学生影响和作用力的最大化，最终实现立德树人的根本任务。

作者介绍

秦蓁，中学高级教师，上海市静安区教育局德育室副主任。从教20余年，一直致力于推动区域中小学德育工作的持续发展，长期重视区域德育活动的系列化研究。主持和指导一百多项市区级德育课题，撰写十余篇论文在省市级刊物发表。先后获得上海市新长征突击手、上海市“育德之星”、上海市学校心理健康教育荣誉奖等称号。

仪式教育“没感觉”，怎么办？

把握青春需求　助力成长之路

徐逸青

情境导入

作为学校一项传统仪式教育，每年5月份举行的“迈向青春第一步”八年级14岁生日仪式又要开始了。学校德育部门和中队辅导员们都做了充分的前期准备，既准备了激情昂扬的领导致辞，又邀请了家长代表参加活动，年级组长带领青春宣誓，各中队准备感恩礼物，争取整个活动能全员参与，中队辅导员也按时收齐了每一封家长写给孩子的生日信。

整个活动顺利结束了，年级组长李老师却有点郁闷。学生们一开始参加14岁生日庆祝仪式还挺认真的，眼神专注纪律很好，但是渐渐就有问题了。在进行感恩环节时，台下的同学掌声稀稀拉拉的，有十几秒的冷场使得中队辅导员在台上有点尴尬。家长代表在声情并茂地念给孩子的生日信时，由于口音问题和有点激动，引起了一些学生的哄笑，极不严肃。在自己带领全年级学生进行青春宣誓的时候，学生们的声音既不宏亮也不整齐，没有体现本年级良好的精神面貌和集体凝聚力。

其实，大队辅导员王老师也有点郁闷，本来设想在学生读家长的生日来信环节时能引发活动的高潮，通过家长的真挚话语激发学生的感恩之情，拍摄大家流下泪水的照片，结果学生们波澜不惊的表情让她疑惑：爸爸妈妈的信不感动吗？学生说：“早就在家看过了呀！”“10岁生日就写了，一样的内容没什么意思！”活动结束时，学生排队窃窃私语：“啊？就这样结束啦？没感觉呀！”“真没劲，这就过生日呀？”

往年在做德育活动调查时，14岁生日仪式是学生最受期待的活动之一，仪式环节都是学校传承下来的，不仅做到家校互动、全员参与，通过仪式教育让学生们学会感恩、坚定理想、承担成长责任等也都能体现全面的育人目标，各个环节都积极向上体现正能量，怎么就没感觉了呢？

问题归因

14岁生日庆祝仪式（以下简称"14岁生日"）是每所初中学校必会开展的仪式教育，它的传统性也决定了具有一定的范式议程。传统而经典的议程看上去很顺畅，却容易变成了乏味的"流水席"，使得学生参与完了却没感觉。

一、目标空，缺乏关注学生在青春期的发展需求

"14岁生日"活动目标基本上是围绕学校立德树人的育人目标制定的，一般都从集体主义教育、社会责任感和感恩教育的角度来设计，却忽视了学生的个体发展需求。教育的目的不是灌输道理而是启发理性，14岁生日的主题是"迈好青春第一步"，如果不关注青春期的学生的成长需求，就无法促使学生产生情感共鸣从而实现教育的价值导向。

二、内容泛，缺乏关注时代感和校本文化精神

"14岁生日"是一个具有历史传承性很强的仪式教育活动，同时也造成了内容和形式设计上的千篇一律，每个学校的方案设计趋同，造成了活动"千篇一律"的乏味感。领导致辞、学生发言、家长发言，声声入耳却未必入心，新团员入团、青春宣誓，句句响亮却未必同频，"读家长来信"貌似经典，字字深情却未必动情。仪式教育失去了与时俱进和创新思维，就无法将学生有效"卷入"个体情感，是对仪式教育资源的浪费。

三、体验浅，缺乏关注道德行为养成的生活化体验

"14岁生日"是初中阶段非常重要的仪式教育，在活动设计上容易忽视现实生活，忽视个人的生命体验，一场隆重的典礼过后成了"雁过无痕"。一些仪式环节甚至被简化为各个代表讲话或是节目表演，大部分学生只是作为听众，极大地限制了学生的真实体验，在仪式活动之后的日常生活也无法形成长效的动力机制。因此，"14岁生日"的设计应该从规范化的演练到关注人性化的体验。

理论分析

一、遵循青春期需求变化，有利于使教育价值多元化

仪式教育通常关注传统道德教育和塑造精神文化，而学生是德育活动设计主体，在引领价值导向的同时，也要关注主体的个性需要，包括兴趣爱好、动机目的和自我意识等。青春期早期的大脑改变引发了青少年在 14 岁左右的四种心理特征：寻求新奇事物、积极参与社会、情绪强烈和进行富有创造力的探索。他们越发重视友谊交际圈，与父母之间的相处期待自主权，更加热情、创新、寻求自我。当“14 岁生日”的形式和内容都是以老师和家长的单向灌输和教育为主，没有给予青少年表达和展现自我的机会时，他们从认知和情感上都是无法认同活动价值。现代学校仪式教育应该从关注社会价值逐渐转向对仪式中的个体价值的关注，使学校仪式的教育价值更加多元。

二、兼顾创新设计与文化传承，有利于强化情感聚合功能

仪式教育也是学校文化的重要载体，是传承和创新学校仪式的重要途径。“14 岁生日”不同于其他仪式教育通常关注家国情怀，它是在爱校爱集体、感念师恩亲情等方面更具有生活体验、文化传承的情感类教育活动。学生通过唤起集体记忆的过程在个体之间建立起共同的情感联系，在情感上收获了一种集体的认知和感觉，仪式在这个时刻发挥着情感聚合的功能。所以，“14 岁生日”在规定动作之外，应该有与学生在青春年少时代情感体验相符合的教育设计，注重积淀与传承、加强引领与创新等，从而使“14 岁生日”对学生的丰满生命成长历程、培养生命价值观念等起到重要价值作用。

三、创设生活化情景体验，有利于体现全面育人的原则

杜威认为，“教育即经验的不断改组和改造”，真正的教育必须在真实的教育情境中以个体的生活体验为基础。为了成就学校仪式的道德价值，“14 岁生日”中范式仪式的重复性导致了仪式的疲劳感、功利化和表面化等方面问题。其实它承载着青春期教育、道德规范教育、理想信念教育等多种教育功能，那我们不妨拓宽思维，创设接近生活体验的情景，让学生的 14 岁生日变得生动活泼，从中获得多元价值的认知、丰富情感的认同、道德情操的实践，从而以培养健全的完

整的人为目标达到全面育人的目的。

实践支招

“14 岁生日”的范式议程能传承下来并固定肯定是有其意义和效果的，我们并不需要“重起炉灶”，而是通过调整内容和细节让“14 岁生日”更具有真情实感的教育效果，可以从仪式前的情感铺垫、仪式中的细节调整、仪式后的实践体验三个环节来考虑。

一、情感真：增强情感体验，引发心灵共鸣

在“14 岁生日”活动中感恩教育是非常重要的教育目标，感恩父母的养育之情、感谢老师的教导之恩，但是如何避免形式化和表面化，真正让学生在教育活动中引发情感共鸣，从而达到理想的教育效果呢？以传统活动“读父母来信”为例，可以在活动前做好充分的情感铺垫，从而在正式读信环节将情感推至高潮。

首先，在布置父母写信时中队辅导员不能以任务形式简单地自上而下布置任务，这样大多数家长可能也是抱着完成学校任务的心态来写信的。我们可以提前召开专题家长会，对写信的教育目标和家长进行沟通达成教育共识。有必要的话可以前期对本年级学生做一个青春期心理小调查，对家长进行关于学生青春期变化的讲座，以便家长在了解孩子成长变化和心理需求的前提下进行写信，建立平等和谐的沟通前提，达到字字能入心入情的效果。其次，我们也可以开展一些体验活动来激发学生的感恩之情，从而为正式活动做好情感铺垫。例如，“24 小时护蛋行动”让学生开展为期一天保护鸡蛋的活动，保护鸡蛋不被打破，来体验照顾脆弱生命的不易，体会父母的辛苦。对于初中生来说，还可以通过设计护蛋器、“蛋宝服饰”等小任务来增加活动情趣，增厚情感获得，最后在“14 岁生日”活动中进行展示和交流分享，增强了感恩的真实体验，激发感恩的真实情感。另外，“读父母来信”不是初中阶段专属的活动，也许在小学过 10 岁生日的时候已经开展过类似的活动了，青春期的学生已经有了独立的思想和人格，完全可以让学生给自己的父母先写一封信，然后在活动中读父母的回信，避免形式的重复性。

以上对读信活动的前期准备都基于充分尊重青春期孩子对亲子双向交流模式

的需求，寻求来自社会和长辈的认可和肯定。活动的情感体验从单向输出转变为互动交流，从而使学生能在活动中懂得感恩、获得成长。

二、设计细：增强文化体验，助推生命成长

“14 岁生日”是一种真实贴近学生生活的道德教育，可以作为学校文化传承和人性塑造的一种方式和手段。“14 岁生日”中的仪式环节既不可缺少，也不能浮于表面化。那如何避免喊喊口号走过场呢？

14 岁是迈向青春的重要时刻，青春励志教育当然必不可少。“14 岁生日”总有若干个严肃庄重的必经环节：新团员入团宣誓，或是火炬接力宣誓，或是领导带领齐宣誓等，在激昂口号的背后没有真正激发青少年学生在青春的门槛上思考如何走好自己的成长路。理想信念需要给予学生空间和时间脚踏实地进行思考和规划，在青春期时培育出理想的幼苗，那最好的土壤就是学校文化。例如，我们学校的育人理念是自主教育，希望学生在初中阶段培养自我管理和自我教育的能力，就会把“14 岁生日”作为从幼稚迈向成熟的承上启下关键点。初入校时，会在六年级换巾仪式时组织开展“心愿瓶”的活动，在千纸鹤折纸中写下入校后在自主管理方面想改正或者进步的心愿，封存在“心愿瓶”中，在“14 岁生日”仪式上进行拆封检视，同时再写下“给一年后的自己”，在毕业典礼上进行拆封，整个活动环节贯穿初中生活。在“14 岁生日”活动中，现在的自己和过去对话，同时也和未来的自己对话，最后进行“青春宣誓”“生日许愿”作为活动的结束。在掷地有声的宣誓中，学生在脑海中回顾了成长中的点点进步，同时对未来有着美好的目标和期许，既是总结又是开始，14 岁的成长意义尽在不言中，“14 岁生日”中宣誓环节的仪式感也不再是表面功夫，而是强化了教育效果。

因此，环节设计结合校本文化育人特色，精细化设计并微调传统活动的细节，既能发挥教育传统优势，又能发挥学生的主观能动性，使学生从活动的配角成为活动的主角。

三、体验实：增强生活体验，实现价值内化

教育活动源于生活，并扎根于生活，教育的目的是通过经验促成生活向好的方向发展。“14 岁生日”作为仪式教育，同样可以直接面向个体的生活体验本身，因为生活是教育的大背景和基础，同时“14 岁生日”在完成规定动作的仪式议程后，可以与社会实践相结合，让学生走出课堂，走进生活，从情感共鸣走向实

践内化的过程，让学生主动成长、主动发展、使学生的素质要素：知识、能力、人格得到全面提升。将学科知识与生活实际相结合，将课堂学习与社会实践相结合。

例如，我校在“14岁生日”之后将社会实践活动设计为成长课程。活动一，“彩虹行动”定向探索实践活动；活动二，“今天我做主”自主生存体验活动；活动三，“急救自护我能行”紧急救助课程。以“彩虹行动”定向探索实践活动为例，它是一项由全体任课教师共同参与设计并完成的学科德育活动，各学科教学根据项目要求，初步制定具体落实计划及教学目标和内容。我们在东方绿舟由教师精心挑选了5个活动点，需要七个小队团结协作依次完成闯关任务，最先到达目的地者获胜，整个活动预计长达5个小时。为了增强趣味性、凸现教育内涵，我们把定向探索活动“包装”成一个有趣的故事“彩虹行动”：学生分属七彩精灵部落，通过完成N项生命任务，依次闯过五个任务点，收集成长旅途中必需的“五大品质——智慧、人文、勇气、自信、合作”，每个品质根据青春期学生的心理特点制定形成成长任务，每个任务点赋予相应品质的名称。我们把整个八年级分为赤橙黄绿青蓝紫七个小队，打破中队界限，制造更多的障碍和冲突，考验他们的沟通能力和合作能力。

活动区域	学科渗透	学科教师	品质培养	任务内容
国防教育区	数学、地理	智慧使者	智慧	方位确定、距离估算
智慧大道区	历史、思品	人文使者	人文	工业革命、逆境成才
勇敢者道路	语文、体育	勇气使者 勇气武士	勇气	互对古诗、体能越野
绿舟码头区	物理、音乐	合作使者 合作武士	合作	杠杆原理、民歌对唱
趣桥世界区	英语、美术	自信使者 自信武士	自信	英语猜谜、标志辨识
野外生存区	生物、数学	部落酋长	荣誉证书	植物识别、时间函数

在整个活动过程中，学生们运用学科知识和生活经验完成一项项任务，激发了学科兴趣和学习激情，同时让教育变为自主的活动，成为探索性的、研究性的、创造性的过程，在这个过程中学生亲身体验成长的收获。比如，小胡同学是一个并不魁梧的男生，平时因为“马大哈”而出名。在“合作区”，他主动弯下腰，甘为“人梯”，让女生踩在他的背上帮助女生爬上墙头，其他同学翻越拦网

时，他也细心地待在旁边小心保护。又如，小孙同学经常犯错，总是找借口，推卸责任。没想到小孙同学在活动总结中说：一件事我很遗憾，我们小队第一个到终点，却因为我掉了彩带没有取得第一名，我对不起大家。第一次见他这么诚恳地承认错误，可见生活实践是最生动的教育资料。

当然，每个学校的校本文化、学情、资源各不尽相同，以上活动整合了东方绿舟的教育资源。从学科育人、人人都是德育工作者的角度出发，相信每个学校都能设计出结合学校实际、符合学生特点的成长课程。关键是“14 岁生日”不仅局限于在礼堂内的仪式教育，还可以解放学生的空间，挖掘丰富的实践资源，让他们走进社会，体验生活，实践理论，充分尊重学生的主体发展，使学生的教育过程成了一种充满愉悦的享受，从而促进学生全面发展。

作者介绍

徐逸青，上海市时代中学德育教导。结合学校寄宿制初中的特点，组织设计了一系列有创新、重实践、显效果的主题实践活动，使学生在德育活动中乐于参与、真实体验、全面发展。曾荣获静安区新长征突击手、上海市优秀辅导员、上海市国防教育先进个人等荣誉称号。

社会主义核心价值观教育不入心，怎么办?

寻身边人事物　悟价值观真谛

徐　鸣

情境导入

校园里，随处可见学校精心制作的“社会主义核心价值观”横幅、标语、展板；教室里，学生们正整齐、响亮、流利地大声背诵24字核心价值观：富强、民主、文明、和谐，自由、平等、公正、法治，爱国、敬业、诚信、友善。看起来，社会主义核心价值观教育深入人心。

然而，有些学生缺乏责任意识，犯错后不愿承担责任，互相推诿；有些学生缺乏诚信意识，漠视校园纪律与规则，考试作弊；有些学生盲目追求个性与自由，漠视规则，缺乏底线思维；有些学生沉迷网络，价值判断模糊……这些现象表明，学生对于核心价值观的理解往往只停留在口头和表面，如何将核心价值观教育落细落小，入心入脑，这是一个值得研究的问题。

问题归因

党的十九大报告明确提出，培育和践行社会主义核心价值观，要以培养担当民族复兴大任的时代新人为着眼点。《中小学德育工作指南》中也提出，“引导学生准确理解和把握社会主义核心价值观的深刻内涵和实践要求，养成良好政治素质、道德品质、法治意识和行为习惯，形成积极健康的人格和良好心理品质，促进学生核心素养提升和全面发展”。

一个人、一个民族能不能把握好自己，很大程度上取决于是否有核心价值观的引领，因此如何在学校教育中落实价值观教育，是学校“立德树人”工作的重中之重。但是在实际工作中，核心价值观教育面临难以“落细落小落实”的问题，究其原因：

一、容易脱离实际，高高在上

社会主义核心价值观从国家层面、社会层面和个人层面高度凝练和集中表达不同层次核心价值体系的内涵，承载着一个民族、一个国家的精神追求。但也正因为其厚重的社会价值，在具体落实过程中，容易被高高挂起，成为口号式的宣传。因此，核心价值观教育的落实需要找到合适的载体，尤其在现实生活中挖掘核心价值观的内涵和最真实的体现，要从它的高位内涵落到具体生活中的实例中，融入初中学生可触摸、可感知、可体验的生活实践中。

二、容易受互联网鱼龙混杂的影响

社会核心价值观是我们现在所处时代的时代精神和价值标准，如果没有共同的核心价值观，一个民族、一个国家就会魂无定所、行无依归。

然而在今天这样一个多元、开放的国际社会背景下，各种各样的思潮层出不穷，在互联网时代，不同国家、种族不同的思想形态也毫无任何障碍在网络上传播，不同价值观形成了一个丰富的世界，然而也存在鱼龙混杂、良莠难辨的情况。中国社会经济迅猛发展，也会带来人们家庭结构、生活方式以及思想认识不同方面的变化。初中学生正处于价值观形成的重要时期，多元丰富又触手可及的各种价值观的存在，容易让学生模糊和混淆。因此，有效的价值观德育活动的组织，有利于引导学生理解内化社会主义核心价值观的内涵。

三、容易忽视学生认知规律

初中学生还处于三观形成的过程，在探索世界的过程中，很大程度还有赖于“经验型”学习，并逐步向“理论型”转化。根据初中生身心发展客观规律，他们正处于从具体形象思维向抽象逻辑思维的过渡期，能够从切身的体验和感受中，客观、独立地对事物进行判断和评价。在这个阶段，适时地提供丰富而生动的学习实践活动，能最大程度地促成他们心理的成熟与发展。所以，在教育引导初中学生过程中，不能总以说教式的教育，而应尽最大努力让学生通过实践、体验，从而有所感悟，甚至是内化。只有当学生作为主体参与了，才能激发他内心的情感。如果价值观教育只停留在说教和口号层面，便无法达到学生的内心，更无法谈学生能将之内化了。

理论分析

促进社会主义核心价值观教育的落实，需要学校发挥智慧，通过德育活动的有效组织与实施得以实现。所谓德育活动（课程），指的是：“与学科课程并列、互补、相互渗透的一种以‘活动’为重要内容的课程形式。”

一、德育活动应注重学生主体参与，杜绝形式主义

德育活动的开展应注重“主体性原则”。从正面看，所谓主体性原则，主要是说在活动课程实施中充分考虑学生道德学习的兴趣和需要。活动能否吸引学生是活动课程成败的关键。但同时也要注重通过一些合乎学生道德发展实际的活动，使那些学生不感兴趣的教育内容也慢慢使学生感兴趣。从反面看，主体性原则要求杜绝那种缺乏学生主动参与的形式主义的活动。

二、德育活动应与社会生活相统一，鼓励真实体验

教育家杜威曾说：“教育即生活。”学校要为学生提供一种相对“净化”的教育环境，但这绝不是将学生关在“象牙塔”，切断他们与社会的联系。学校需要根据教育需要，立足真实社会，挖掘有教育价值与意义的社会教育资源，得到“社会有形的或制度上的支持”。

三、德育活动应与其他课程相配合，形成互补关系

“德育活动（课程）本身具有综合性质，没有一种只涉及道德而不关涉其他领域的活动。”因此，德育活动应尽可能与学科教学结合，让德育活动实施更有实效。

实践支招

社会主义核心价值观教育的关键是如何“落实落细落小”，“落实落细落小”的核心在于激发学生的内在积极情感。通过挖掘真实的教育资源、设计凸显学生主

体的教育活动、整合学科知识并强调实际应用等方式，从学生身边的人、事、物出发，鼓励参与与体验，逐步激发学生的认同感与归属感，最终引导学生感悟社会主义核心价值观的内涵。以市西初级中学近几年持续开展的“走进生活的德育”探索为例，“走进老字号”“老物件的故事”“走走逛逛愚园路”等德育活动，逐步成为学校有效落实社会主义核心价值观教育的有力载体。

一、挖掘身边教育资源——注重“真实”

社会主义核心价值观教育的落地，首先应找到合适的教育土壤。在学生的日常生活场景中，有很多值得教育者关注并拾取的教育资源，其价值在于，因为源自学生熟悉的生活，容易引起学生的亲切感和认同感，是教育达成实效的重要基础。其次，学生生活中有价值的教育素材，学生身在其中却不一定会主动关注，教育者从教育的角度开发和提炼，有助于引导学生更好地观察生活，吸纳感悟。

中华老字号作为民族文化的象征，历经风雨，屹立市场几十年甚至几百年，可供学生探索和挖掘的学习内容十分丰富，其中企业诚信经营、工匠专注敬业、老字号勇于创新等都实实在在地反映了核心价值观的内涵，容易让学生从感性认识上升到理性思考。它就在我们的日常生活中，触手可及，但学生往往身在其中却不甚了解。学校在上海市商委、上海市老字号企业联合会、静安区商委、静安区文化局等单位的大力支持下，挖掘老字号社会资源，成为学校开展核心价值观教育的重要载体。

“老物件的故事”则是通过挖掘家庭生活中的教育资源，引导学生通过寻找家中老物件背后的故事，从家里人身上发生的真实故事开始，逐步看到老物件上所凝结的祖国发展历程。一枚军功章、一本旧字典、一架抗美援朝飞机模型、祖孙三代毕业证、一篇老报纸上记录的感人事迹……斗转星移，这些老物件被时间沉淀，是社会主义核心价值观最直观的表达，不仅让学生触摸到了历史，也成为家庭亲子教育的有利平台。

“走走逛逛愚园路”项目将学校门口拥有百年历史的愚园路带进学生们的视野。开展活动前，愚园路对学生来说，只是一条每天上下学经过的马路，而活动之后，愚园路在学生的记忆中，成了“历史就在身边”的代名词。

家庭、社区、社会，我们试图将身边的这些教育资源串起来，化无形为有形，将“看似空洞”化为“实可触摸”，为社会主义核心价值观教育奠定扎实基础。

二、创设丰富活动载体——凸显“主体”

找到学生生活场景中有价值的教育资源，只是落实价值观教育的第一步，要想真正引起学生的共鸣，设计开发学生主体参与，“有意义有意思”的德育活动是关键的一环。

“走进中华老字号”项目设计了丰富的社会实践活动，例如，引导学生通过网络查找、实地考察、动手实践等，以亲子活动或小队活动的形式，对中华老字号展开社会调查。基于调查，又组织学生在校班会课上进行“走进中华老字号”活动交流分享，激发学生思考老字号文化中社会主义核心价值观的具体体现。每年9月的老字号博览会，都能看到我们的学生和教师志愿者为参观市民指引路线、分发资料、提供便民服务。除了了解老字号历史、品读老字号故事，我们还带领学生走近老字号人物，通过采访老字号工匠，引导学生理解真正的“敬业精神”。“老字号技法学堂”让学生们有机会深入学习老字号手工艺技能，亲手缝制一只雷允上香囊，临摹一幅朵云轩“木版水印”，学做一枚龙凤盘扣，勾一朵恒源祥绒线花……在亲手实践中，感受实实在在的老字号文化与精神。

每一个家庭的“老物件故事”都是独一无二不可复制的，分享自家的“老物件故事”成了学生最骄傲的事。在征文和演讲的基础上，学校组织学生在建国70周年之际将老物件串起来，制作了纪念MV《国家》，受到学生和家长的广泛好评。在“有形的老物件”基础上，又动员各家庭挖掘“无形的老物件”家风家训征文，在家庭教育中深入探讨社会主义核心价值观的体现。“走走逛逛愚园路”更是通过引导学生探访愚园路上的红色印迹，以拍摄“愚园路红色印迹”V-log为载体，充分发挥学生的自主探究、自我教育的意识和能力。

三、注重学科知识渗透——体现“应用”

“没有一种只涉及道德而不关涉其他领域的德育活动。”这句话深刻地诠释了德育活动设计的本质，即德育活动绝不能空谈道德，只有将德育教育与生活实际相结合，才能最大化实现教育。在学生的生活场中，学习是他们的重头戏，而课堂学习往往以间接经验居多，如果在德育活动的设计中将学生的学科知识恰当地运用到实际应用，化为直接经验，那学生不仅能更牢固地掌握学科知识，也能感受到“学以致用”的快乐，甚至能促进更好的学科学习。

在推进“走进生活的德育”活动设计时，我们尝试以项目式学习的方式，与各类课程整合，引导学生在学习解决问题的过程中，学习跨学科知识，合作开展研究性学习，提升综合实践的能力和意识。

例如，“走进中华老字号”项目与雷允上合作开发“香囊制作技法学堂”，以拓展课为平台，每学期开展24课时学习，其项目式学习的目标，是“能将自己设计制作的香囊推向市场”。为了实现这场“虚拟营销”，学生们要从了解香囊文化开始，学习布艺制作、中草药功效、盘扣技艺、宣传软文撰写、市场调研、微店平台开发等不同的技能，其中涉及语文、历史、化学、经济等不同学科知识的学习。在这个过程中，学生还采访了雷允上工匠，惊叹于蒙眼能辨认上百种中草药背后辛勤付出的工匠精神；探访了种植中草药的“百草园”，了解不同中草药的功效；学习中药“一把抓”技能，体验技师“精准拿捏”的本领；前往逸夫职校龙凤旗袍制作坊，学习一枚看似简单实际却不简单的盘扣制作工艺；请来专业的家长志愿者，学习市场营销基本策略；走上街头，采访不同消费者喜爱的香囊需求……学生作品虽然稚嫩，却孕育着无限可能，在这个过程中，他们不仅学会了老字号的基本技能，且锻炼了合作沟通、创意物化、解决问题的能力，在内心里，他们也对民族文化有了更深刻的认同感和归属感。

“走走逛逛愚园路”从制作一张手绘地图开始，学生在美术和地理老师的指导下，探访愚园路上的重要地标建筑，在临摹这些建筑的过程中，也在学习“建筑可阅读”背后的故事。地图出版后，体育组的老师带领学生设计文化定向活动的路线，大队部组织定向活动。建党百年之际，学校电视台的同学深入愚园路上的红色印迹，挖掘红色故事，并拍摄“走走逛逛愚园路之红色印迹探访”V-log系列，号召更多同学在暑假以拍摄V-log的方式，宣传介绍愚园路更多的红色经典。

一个人爱国主义情怀，不是生而有之的，一定是从身边的一物、一人、一事中积累起来，从爱家庭、爱学校、爱家乡开始，进而上升到对民族、对国家的热爱之情。社会主义核心价值观教育亦如此。走进生活的德育，让核心价值观教育活起来，慢慢地，浸润心灵。

作者介绍

徐鸣，上海市市西初级中学副校长。高级教师，静安区德育学科带头人，张人利校长第四期德育实训基地成员。学校“社会主义核心价值观教育项目”曾获“2018年全国中小学德育工作典型经验”、“2020年上海德育研究协会德育优秀创新奖”等。

德育活动走马观花、雁过无痕，怎么办？

巧用活动单　提升活动效能

姚程琳

情境导入

2019 年 4 月，学校利用春季社会实践活动的契机为全体八年级学生安排了文化寻根之旅——寻访广富林文化遗址公园。

出发前，各班班主任在班级中召开了动员会：对活动意义，活动内容，安全问题做解释和强调。同学们则自由组队，组成了多支 5—8 人小队。活动当天，老师们再次叮嘱同学们认真观察，为撰写活动收获积累材料。同学们齐声答应着，一路笑语，各自散去……

在老师们看来，这 8 课时的活动定是充满了探寻、合作和思考。然而，第二天学生上交的活动收获竟大同小异，千篇一律。大家都夸赞广富林环境好、地方大、有很多人文风景，所谓的收获与感受大多是网络信息的组合，草草了事。

原来，当天学生们看起来马不停蹄，四处游览，其实他们大多是走马观花，拍照打卡。小组成员们不是互相拍照，就是分享美食，并无深入的探寻与思考。也有少部分同学出现了集中玩手游，无心游览的情况。

为什么会这样呢？

为找到问题症结，学校随机开展问卷调查。数据显示：约 95% 的学生表示清楚本次寻根之旅是来了解上海的起源，这说明学生清楚活动目标。约 80% 的同学们表示没有想过应该如何寻访。这说明学生在活动中，虽身处实际情境却无自主探究的动力和意识。

其实，像这样的情况并不是偶然。在校级运动会、新年慈善艺术展演、垃圾分类调研等活动中，参与感低，过眼不走心的现象在全校范围内都屡见不鲜。

问题归因

通过上述案例，我们看到了一场有时空保障但育人价值远低于预期的德育活动。为提高活动的育人效能，我们先分析上述案例中所反映出的三个问题：

一、活动中缺乏明确的任务指向，学生代入感低

教师虽然在活动前对活动的意义和内容进行解读，提出了活动要求。但在活动过程中，缺乏分解指导：未明确的活动任务、未提供恰当思考方向、未引导必要的情感态度。因而学生虽置身在实际情景下，但眼前的人、事、物没能有效触发他们的认知与感知、更不能激发学生自主深入思考。学生整体参与感弱，代入感低。

二、德育活动呈现点状，学生收获受限

学校在体育、艺术、科技、节日节庆多方面开展多种多样的德育活动。但这些活动中都有“走马观花”的现象。这是由于德育活动涉及的板块多，多样化的同时，亦呈现出点状松散的特征，学生收获也随之呈现碎片化，未能形成持续连贯的成长感悟。因此，学生收获容易停留在了解和认知的浅层次，难以达到激发人格塑造、品德修养的高度。

三、班主任缺乏挖掘德育活动育人价值的自觉

善于抓住教育契机，实施持续有效的育人行为是班主任专业素养的重要体现之一。八年级组有一群认真负责的事务型班主任，他们工作踏实，但是在日常管理中缺乏主动创设教育情景，敏锐捕捉教育契机的育人自觉。他们总能做到100%落实各类要求，但是鲜有结合班情二次开发活动的意识。可想而知，一份自上而下的统一的活动方案用在了不同身心特征的学生身上，效果自然要大打折扣。唯有班主任根据学生能力发展状况，知识储备量和成长需求进行育人价值的再开发，才能保证德育活动真正贴近班级学生生活，实现育人价值，增强学生的自我效能感和获得感。

理论分析

任务驱动教学法建立在建构主义学习理论基础上，围绕任务展开学习，注重对任务完成的检验和对学习过程的总结。在德育活动中，学生借助活动单进行主动探究学习是典型的任务驱动式学习。

一、以活动单为实施工具，打通活动环节

从发展水平上看，初中生的思维水平已经达到抽象逻辑思维阶段，并且在高年级学生身上开始向辩证思维过渡。从个性和社会性发展需求上看，初中阶段更加注重自我意识的发展、自我价值的实现，并且同伴关系在个体的社会化过程中发挥的作用越来越重要。从建构主义学习观来看，学习是学生自己建构知识的过程。学生不是简单被动地接收信息，而是根据自己以往的经验，对外部信息进行主动的选择、加工和处理，并与旧有知识结合，生成自己对知识的理解，甚至是对世界的认识。

基于以上几点，我们采用任务驱动式学习方法，将教师组织、引导等人为打断降到最低，学生凭借一“单”在手，置身于真实复杂的情景下，尽可能连贯地观察，持续地思考。通过综合调动知识与情感，发现、分析和解决问题，赋予学生沉浸式的活动体验。实现了活动形式从教师引领转变为任务驱动，活动实施将片段式教学环节融为情景学习，学习情感从主动参与到迫切求知。

二、以活动单为学习工具，激发自主学习力

大多数的社会实践活动往往包括三个基本活动环节：小组分工、完成任务、交流讨论。在实际操作中，我们发现由于学生自身基础的差异，建构的成效差异较大。因而，我们借助活动单的使用来缩小差距，助力不同能力水平学生建构知识。

小组分工：在活动单上，明确罗列每个岗位的职责和任务，便于小组成员合理分工，让不同能力发展状况的学生都能有适合的角色。

完成任务：将教育内容分解到各活动环节，通过各项子任务的推进唤起学生的知识储备、相关经验、帮助学生从自我认知基础出发获取知识、发展能力。

交流讨论：围绕话题主动分享，多角度交流，分享在实际情景下的观察结果，体验感受、思考总结，来促进学生多元多层次建构知识，获取经验，更新认知。

三、以活动单为德研载体，促进团队理念更新

任务驱动式学习不再是由教师直接告诉学生要如何去解决面临的问题，而是由教师向学生提供解决该问题的相关线索。这些线索可以是搜集哪些信息资料、以何种方式，从何处获取等。在这一教学模式的驱使下，班主任要不断推进德育活动单的设计与完善，突破固化的经验思维和实践习惯，对德育活动的育人价值也会有更深刻和全面的了解，逐渐学会从情感态度、知识技能、能力修养等视角多角度、多层次的整体看待学生发展状况与成长趋势。

育人理念的更新加速，促使班主任教师的角色从知识的传授者向任务的设计者，解决问题的引导者和探究过程的促进者转变；促使德育团队从“事务型”向“专业型”转变。最终，从整体上提升班主任团队的专业能力和学校德育工作的育人成效。

实践支招

一、开发全程式活动单，给予学生完整的活动经历

活动是中小学开展教育教学的重要形式，也是学生道德形成和发展的重要途径。为充分发挥活动的教育意义，教师应在活动过程中充分发挥引导、设计贯穿全程的活动单，共分为三个板块。

活动前：引导学生查阅资料，小组分工、学习相关规范与礼仪、制定小组活动计划；活动中：根据不同活动形式，设计不同的形式；提供可选的思考角度；活动后：引导学生从情感态度、知识技能、能力修养方面运用撰写活动体会、制作电子活动报告、发起 TED 演讲等各类形式进行活动小结。

活动单的设计是德育活动设计中的一环。它需要在明确活动目标、遴选活动内容、确定活动形式后方可进行。活动单的设计应遵循教育规律，考虑学生的知识储备和能力现状，充分预设各种可能性。一份完整的活动单能将活动目标分解转化成具体实践任务，是学生自主学习和探索的有效载体；是不同能力水平的学生自主探究的思考坐标。当然，活动单并不能取代教师的教育职能。教师作为活动的引导者应通过各类信息技术密切关注团队和个体的活动情况，关注团队的活动任务达成度；关注个体的参与积极性；团队中的人际情况等，对活动中的意外和安全因素予以排查。

在本案例中，教师可以在“活动前”版块设置问题，引导学生查阅相关资料；

可以介绍小组分工（资料员、摄影员、记录员、观察员）职责，引导学生明确职责；可以罗列场馆参观的文明礼仪，供学生自我对表。“活动中”版块设计各寻访点的观察记录区域、市民的采访记录区。通过层层深入的提示问题引导学生步步深入地了解上海发源地的故事；“活动后”版块给出多个小结的思考角度和呈现方式，以满足不同能力水平学生的发展需求。（活动单见附件）

二、信息技术融入，让活动连点成线，描绘成长轨迹

为解决学生活动感悟呈现碎片化的问题，响应中考改革中记录学生成长过程，加强学生综合素质培养的要求，学校可以在原有工作基础上实行电子化跟踪记录，连点成线的描绘学生成长轨迹。我校创建了“我的成长帆”线上平台。通过“主题发布＋过程性记录”相结合的方式，记录学生的成长点滴。

每次德育活动后，班主任通过“主题发布”功能发布活动概况，学生则通过家长的手机端进行过程性记录。包括：照片上传、撰写体会、收获分享等。日复一日，点滴的数据逐渐汇集，为学生的个性发展，健康成长提供连贯，真实、多样的记录凭证。

电子记录的优势还不仅如此，它有更多附加价值。学校通过电子平台的家长端的开放，拓宽了家校沟通的广度和深度，传递“过程比结果更重要”“用发展的眼光看待孩子”的育人观；在德育活动记录的基础上，学校还能拓宽记录范围，从“身心健康、品德发展、学科学习、实践创新”四个方面记录学生的四年的初中生活，用数据为每一名学生勾勒了一幅数据画像，为学生的全面而个性的发展提供有力支撑。

三、充分利用班级文化建设平台，加持活动的育人效果

一场又一场德育活动如果只是记录和叠加，能创造出“1+1>2”的育人效果吗？德育活动后的延展与再开发是加持育人效果的关键。班主任首先要有育人意识，其次要善于将德育活动的育人成果与班级文化建设相融合，将一场活动的阶段感悟转化为思想道德品质培养的养分，促进学生的可持续性发展。比如，本案例中的寻根之旅活动中，学生收获了对家乡的热爱，激发了家国情怀。那么班主任就可以通过班级教室布置展示活动成果，对优秀学生予以表彰，彰显榜样的力量；可以联合班级导师，从各学科角度诠释爱国主义情怀的内涵，扩宽学生的理解和认识；可以通过班干部倡议全班从唱响国歌做起，用持之以恒的实际

行动热爱祖国和家乡；还可以与即将来临的五月劳动教育活动，举办“最美静安人”寻访活动，让同学们感受到热爱家乡就应该传承优秀品质，勇担时代使命。

班级文化建设不能絮絮叨叨，老生常谈，而应该守正创新，用新素材，新技术，新形势打造与时代同脉搏共呼吸、满足学生成长需求的班级文化，让道德品质教育真正地入学生耳，入学子脑，入少年心。

德育活动不是一次次割裂独立的育人行为，它需要筹备与铺垫，也需要总结与沉淀。它是过往活动的拓展与延续，也是未来活动的基础与起点。只有精心设计每一次活动单、利用电子平台坚持做连续性记录、结合班情做好后续教育才能让德育活动育人效果最大化。

附件：

文化寻根之旅——寻访广富林文化遗址公园活动单	
活动准备	● 资料员：________ 职责：活动前和活动中的资料查询，并分享给组员 ● 观察员：________ 职责：观察活动单中涉及的问题，做简记，交予记录员 ● 记录员：________ 职责：协助观察员记录问题，整理归纳后填写活动单 ● 其他（　　）：________________（根据各组需要，自行任命）
	我想知道： 亲爱的同学们，你即将走进上海的广富林古文化遗址，开展一次研学之行，你们最想从古文化遗址中知道哪些信息？你们最感兴趣的是哪一部分的内容呢？ 1. 广富林远古文明经历了哪几个阶段，主要的生产劳作有哪些？ 2. 广富林在其文化发展过程中，有哪些杰出的代表人物？
活动准备	我要注意： 以下这些是此次研学之行中需要注意的事项，你都能做到吗？你觉得还有哪些事项需要提醒同学们注意？（多项选择） □ 自觉配合安全检查。 □ 自觉遵守当地的各项规章制度。 □ 文明参观，不喧哗、嬉闹、乱扔废弃物等。 □ 不随意触摸馆内物品。 □ 言谈举止得体。 □ 带好纸笔及时记录。 □ 在指定区域，拍照留念。 其他：

（续表）

文化寻根之旅——寻访广富林文化遗址公园活动单	
活动进行时	1. 场馆众多，快浏览“广富林”公众号，搜索地图吧。 2. 挑选 3 处主要寻访点、有侧重地从艺术、文化、农业等方面了解广富林文化价值，寻找广富林为何被称为上海的起源地的缘由。 3. 采访工作人员，游客获取你们想要的讯息。
	寻访记录区：
	采访记录区：
	小组讨论及决策记录区：
活动反馈	可选角度： 1. 历史上的广富林：选取几个你感兴趣的广富林出土的文物，介绍广富林文化； 2. 现代的广富林：选取 1—2 个角度介绍广富林遗址公园中的家国情； 3. 我眼中的广富林：结合本次活动所见所闻，角度任选，突出寻根主旨。 建议形式： 1. 制作手帐小册子、电子报等； 2. 收集资料并制作微视频； 3. 小型演讲，配有 PPT。

作者介绍

姚程琳，上海市静安区风华初级中学西校副校长。擅长德育资源的整合与规划，强调要以学生喜爱的方式传递正能量，在工作中带领团队坚持从青少年视角出发开发有创意，有育人价值的德育活动，是务实创新的教育实践者。曾获得静安区青年岗位能手。

爱国主义教育不入心，怎么办？

聚焦个性化设计　提升主题教育实效

顾颖琳

情境导入

为迎接一年一度的民族精神教育月及国庆节，学校首先组织了相关主题升旗仪式，通过学生朗诵、歌唱等形式讴歌中华民族的传统精神；然后学校还组织各班利用节假日开展相关爱国主义教育的主题活动，利用本市的红色场馆参观，让学生感受党和国家的艰难奋斗历程，由此弘扬爱国主义精神。活动结束后各班汇总提交主题活动小报或札记，要求图文并茂，尤其是“有图有真相”。

活动落下帷幕后，通过学校智能化成长平台中的问卷调查，85% 的学生对升旗仪式没有印象，92% 的学生对班级爱国主义教育活动最深刻的印象是“打卡拍照”。由此可见，相当一部分爱国主义教育的活动最终往往流于形式、“资料积累”，而没有真正深入学生的心灵。

问题归因

一、欠缺对学生的多元了解，活动对于不同起点和不同需要的学生的适切性较弱

学校在设计有关活动的时候，缺乏对高年级学生内心需要的了解，往往以布置任务的形式下达，表面看似形式“丰富多样”，实则这些形式在经历了九年义务教育的高中学生看来，基本都是“套路”，是他们可能从幼儿园就开始“玩”到大的内容。随着他们年龄的增长、视野的开拓，自身和外部世界的关系逐渐发生转变，而学校设计的这些活动因为无法顺应他们随年龄增长而带来的内心需求的

变化，久而久之，他们也就习惯于以“打卡拍照”式的完成任务心态去应对，也就无法将爱国主义教育真正入心入脑。

二、主题设计过于肤浅，活动过程不能与主题深度融合

学校在设计活动的时候，虽有其“表”，但常常并未过多深入其“里”，也就是重在形式上的花哨，而欠缺挖掘主题的深度。于是，这种“千篇一律”的、“放之四海而皆准”的爱国主义德育活动在学生从小学开始，就几乎一成不变地出现，也往往使他们反感或者无感。虽然表面上看似活动形式“丰富多样”，而结果却使爱国主义教育的德育活动更容易流于浮泛。

三、类似的活动过于频繁，低效重复，更加难以使学生产生情感共鸣

相似的校园环境在相似的育人要求的作用下，本身就很容易使各级各类学校设计爱国主义教育活动时在形式和内容上趋于相似，更何况单就一学年而言，无论是九月的民族精神教育月、十月的迎国庆、十一月的社会考察、一二月的寒假民俗考察、三月的学雷锋、四月的清明祭奠先烈、五月的五四爱国纪念、六月的端午屈原爱国纪念、七八月的建党建军庆祝，我们可以感受到，“爱国主义”教育本就是教育的一个永恒主题，它贯穿了每一学年、每一学期的教育教学工作内容。而在这样的永恒贯穿中，学校在设计开展活动的时候，却往往发生如上文所言的“千篇一律”的“丰富多样”的形式化，于是，在这样本就低效的“形式”上，更增添了一重“重复”，由此便形成了对学生而言“过于频繁且低效重复”的困境，如此，又怎么能真正入学生的心，入学生的脑呢？

四、缺少对各类资源的有效利用，未搭建起有效的教育平台

现阶段，各类教育资源非常丰富，尤其在上海，无论是红色场馆、民俗文化场馆、历史博物馆等市级、区级的资源都很丰富，除此之外，还有丰富的网络资源以及社区、家庭等方方面面的资源，但是，学校在开展爱国主义教育活动的时候，往往只是在面上通过固有的几个资源“点”去分头开展，未考虑如何“以点连线”“由点带面”，欠缺对资源的整合与有效利用，从而使得相当多的爱国主义教育德育活动各自“孤立”而“重复低效”地不断开展，没有搭建起有效的德育平台。

理论分析

一、着眼于学生自身的成长是确立爱国主义信仰的主体基石

苏霍姆林斯基主张爱国主义教育信仰必须着眼于学生自身的成长。因此，学校首先要努力创造学生的“接受教育性”，其要点在于让学生认识精神生活的幸福与美好。“小公民精神生活的本职，应当包含对人的美和思想美的惊讶、赞美和充满崇高精神，追求和渴望成为一个真正的爱国者。”

二、促成学生积极的行动是引发共鸣并产生信念的必由渠道

爱国作为一种信念甚至信仰，就其本质来说，不可能不劳而获或一劳永逸。只有通过积极的活动，信念才会起作用，甚而才能得以巩固，才能变得更加坚定。爱国不是从书本里诞生的，而是从活生生的活动中和心灵的激奋之中产生的。

三、注重过程是增强爱国主义德育活动体验性的重要保证

基于对学生内心需求的了解，从而关注德育活动过程的设计，并适时加以引导，只有这样才能调动学生参与爱国主义教育活动的主观能动性，而在这样的主观能动的参与过程中，学生才可能获得真正的体验，在“身临其境”的活动中收获“心临其境”。

四、强化学校德育环境建设以及社会环境与学校教育的互动是提升德育实效的重要原则

苏霍姆林斯基认为：“有一条特别重要的教育原则，就是使每个人从童年起就在道德财富世界里，即在我们的思想意识、我们的祖国、我们的历史和人民的世界里充满精神地生活”。因此，他主张在学校德育环境建设方面加大探索，并充分考虑到社会教育资源的连接因素。

实践支招

一、尊重学生个性，发挥学生主观能动性

例如，“九零有梦历程，七一有为青年”是同济大学附属七一中学在 2011 年

纪念建党 90 周年活动基础上衍生的一个新阶段项目，是一个以弘扬与传承优秀民族文化，以建党 90 周年，树立青年学子伟大“中国梦”为契机开展的爱国主义教育项目。

为了真正调动学生积极性，发挥其主观能动性，该项目在纪念建党 90 周年活动的基础上，将学校通过日常“创意论坛”“创意社团”等课程在平时的开发所营造的校园创意氛围推向更高潮——引导学生自主创意设计活动纪念册，并主动参与构思设计活动方案，由此突显学生个性特长的发现和培养，提升学生创新实践的能力。在学生构思设计的过程中，围绕积极培育和践行社会主义核心价值观，聚焦爱国主义、民族文化、公民教育、创新实践、艺术教育、爱心服务等主题，采用“行、习、赏、唱、礼”等形式，以各种学生所喜闻乐见的活动为载体，并以学生在活动中的经验获得为落实点，构建适合高中学生的活动项目和特色品牌，一本本充满学生感悟的立体“红色地图”便由此诞生。

二、筛选真正有价值、适合于学生的活动主题并形成系列

例如，学校根据高一、高二、高三年级不同的人文道德序列要求（高一自律、高二自信、高三责任），不断提炼活动主题，去粗取精。在高一开展“南京行”爱国主义教育考察活动，在高二开展“同济行”、“走进人大”“模拟政协”等关注社会当下发展的思辨实践活动，在高三开展在龙华烈士陵园举行的“我的十八岁”主题教育。这些适合不同年级学生需求的系列活动，从传统文化、革命精神、当下民生关注等多角度培养了学生的爱国主义情怀。

三、整体统筹，关注过程设计，增强学生体验感

例如，“文化根 · 红色魂 · 中国梦 · 七一行”系列活动的形成与开展，着力于关注过程设计，适切学生的发展需要和兴趣，增强学生的体验感，也为学生层层递进地深入领会传统文化和革命红色精神搭建了有效的支架和平台。

首先，通过与学校语文教研组的沟通，引导学生在平日里阅读经典，更是以“让青少年读懂中国”为主题开展了读书系列活动。通过这项活动的开展，进一步引导学生了解中华文化，也让学生对我们的社会有更多关注、更深思考。

其次，在阅读经典的基础上，通过实地寻访遗迹，倡导学生善思慎究。暑假期间，学校组织学生走出上海，走向祖国文化根基最为厚实的山东曲阜、泰山，去感悟中华两千多年来的人文积淀，寻觅我们的精神家园。

与此同时，为反映纪念中国改革开放40周年的社会发展，我们也通过社会实践、红色之旅、阅读革命传统故事，观看红色电影，走访革命后代，到革命历史博物馆等场所参观，感悟革命传统精神。围绕“文化根·红色魂·中国梦·七一行”的研学旅行主题，相继开展“寻访红色足迹”主题摄影比赛、研学旅行日志以及课题报告撰写，使学生在寻访—感悟—善思—探究中对中华传统文化和红色精神理解得更为透彻深邃。

最后，在暑期结束、开学伊始，也将在此寻访的基础上，汇聚艺术灵感，将研学过程中的感悟与思考以“同心向党　演绎中国好故事”的创意方式进行汇演。

四、整合校内外各方资源，为活动的切实开展搭建有益的平台

在开展高中生志愿服务活动的过程中，为更好地引导学生身体力行地将所思所感融入践行之中，我们依托中福会少年宫、宋庆龄图书馆、中共二大会址纪念馆、静安老年护理中心、中国劳动组合书记部旧址陈列馆、静安雕塑公园、自然博物馆等志愿者服务的社会资源，组织青年学生以团支部为单位，定期开展种类多样的志愿者服务工作，使学生在这番广阔的实践平台上，在奉献服务的社会实践中，不断开阔视野，促使学生以自己的实践踏上寻访经典、探求真理的历程。

同时，学校也挖掘并借力于优质家长资源，开设了“上海红色之旅”的家长讲堂系列课程，使学生能从不一样的职业视角重新认识“红色文化”。

作者介绍

顾颖琳，同济大学附属七一中学，德育教导。针对高中学生的实际需求，组织设计了一系列爱国主义主题教育活动，使学生在体验中真诚地增强家国意识。曾十九次荣获静安区未成年人暑期工作优秀组织奖和优秀项目奖。

德育活动吸引力不强，怎么办？

探索德育研习营　做强育人引力场

俞　云

情境导入

2017年9月，我们采用问卷调查的方式收集学生对当前学校开展德育活动的评价及建议信息。样本选取本市一所区实验性示范性中学高一、高二、高三年级学生共计712人，问卷发放712份，回收712份，问卷有效率达100%。问卷内容主要包括：学生对学校常态化德育活动的了解及理解，学生参与学校德育活动的情况及感受；学校德育活动对学生个人成长（思想政治引领、三观养成、道德品质提升）的影响；学生对学校开展德育活动的意见和建议。

调查数据显示，89.5%的学生知晓学校常态化开展的节日纪念日主题教育活动、仪式教育活动、学科节活动、团委学生会活动、学生社团活动等；91.2%的学生表示出对曾参与过的活动的基本认同感；49.4%的学生表示曾有1至2项活动给自己留下了深刻的印象；除被要求集体参与的活动外，有35.3%的学生表示会主动去参加自己喜欢的个性化活动。

调查结果表明，学生对学校组织的德育活动有参与意识，但积极性不高；对学校组织的德育活动有认同度，但能在内心留下深刻印象的活动不多；学校组织的德育活动有代入感，但沉浸式体验感不强；总体而言，学校组织开展的德育活动对16—18岁的高中学生群体整体吸引力不够强，至少未完全达到活动组织的预期值。

问题归因

通过对问卷调查结果的深入分析及针对不同师生群体的调研访谈，分析如下：

1. 高中生学业任务不轻、时间精力分配有限，客观上导致学生在学科学习任务之外，主动参与、静心体验德育活动的时间并不充裕。

2. 学校组织的德育活动开展虽然有常态化的组织形式，有体现时效性的内容热度，但活动本身给予符合学生年龄特征的沉浸式体验感不强，持续性感知力不足，自主性活力不够。具体来说，(1) 活动设计是否努力观照全体学生的真实需求，还是仅仅成为部分学生的福利；(2) 活动组织的过程性是否主动关注激发培养高中学生自主成长意识，还是仍旧停留在习惯性给予“权威性的全程式的指导教育”层面。

3. 学校德育活动的顶层设计对时代性、创新性、融合性思考不够深入，通常表现为德育活动开展缺乏情境感、实践性、项目化设计，少有对学生核心素养提升的直面观照，较少与智体美劳诸育综合融通的全局性思考。

理论分析

组织活动历来是学校开展德育工作的一大法宝。好的德育活动是学生良好思想品德、行为习惯养成，法治意识、积极心理情感培育的有效载体。

学生个体本身同样包含着丰富的自我育德资源和能力，学校在开展德育活动时，应结合学生年龄、认知、思想、心理、行为、审美等特征，精准把握学生身心真实需求，把高位的、外在的，以往偏重于强调社会、学校、教师、家长权威性的德育要求，通过适合的活动育人的路径实施，转化为学生喜欢并乐于接受的内容和方式，唤醒并激发学生自主成长、自我育德的积极性和内在活力。

新时代背景下，明确提出要坚持把思想价值引领贯穿教育教学全过程和各环节，努力形成学校全员全程全方位育人格局。在三全育人的要求下，主动关注育人资源的优势融合，积极探索育人渠道的横向贯通，对提升学校德育活动的育人有效性，已经显现出了前所未有的效能优势。

实践支招

教育进入新时代，学校德育活动组织必将进一步凸显育人时代性、主体性和综合性要求。我们探索了“德育研习营”的活动组织形式，以此进一步做强育人引力场。

一、与学科学习深度融合，充分挖掘学科德育资源

高中德育课程（思想政治课）及人文类课程、科学类课程、体艺类课程蕴含着丰富的德育资源，德育课程与人文学科具备独特育人优势。新时代学校德育活动组织要比以往更注重体现“学科融合意识”。学校德育活动组织应更加主动与学科教学活动相结合，突破学科教学在时间及空间上的限制，开拓更为宏大的活动准备及活动延伸的育人时空，从校级层面协调教育及教学、学校及社会、线下及线上资源，提供三全育人机制保障。

活动案例 1：“新时代　学时政”时政点读研习营

2018 年，学校德育处与政治教研组联手在高一年级组织开展“‘新时代　学时政’风华中学时政点读研习营”活动。5 月，在主题升旗仪式上正式启动研习营。每期研习营活动持续时间为 1 年。由学校德育处负责研习营的活动组织协调，思政教研组负责研习营的研习任务推进，60 余名研习营营员经由学生自愿报名、教师推荐、德育处备案产生。营员每周 2 个课时，参加由思政课教师组织的时事政策学研活动。活动内容包括习近平总书记最新重要讲话精神的学习、对国内外时事政治事件与人物的解读、对当前所处国情的分析、结合社会事件开展案例研究等；活动形式采取集体学习、小组合作探究、个人研习等多样化方式；活动空间灵活安排线上线下进行；每两月 1 次，在“风华‘思享客’大讲堂”平台（校级师生大讲堂），以学生个人时政分析 TED 演讲、师生团队时政案例研究汇报等形式进行成果展示；每期研习营均遴选优秀营员组成“胸怀天下事”集训小分队，参加上海市中学生时政大赛。每期研习营完成为期一年的活动任务后，学校在学年第二学期结业式上隆重举行研习营结营式，表彰优秀营员及教师。

二、坚持需求导向，立足学生核心素养提升

有效的德育活动首先要让学生有主动参与的意愿，才能取得良好的育人效果。16~18 岁的高中生已经初步形成了具有群体性特征的兴趣爱好和审美趋向。新时代学校德育活动组织要刻意培育“学生主体意识”。学校德育活动要想对学生产生强大的吸引力，必须通过有效渠道（如团委、学生会、媒体宣传等）引导学生参与德育活动的策划组织过程，倾听他们的心声，尽可能扩大学生的参与

面，注重满足学生个性化成长的需求，以恰当的、公平的方式将学生的“主体性意见”体现在为他们组织的活动中。而学生在主动参与的过程中，自我管理、责任担当、实践创新等必备品格和关键能力必然得以锻炼和提升。

活动案例 2：“透史见事”爱国主义主题教育研习营

2019 年 2 月，《大运河文化保护传承利用规划纲要》颁布。学校敏锐地抓住“京杭大运河”这一主题，依托自然人文景观，梳理运河传统文化脉络，深入挖掘大运河所蕴含的爱国主义教育资源，与学生代表共同策划组织了“‘透史见事’风华中学爱国主义主题教育研习营”活动。2019 年 4 月，德育处通过团委、学生会推荐召集了部分学生代表召开“研习议题前期论证会”。学生代表们对“京杭大运河”表现出了较高的兴趣，结合他们已有的地理、历史、语文、政治相关知识，迅速对“京杭大运河”展开了搜索、定位及活动方案策划。由学生会主席团牵头，仅用一周时间就向学校提交了活动策划方案。学生的策划方案提出：在学校微信公众号上对“京杭大运河”进行传统文化脉络梳理；结合网络宣传，利用校会课时间由教师和学生开设专题讲堂；暑期组织师生规划线路由南向北开展实地考察活动等。5 月，“‘透史见事’风华中学爱国主义主题教育研习营（首季）”在主题升旗仪式上正式启动。学校微信公众号连续推送了由师生共同制作的“一衣带水唱古今　至今千里赖通波”“回望京杭古韵　纵览运河今朝”两期宣传文。地理、历史教师及学生代表分别在“风华‘思享客’大讲堂”开讲，从历史与现实的相互交融性，认识优秀传统文化的历史价值及时代价值；从文化、生态、航运、地域经济发展等角度，分析大运河相关资源的统筹开发利用对国家重大区域协调发展的融合促进作用；从历史文化保护传承利用，感受中华文明的源远流长和中华民族的勤劳智慧。6 月，经德育处与学生代表共同规划，结合实际情况，选定京杭大运河南端城市杭州为研习营首期的考察地点。7 月，共计 150 余名研习营师生赴杭州实地考察。京杭大运河博物馆、拱宸桥、富义仓、桥西历史街区、手工艺活态馆……都留下了研习营师生的足迹。9 月，研习营师生代表在“风华‘思享客’大讲堂”作考察展示汇报，研习营首季结营。

三、与社会紧密相连，贴近文化、教育等社会热点

流量经济时代，人的生活方式和思维方式正在发生变革。网红、自媒体时代的社会事件、数字化生活建设……学校、教师和学生总是不停地面对各种新的层出不穷的社会现象。新时代学校德育活动组织要坚定呈现“留量意识”。既要与

时俱进，贴近社会热度立德树人，又要保持定力，坚持学校德育稳定性主基调。在纷繁热闹的活动流量之下，学校德育活动组织能否在学生脑里心里留下“思考余温”、积存“育德留量”，是留给每一个新时代德育工作者的新课题。

活动案例 3：“行路习得”城市文化寻访研习营

学生的文化自信从哪里来？帮助学生增强文化自信，我们需要寻找并且提供切实的内容载体。自己家乡的城市文化历史传统是就在身边的内容资源。2019 年 7 月，以“了解家乡　解读上海”为研习活动主题，“行路习得”风华中学城市文化寻访研习营（首季）启动。由学校团委牵头组织，团员青年们利用暑假自愿参加，自组团队，确定寻防方向，规划路线，形成团队城市行走活动方案。至团委备案后，自行开展行路活动。整个暑假，共计 26 个行路团队（每个团队平均人数为 6—7 名学生）完成了以下五大主条线的城市文化寻访活动：（1）上海红色文化寻访（中共一大、二大会址、中共四大纪念馆、鲁迅纪念馆、国歌展示馆、团中央中央机关旧址）；（2）沪上历史风貌区寻访（南京西路风貌区、山阴路风貌区、衡复风貌区、老城厢风貌区）；（3）沪上古典传统文艺寻访（上海交响乐团音乐厅、上海越剧院、上海评弹团乡音书苑、逸夫舞台、汾阳路工艺美术博物馆）；（4）上海水乡街镇文化寻访（嘉定孔庙、州桥老街、法华塔，安亭新镇，金泽古镇，松江泰晤士小镇）；（5）沪上网红打卡地寻访（东方渔人码头、杨浦大桥、武康大楼、黑石公寓、西岸艺术中心、四行仓库抗战旧址）。在 26 个行路团队提交的研习报告中，有学生是这样表述的：“我们这个团队用 2 天时间完成了对衡复风貌区、老城厢风貌区的行路寻访，与自己的同伴学友，在自己感兴趣的行走线路中，了解家乡故事，寻找城市历史文化发展脉络，感受上海传统与现代融合并存的城市文化性格。我们找到了行走中的学习空间，这是一个属于我们自己的舞台。这些都让我们更爱上海这座城市，也更能体会文化自信。”

强化学生主体性是德育研习营活动组织的设计初衷。从学生内心需求出发，直面差异化，满足多样化。如活动案例 2、3，较好地发挥了学生主动参与、自主设计、自我表达的内在活力与激情。

立足综合项目化设计是德育研习营活动组织的动力源泉。“一营一项目”“分季持续更新推进”使得德育活动避免了零敲碎打、繁琐冗杂，活动案例 1、2、3 均以综合项目化形式，与学科学习深度融合，设立明确的研习主题，活动持续时间根据实际需要灵活设置 2 个月至 1 学年，活动内容可根据最新要求以分季的形式不断推出更新升级版，综合呈现学科德育、学生核心素养培育、赛事锻炼挑战、生涯规划发展、综合素质评价、三全育人等多重教育元素。

紧贴时代性、保持稳定性是德育研习营活动组织的特色优势。一方面，开展德育活动必须紧密结合时代主题，及时回应社会发展的育德需要，坚持把立德树人根本任务全员全程全方位融入教书育人各环节。当前背景下，新时代中国特色社会主义思想的科学定位为德育工作紧贴时代性指明了方向。如，在活动案例 1：在时政点读研习营基础上，可新增“新时代 学理论”习近平新时代中国特色社会主义思想导读研习营；2020 年年底，上海出台全面推进城市数字化转型规划，我们将在活动案例 3“行路习得”城市文化寻访研习营（第二季）新增“数字上海”寻访路线；不少学生表示出对京津冀协同发展这一研习议题的浓厚兴趣，活动案例 2“透史见事”爱国主义主题教育研习营（第二季）即可安排实地考察京杭大运河的北端城市通州。另一方面，若干个研习营作为学校德育中相对稳定并体现系统性组织意图的活动项目，提供了学生体验感知、比较思考、自我提升的时空可能。

作者介绍

俞云，上海市风华中学副校长，中学高级教师。善于创造性、创新性实施新课程，规划统筹学校育人课程体系建设，长年从事德育理论研究和育人实践指导。曾被评为上海市新长征突击手，任上海市教委教研室“中小学学校德育活动指导意见”项目组核心成员，担任负责人的课程“布尔什维克 @youth”入选上海市教委认定的首批市中小幼“中国系列”课程 100 门之一。

学生参加劳动时责任意识不强，怎么办？

丰富少先队自主实践活动
推动劳动责任意识培养

李　燕

情境导入

2019 年 7 月 1 日《上海市生活垃圾管理条例》正式实施，上海进入生活垃圾全面分类时代。学校也成了推进垃圾分类工作的重地。为此，上海各个学校很早就开始在学校开展垃圾分类工作。青年辅导员郭老师在中队通过组织学习了垃圾分类知识、安排了垃圾分类轮值员等方式对学生开展了相关教育。并按照学校的要求，每天让队员定时定点去完成垃圾倾倒任务。

队员 1：老师昨天应该是小 A 去完成垃圾分类工作的，但是他趁值日班长不注意就溜走了。

队员 2：小 B，别在那里聊天了。广播又在催促我们中队去倒垃圾了，都已经第三遍了。今天是你垃圾分类，赶快赶快！

队员 3：没事，就混在一起。难不成检查的队员还一个一个翻出来看？

许老师：小郭老师，这是昨天在厕所找到的垃圾袋，里面有一张你们中队 ×× 的试卷。应该是昨天没有按要求倾倒垃圾，你记得处理一下。

一个小小的垃圾桶每天可谓状况百出，小郭老师无比头疼。于是，她组织中队委召开例会共同商讨如何解决教室垃圾分类并准时倾倒的问题。没有想到的是这次头脑风暴，学生们有的表示无可奈何、有的只顾着指责。有的更是鬼点子频出，直接向小郭老师提出：我们可以要求同学不使用教室的垃圾桶，把产生的垃圾打包回家扔或扔在街边的垃圾桶。

面对这样的答案，小郭老师哭笑不得，感觉自己都快被“垃圾分类”打败了！

问题归因

通过这个案例，我们不难发现小郭老师针对教室垃圾分类这项劳动工作还是动了些脑子的。不仅组织队员学习垃圾分类知识、安排轮值员，遇到问题的时候还及时召开中队委会议共同协商。但问题并没有得到解决，还差点“误入歧途”。问题究竟出在哪里呢？

一、劳动教育在学校中被弱化，学生缺乏劳动意识

之前，学校都有专门的第三方公司负责学校的打扫清洁。小到班级垃圾桶的倾倒，大到学校公共区域的打扫都由清洁工负责。这次垃圾分类，学生觉得多了一份责任。老师们也往往把教学任务摆在首要位置，“一切为学科教学服务”的观念在学校已经扎根。有些学校为此甚至取消校园大扫除活动。即便是学校课表中的劳动技术课也时常会被占用，成了“摆设”。在校园中，劳动教育被一再弱化，导致学生普遍缺乏劳动意识。

二、劳动教育在家庭中被软化，学生缺少劳动机会

“1+2+4”成为社会主流家庭模式，孩子们习惯了从小衣来伸手、饭来张口。随着时间的推移，第一代独生子女已经长大成人并为人父母。一方面，作为父母的独一代自身缺乏劳动机会，如：吃饭有“老饭店”、扫地有“科沃斯”、洗衣用洗衣机等，家务劳动被祖父母辈、钟点工或高科技劳动工具取代；另一方面，由于孩子学业压力及种类繁多的兴趣班，家长一般也不让孩子参与家务劳动，更谈不上参加力所能及的体力劳动和生产劳动。在家庭中，劳动教育被软化，作为独二代的孩子就参与的劳动机会少之又少。

三、劳动教育在社会中被淡化，学生缺失劳动责任

实际上，“万般皆下品，唯有读书高”的传统思想依然根深蒂固。人们习惯性地用金钱去衡量劳动的价值，并逐渐延伸至对劳动者的职业评价中。这种评判标准冲击和淡化了勤劳致富、劳动光荣等优良社会传统，使得学生对于快递、外卖、垃圾分类工、钟点工等体力劳动工作者存在歧视或偏见。在社会中，劳动教育也被有意无意的淡化，学生也就不去主动承担劳动责任了。

理论分析

一、责任意识是一种自觉意识

责任意识是一种自觉意识。当人们知道什么是责任后，就能把责任转化为行动。在劳动教育中，如果能够强化对责任意识的培养，就能促使学生对集体负责对社会负责，营造出“我劳动我光荣”的和谐氛围。

二、少先队自主实践活动可以推动劳动责任意识培养

少先队组织作为中国少年儿童的群团组织，在育人的过程中不仅具有鲜明的政治性、组织性，而且强调实践性和儿童性。其中，少先队自主实践活动是少年儿童通过各种实践进行学习和自我教育的活动。它的形式多样，包含参观、访问、研学、岗位体验、小志愿者及假日小队活动等，组织队员参加力所能及的志愿服务、公益劳动和社会实践等。利用社会资源，注重教育内涵，自主实践体验，重视交流分享。这一形式深受少先队员们的喜爱。

随着《少先队活动课程指导纲要（2021 年版）》正式颁布，少先队自主实践活动作为少先队活动课的重要组成部分，将劳动教育归入“全面发展”板块。希望通过丰富生动的少先队自主实践活动，培养少年儿童的奋斗精神和创造精神；形成尊重劳动、崇尚劳动、尊重普通劳动者的意识。这使得少先队自主实践活动在培养劳动责任意识上有了明确的目标和时间的保障。

实践支招

一、组织主题队会，激发劳动意识

（一）自主队会，做好宣传

十分钟队会以队员为活动主体，具有主题小、时间短、内容简单、容易进行的特点，是少先队自主实践活动的一种形式。针对上文提出的问题，我们尝试以自主队会为抓手，队员以小队的形式开展主题为“我是分类小能手”的争章评比。队员自行组队并制定相应的评分标准。他们既是活动的主持者又是活动的评价

者，队员的参与热情得到了激发。

为了能够在这次活动评比中获得较好的成绩，队员们集思广益制作垃圾分类道具、设计垃圾分类小游戏等。通过这个过程改变了原本由辅导员为主导的知识宣传，发挥了队员的主观能动性。通过前期的资料搜集，队员们对垃圾分类有了更深的认识，即：垃圾分类不仅保护了我们现在的生活环境，还是造福后人的善举。

（二）自主调研，寻找方法

组织队员进行中队和社会双向调研。

从中队层面，队员从每天所产生的垃圾入手，发现垃圾比较多的一个因素是吃零食情况比较严重。另外，队员们随意使用草稿纸也是纸张垃圾特别多的原因。

从社区层面，上海的各小区和企事业单位都在积极推行垃圾分类工作。以假日小队活动的形式，利用双休日发动队员走进社会课堂，了解其他地区是如何做好相关工作的并把搜集到的好方法记录下来，利用队会进行交流，去其糟粕取其精华。

（三）自主管理，制定规则

队员根据中队调查，提出 2 条规定：其一，禁止携带零食进入班级；其二，希望同学们将草稿纸装订成册，使用完毕后整本丢弃，有利于纸张的回收。

根据社区调查，队员认为可以通过轮岗和志愿者相结合的方式对垃圾分类进行有效管理。并且结合学校少先队开展的“服务小明星”项目，增设垃圾分类督导员岗位。

整个活动的主体从辅导员变成了全体队员，把简单的一项分类劳动工作转成了一次少先队自主实践活动，既动了手，也动了脑。队员通过自主教育、自主调研等方式，主动承担了责任并逐步形成了劳动的意识。

二、设计分段活动，丰富劳动体验

《少先队活动课程指导纲要（2021 年版）》是各级少先队组织开展活动的指导性文件，它针对少年儿童的身心特点设计了分学段目标。以劳动教育为例，内容如下：

学段	分学段目标
小学低年段（1~2 年级）	● 培养良好生活习惯，初步树立自我管理的意识。 ● 正确看待劳动，指导劳动最光荣，珍惜他人劳动成果，愿意参加集体劳动
小学中高年段（3~6 年级）	● 尊重普通劳动者，养成劳动习惯，具备一定的劳动技能，愿意用自己的劳动服务他人，积极参与志愿服务
初中学段（7~8 年级）	● 弘扬工匠精神，梳理奋斗意识、拼搏精神，愿意通过脚踏实地的劳动创造美好生活

学校少先队在上表基础上进一步细化至年级，以便开展适合各年级的少先队自主实践活动，丰富队员们的劳动体验。如一年级设置“劳动最光荣——自理大比拼”主题活动，以“懂得自己的事情自己做，养成良好的生活习惯，初步树立自我管理的意识”为活动目标，通过联系基本生活技能，学会自我管理，体会劳动带来的快乐。活动可以分阶段展开并贯穿整个学年。第一阶段，开展生活、学习用品整理知识和技巧的讲解、交流，学习自己整理、管理自己的物品；第二阶段，开展自理技能训练，比赛穿衣服、系鞋带、整理书包，懂得自己的事情自己做；第三阶段开展“劳动小明星”评选，学习一项简单的、为集体服务的技能；第四阶段，制定自己的每日生活计划、一周时间安排，定期组织召开分享会，根据大家的建议修改并按计划实施。

少先队 XX 大队“劳动最光荣”系列活动				
年级	活动主题	活动目标	活动思路	实施建议
一年级	自理大比拼	懂得自己的事情自己做，养成良好的生活习惯，初步树立自我管理的意识	通过练习基本生活技能，学会自我管理，体会劳动带来的快乐	1. 开展生活、学习用品整理知识和技巧的讲解、交流，学习自己整理、管理自己的物品。 2. 开展自理技能训练，比赛穿衣服、系鞋带、整理书包，懂得自己的事情自己做。 3.“劳动小明星”评选，学习一项简单的、为集体服务的技能。 4. 制定自己的每日生活计划、一周时间安排，定期组织召开分享会，根据大家的建议修改并按计划实施

（续表）

少先队 XX 大队“劳动最光荣”系列活动				
年级	活动主题	活动目标	活动思路	实施建议
二年级	我为集体做贡献	树立劳动最光荣的思想，珍惜他人劳动成果，愿意参加集体劳动	从力所能及的自我服务劳动做起，养成愿意劳动、不怕苦不怕累的意识，愿意通过自己的劳动让他人和集体变得更好；体会劳动的辛苦，珍惜他人劳动成果	1. 通过阅读书籍或观看影片，聆听革命先辈和党的领袖青年时吃苦耐劳的故事，懂得劳动能够磨炼意志。 2. 利用简单易带的生活物品，如雨衣、外套、被单等，开展趣味多样的家务劳动实践活动，对劳动成果进行评比激励，培养家务劳动习惯。 3. 实行分工责任制，定期开展大扫除等活动，共同保护大家的劳动成果
三年级	如果没有他（她）	尊重劳动、尊重劳动者、养成劳动习惯	体会普通劳动者的劳动为自己带来的便利，学会一些劳动技能	1. 观察生活中的普通劳动者，了解他们的日常生活。 2. 开展“如果没有他（她）”讨论会，说一说如果没有某种职业的劳动者，自己的生活会有哪些改变。 3. 为普通劳动者做一件好事。 4. 学会一些劳动技能，养成劳动习惯，愿意用自己的劳动服务他人
四年级	家务劳动我能行	明确家务劳动小岗位，学做家务。培养主动做好家务的意识，锻炼劳动技能	承担家务劳动小岗位，展示服务技能，交流家务劳动的体会	1. 开展“家务劳动我能行”主题活动。 2. 家务劳动知识百事通示范。 3. 日常劳动情景演示。 4.“今天我露一手”厨艺展示
五年级	我的小小职业梦	引导队员在丰富的实践体验中，掌握劳动技能，体会劳动的光荣与快乐	通过劳动体验，尊重劳动者，珍惜劳动成果，树立辛勤劳动、创造性劳动的观念	1. 开展“职业梦想小调查”并统计结果，从中发现问题。 2. 队员制作职业认知卡，从职业现状、职业关键词、职业小常识等方面介绍某个职业。 3. 开展“和父母一同上班”的活动，了解父母工作及特点，寻找最感动的瞬间。 4. 播放红领巾小社团作品《二十年后的我们》

(续表)

少先队 XX 大队“劳动最光荣”系列活动				
年级	活动主题	活动目标	活动思路	实施建议
六年级	幸福劳动 成就梦想	明确“自主、自理、创新”的劳动教育目标，弘扬劳动精神	体会劳动创造美好生活，引导少年儿童崇尚劳动、尊重劳动，懂得劳动最光荣，养成认真负责、吃苦耐劳的品质	1. 通过“幸福劳动，成就梦想”劳动小能手大比拼，掌握劳动技能，养成劳动习惯，提高劳动能力和发现问题、解决问题的能力。 2. 开展劳动技能大赛，指导如何使用基本劳动工具，体会团队配合在劳动中的重要性
七年级	美好校园 你我共建	满足队员的成长需求，增强队员的志愿服务意识；培养队员的社会责任感和志愿服务精神	主动参加校园文化建设志愿活动；在积极志愿服务中锻炼队员，共同创造美丽和谐的校园环境	1. 参与学校志愿服务岗工作：图书管理员、垃圾分类员、公益宣传员、爱心义卖员等。 2. 更新大队宣传橱窗、中队宣传阵地的队务劳动。 3. 开展定期红领巾志愿服务工作
八年级	致敬 大国工匠	引导队员们弘扬工匠精神，用工匠精神导行、立志、克难	从认识工匠精神到聆听工匠故事，学习敬业精神，从“大国工匠”到发现身边的工匠，再参与劳动创作，从知情意行的角度促进队员成长	1. 观看工匠精神视频，交流分享了解到的“工匠精神”。 2. 寻找身边的工匠，发现各行各业优秀工匠；走近“大国工匠”，邀请工匠作报告

三、借力社会资源，增强劳动责任

近年来，少先队组织已经走出校园，进入社区、企业等。上海市少工委在建党百年之际，推出“15 分钟幸福圈”活动。鼓励各级少工委整合区域教育、文娱、体锻等实践资源，为少先队员就近开展实践活动提供便利。

结合“15 分钟幸福圈”活动，学校少工委梳理出社区的“幸福地图”，结合“15 分钟幸福圈争章 15 事”，形成“幸福之旅”手册，队员们根据手册中的活动菜单，在社区组建小队，每次活动由队员邀请一名家长担任校外辅导员，带领队员们共同参与志愿服务、职业体验、绿色环保、学劳模精神等项目，为队员们搭建活动平台，走入社会大学堂。

借助丰富的社会资源，队员们劳动范围从自身逐步拓展到社会，承担起了更多的责任。与此同时，教育的资源也因为不同领域、不同身份的校外辅导员加盟得到拓宽，如：黄浦区五里桥街道社区文化活动中心引入非遗项目“上海灯彩”，长宁区新泾消防站推出“当一天消防员”，上海虹桥临空文化体育发展有限公司的“小小放映员”等。这些活动，有社区引入，有学校开发，还有家长提供资源。这使得越来越多的杰出劳动者走进少先队员，身体力行地展示了劳动之美和劳动者肩负责任。

作者介绍

李燕，上海市晋元高级中学附属学校南校政教主任。曾带领班级荣获上海市金爱心集体、普陀区少先队优秀中队，本人荣获普陀区园丁等称号。长年从事班主任工作，在班级工作中她倡导“用欣赏的眼光看待成长、用乐观的心态解决问题”。

第四编

队伍培养

加强德育队伍培养
开拓德育工作格局

周雯婕

兴国必先强师。2017年，教育部《中小学德育工作指南》明确指出，要“加强队伍建设。各级教育行政部门和学校要重视德育队伍人员培养选拔，优化德育队伍结构，建立激励和保障机制，调动工作积极性和创造性。要有计划地培训学校党组织书记、校长、德育干部、班主任、各科教师和少先队辅导员、中学团干部，组织他们学习党的教育方针、德育理论，提高德育工作专业化水平”。毋庸置疑，加强中小学德育队伍的培养关系是“形成全员育人、全程育人、全方位育人的德育工作格局”的关键。

明确德育队伍究竟包含对象是做好队伍培养的第一步和关键。中小学德育队伍包含哪些对象？随着时代的发展，中小学德育队伍的内涵也在不断发展，大致而言，经历了“班主任负责”，到“全员育人”、再到“全员导师”三个阶段。

班主任制源于班级授课制。洋务运动时期，清政府废科举兴学堂，班级授课制在我国学校里开始普遍推行。班级授课制的实施也催生了管理学生的专职人员。1903年起，学堂开始设置“学监”“管理员”“主任教员”“训育主任”等专职人员以管理班级、年级或学校训导工作。1938年之后，大部分学校改为导师制，每个班级或每个年级设一名班导师或级导师。与此同时，在苏区和解放区的学校内，实行了级任制或班主任制。新中国成立之后，我国主要学习苏联的教育理论，将原来的级任制或导师制一律改成了班主任制。1952年，教育部颁布的《中学暂行规程（草案）》明确规定，“中学每班设班主任一人，由校长在各班教员中选聘，教导主任领导下，负责联系本班各科教员，指导学生生活和学习”。从此，班主任制及班主任的基本职责就在我国被正式确定下来，班主任在学校教育中具有的特殊地位也达成了共识，即班主任是除了家长之外的，影响学生成长发展的“重要他人”。1988年，原国家教委制定了《中学班主任工作的暂行规定》和《小学班主任的暂行规定》，明确了班主任的基本任务：“按照德、智、体、美全面发展的要求，开展班级工作，全面教育、管理、指导学生，使他们成为有理想、有道德、有文化、有纪律、体魄健康的公民。”班主任的职责包括：“对学生进行思想政治教育和道德教育，保护学生的身心健康；教育学生努力完成学习任务；教育指导学生参加学校规定的各种劳动，坚持体育锻炼，养成良好的劳动习惯、生活习惯和卫生习惯；关心学生的课外生活；进行班级的日常管理；负责联系和组织本班教师商讨本班的教育工作，互通情况，协调各种活动和课业负担；做好本班学生思想评定和有关奖惩工作；联系本班学生家长，争取家长和社会有关方面的配合，共同做好学生教育工作。”因此，很长一段时期以来，班主任被认为是对学生进行德育管理的第一线岗位。

随着时代的发展，学校德育工作的内容愈加丰富，班主任承担的德育任务也愈发繁重，之后，“全员育人”的理念逐步得到强调。2004年，中共中央、国务院《关于进一步加强和改进未成年人思想道德建设的若干意见》中指出：“学校全体教职员工要树立育人为本的思想，认真贯彻《中华人民共和国教育法》《中华人民共和国教师法》和《中小学教师职业道德规范》，热爱学生，言传身教，为人师表，教书育人，以高尚的情操引导学生德、智、体、美全面发展。”2010年，《上海市中长期教育改革和发展规划纲要》中明确指出：“强化全员育人，实施教育教学全过程育德。”教师“人人都是德育工作者”逐步成为一种共识，许多任课教师从以往“自觉或不自觉的育德”迈向“明确而有意识的育德”。如此，一方面，学科德育的理念深入人心，鼓励广大教师激发学科德育内涵，发挥课堂教学主渠道作用，另一方面，越来越多的教师也主动将学科以外的德育阵地纳入工作职责。

进入新时代以来，我国一些地区和中小学校逐步推行导师制。导师制明确了导师不仅要指导学生的学习和生活，还具有育人的责任，并将导师在教学、科研以外对学生进行思想、学习、心理等方面的教育和指导明确为其工作的重要内容。2014年，新一轮高考改革启动，越来越多的高中开始实施走班教学模式，与之同步开启的还有班主任与导师双轨制的管理模式。2018年1月，中共中央、国务院《关于全面深化新时代教师队伍建设改革的意见》指出：“推动教师成为学生健康成长的指导者，坚持教书与育人相统一。”2019年7月，中共中央、国务院《关于深化教育教学改革全面提高义务教育质量的意见》指出：“强化教师队伍基础作用，不断提高教师育德能力和家庭教育指导能力。”据此，各地相继出台了相关实施意见。2020年，上海市委、市政府《关于全面深化新时代教师队伍建设改革的实施意见》指出：“落实全员、全程、全方位‘三全育人’，营造教师教书育人良好氛围。”“三全育人”的现代教育理念更好地适应了发展素质教育和人才培养目标转变的要求。

对照“中小学德育队伍”这一概念内涵的时代变化，当前中小学学校德育队伍的培养尚存在比较明显的问题。这些问题或因对中小学德育队伍培养的理念认识不清而产生，或因缺乏整体统筹而产生，或因思路与做法固化而产生。在实际工作中，还需厘清概念、明确方向、聚焦问题，创新培养路径，方能提升学校德育队伍建设的实效，开拓学校德育工作的崭新格局。

一、正确把握师德素养与育德能力的关系

一般认为，师德素养是教师从事这一职业所应当遵循的行为规范和必须具备的道德素养。德育是教育者有目的地培养受教育者品德的活动，这种培养受教育者品德的能力通常被称为育德能力。不少学校在德育队伍培养的过程中，往往顾此失彼，没有深入考虑和把握好这两者之间的关系。

毋庸置疑，师德素养和育德能力之间存在着正向关联。教师三观正确，师德师风水平高，更易于产生提升育德能力的积极内驱。然而，教师自身的师德素养能否等同于对学生的育德能力？答案显然是否定的。在日常的教师培训中，两者常被混为一谈，将对教师开展的“日常德素养培育”等同于培养教师的“德育能力培养”的现象比比皆是。究其原因，一方面，“教师人人都是德育工作者”的认知被简单地延伸为“有师德素养的教师育德能力自然强”，另一方面，当育德能力的培养落实到操作层面时，仍然被认为是部分教师如德育管理者和班主任群体的需要。因此，一旦明确师德素养与育德能力之间并非简单的表里关系或因果关系，学校在德育队伍培养的过程中就更容易二者兼顾，进而有机结合，使之充分发挥相辅相成的作用。

二、加强规范化培训与专业化培训的衔接

教师培训是德育队伍培养的重要途径。从各级教育管理部门开展的德育队伍培养来看，覆盖教师的职初期、发展期、成熟期乃至整个职业生涯。一般而言，见习教师规范化培训都规定含有育德能力培养的内容，如见习班主任岗位的学习实践等。中高级以上职称教师的各级师训则提供了部分相关课程供选择，但这些课程几乎很少依据教师的任职年资、德育工作经历和水平等指标对教师的育德能

力加以区分，缺乏应有的分类分层。与此同时，一些德育骨干和拔尖人才培养项目严格限定参与者的职称与班主任任职年资，使得一些有兴趣或有潜力走德育专业化发展道路的教师因种种原因难以及时通过不同层次的平台得到持续发展。从“必修”到“选修”，德育人才的规范化培训和专业化培训之间出现了明显的脱节，德育队伍的专业化培养也就失去了“梯度”。

归根结底，德育人才培训脱节的原因还在于对德育队伍内涵的理解未能跟上时代的发展。当前，全员育人早已成为共识，全员导师制也逐步在各个学段全面推广。这意味着，我们比以往更强调教师即使不是班主任，也必然负有立德树人的重任。因此，正如教师需要不断提升自身的学科教学水平一样，教师也需要不断提升自身的育德能力，需要长期参与德育方面的专业化培训。学校在进行德育队伍培养时，应该做好教师育德经历和表现的个人档案，力求形成对教师育德水平的科学评价，精准开展教师育德能力的分层培养，使德育队伍培养有依据、有梯度、有效率。

三、兼顾个体培养与整体建设的并进

一所学校的德育管理需要通盘考虑，整体筹划。有的学校拥有突出的德育名师或骨干却缺乏坚实的德育人才队伍保障，有的学校则恰恰相反，德育队伍充实却没有突出人才。大致上，与各行业突出优秀个体在整体中产生的作用一样，德育人才个体在不同的管理机制下会形成不同的效应：一是“独揽风光”，使得其他教师自叹不如，产生差距感，进取动力消退；二是“星火燎原”，感染其他教师一同体会到德育工作的魅力，分享资源，形成发展共同体。

对于学校而言，可以根据自身的具体情况建设不同类型的德育人才发展共同体。一种是“引领模式”，即当一所学校具备的德育人才成熟度有较明显差异时，则可以构建以突出个体为头部，其他不同德育专业发展水平和年龄结构的人才为接续的德育人才梯队；另一种是“协作模式”，即当一所学校具备一批成熟而优秀的德育人才时，则可以构建以突出个体为核心，其他优秀人才为协作同伴的德育人才队伍。当然，不同的模式都围绕一个核心来开展工作，即学校如何落实立德树人根本任务，提升育人实效，开拓德育工作格局。

四、打破培养路径与培养对象的思维定势

对于大部分学校而言，德育人才的培养路径主要有这样几种：一是实践历

练，即以教师在教书育人过程中的自我成长为主；二是师徒带教，即与成熟教师结对，从而得到定向帮助和指导；三是专家培训，即通过市、区、校各级线上线下平台，参与各类课程或团队，提升德育素养与能力。从学校德育队伍的培养对象来看，则基本以承担班主任、年级组长等岗位职责的教师为主。

这些培养路径与培养对象的思维定势往往造成学校在任用德育人才、推进全员导师制和实现“三全育人”的过程中陷入困境。对此，学校不妨打破传统的“资历”“岗位”等界限，用覆盖面更广也更灵活的方式推进德育队伍的培养。比如，采用相对稳定的团队培养方式，可以通过教龄、教研组、年级组等不同标准组成不同的德育研修团队，并根据不同团队的特点提供有针对性的培养。又比如，实行临时性质的项目比培养可以围绕具体的任务将主体教师分成不同的德育成才团队，如提升沟通能力的实践——“与考试失误的学生谈一次话”，又如培养活动组织能力的方案——“指导班级开展一次劳动教育”，再如开展德育热点问题的探讨——“如何实行校园手机管理”，等等。作为学校管理者，既要关注每个教师个体和学校教师队伍整体育德能力的提升，也要关注这种培养方式的针对性和可实践性。

百年大计，教育为本。教育大计，教师为本。正如习近平总书记在学校思想政治理论课教师座谈会上所说，教师承载着传播知识、传播思想、传播真理，塑造灵魂、塑造生命、塑造新人的时代重任。作为学校管理者，应将加强德育队伍培养作为开拓德育工作格局的重中之重，积极应对时代挑战，深化理论思考和实践探索，切实提升教师提升队伍的育德意识和育德能力，更好地为培养社会主义建设者和接班人尽自己的力量。

作者介绍

周雯婕，上海市卢湾高级中学副书记、副校长，中学德育高级教师，教育学博士研究生。曾获上海市“四有”好教师（教书育人楷模）提名、上海市园丁奖、上海市育德之星、上海市优秀班主任、上海市语文教学之星等多项荣誉称号。

师德师风建设内容单一，怎么办？

新时代中小学教师师德涵养创新

李　彬

情境导入

情景一：某校教工大会时间，按照上级教育党工委的工作要求，安排了师德师风教育内容。整场教育活动由学校党支部书记主讲，他主要结合《教师法》、《中小学教师职业道德规范》、《未成年人保护法》宣讲相关政策法律，并强调了教师工作中的“红线”问题。同时，会上校长还宣读了刚刚在全教会上通过的校本教师师德规范。会后，所有教师都撰写了学习体会，并按照校党支部要求提交了“师德师风承诺书”。但是，学校党政领导发现，教师们的学习体会大部分都是从网上“摘抄”的，很少有教师是自己撰写的。

情景二：某校组织全体教师收看在学校微信公众号上推送的师德模范的纪录片，并要求在年级组会议上讨论。事后，学校领导发现，公众号上记录片的浏览人数只有10人，远远低于学校的教师总数。

情景三：某校作为首批全员导师制试点学校，校长在教工大会上进行了动员。阐述了全员导师制工作的意义，并简单介绍学校将要推进的做法，倡导全体教师广泛参与，人人都要做导师。当晚，校长和几名中层领导的微信就成了“热线”：很多教师（尤其是非班主任教师）都提出了自己的“不解”，他们认为自己的职责只是教学，管理学生是班主任的工作，况且班主任工作是有专门津贴的。对此，学校管理层感到很无奈。

问题归因

师德师风是教师职业的灵魂，也是判断教育发展方向和水平的一个重要风向标，更是当前教师队伍建设的首要任务。中共中央、国务院曾下发《关于全面深化新时代教师队伍建设改革的意见》，教育部等七部门也联合制定并印发《关于加强和改进新时代师德师风建设的意见》，党中央始终把师德师风建设作为提升新时代教师素质、办好人民满意教育的首要任务，同时也将教师队伍建设特别是师德师风建设提到了一个前所未有的战略高度，具有十分重要的现实性和迫切性。

但是在实际工作中，不少基层学校的师德师风建设工作仍然存在方法落后，理念滞后的缺陷和不足，导致师德教育“浮在表面”，不“触及内核”。文前罗列的情景一和情景二就是师德教育内容上的两个极端：一面是诸多的“明令禁止”，不少学校在传达教育类法律或教师师德规范时，往往简单粗暴地只讲“红线”，不宣传立法、立规的依据和意义，造成了教师的反感，更难使这些规定和要求入脑、入心。另一面往往将“学先进”作为师德师风建设的主要内容，甚至是唯一内容，教师们觉得模范、先进、标兵过于高高在上，自己无法“对标”，造成的结果无非两种：一是学习时感动，学习后遗忘；二是根本无动于衷，连学都不想学。试问，这样的师德师风教育怎么可能起到实效？

情景三则是长期以来部分教师对师德师风认识上的误区所致。有些教师仅仅把师德看成是个人的思想道德修养，认为“教好书，做好人”就是师德师风的全部，却忽略了教师工作的“育人”价值。从而造成了一些教师只关注学科、专业，将育人、育德的工作全部归于学校德育或者是班主任的错误观念。产生如此结果，与长期以来涵养师德师风的形式单一和内容缺失也有很大的关系。

总的来说，当下的师德师风涵养工作存在以下两个误区：一是形式上的单一，往往将学习先进事迹、宣讲政策法规、专家讲座、阅读著作、撰写体会心得等较为传统的教育形式，忽视了教师的主观能动性和教育形式的互动性、体验性；二是内容上的单一，往往只抓住“两级”，即模范事迹的宣传和“底线”“红线”的提醒，使教师们产生“只要不犯错误”“反正先进模范我也学不来”等狭隘的师德观、师风观，忽视了师德师风教育对教师成长的思想引领作用。

理论分析

“涵养”一词出于《陈书·沈炯传》:“王者之德，覃及无方，矧彼翔沉，孰非涵养。”涵养既指一个人有宽阔的胸怀，明事理、知进退．能自省、有修养，又指培育这种品质的过程。因此，涵养的过程必定是动态的，涵养师德师风必须要有三个“度”。

一是有“高度”，师德教育要把目标定位在引导广大教师坚定理想信念，从而形成对“为谁培养人”关键一问的思想共识。《关于全面深化新时代教师队伍建设改革的意见》又赋予“涵养师德师风”以新的内涵，指出要不断培育教师坚持理想信念，不忘初心，牢记使命，为实现新时代的伟大目标而不懈奋斗。

二是有“广度”，习近平总书记要求广大教师要成为“四种人”，即“大先生”“筑梦人”“系扣人”“引路人”，同时提出教师要成为“四有好老师”“四个引路人”“四个相统一”。要实现这些目标，新时代的师德师风涵养工作既要讲政治，又要讲专业；既要培育情怀，又要提升能力；既要围绕教育教学核心工作提升职业素养，又要涉猎不同领域培育综合素养。

三是有“深度”，为了让师德师风涵养工作真正走入教师内心，就必须创新涵养模式，积极运用体验式、互动式、感悟式、代入式、启发式等方法，探索一种行之有效的教育形式和涵养模式，以此加强师德修养，增强教师职业荣誉感，使教师树立高尚道德情操和伟大精神追求，甘为人梯，身体力行，敬业、精业、爱业、乐业，努力做受学生爱戴、让人民满意的教师。

实践支招

近年来，上海市黄浦区教育系统根据新时代教师队伍建设的总要求，结合区情和教师队伍实际，进行了师德师风涵养工作的大胆创新。形成了“四个一”经验，即打造一个教师红色文化学习课堂、开展一次师德师风主题研学活动、创新一种先进典型展示辐射方式、建立一个“环校园周边”的师德师风实践圈，使广大教师在学思践悟中提升师德修养，涵养高尚师风。

一、打造一个教师红色文化学习课堂

黄浦区是党的诞生地、初心始发地和伟大建党精神孕育地所在区，红色遗址遗迹数量和分布密度均居全市之首。黄浦教育系统以坚定理想信念，保持家国情怀为目标，充分利用区域丰富的红色文化教育资源，打造了具有区域特色的教师红色文化学习课堂——“红色移动课堂”，通过与红色故事的“代入式体验”，与红色建筑的“零距离接触”，以及与革命先辈的“跨时空对话”，增强教师的“四个自信”，培养和树立爱国爱党的情感，让广大黄浦教师以“教书育人在党的诞生地”为荣。首期“红色移动课堂”以五卅运动纪念广场、老闸捕房旧址、黄浦剧场、报童小学校史馆和绮云阁为学习点，教师们在学习点共同追忆五卅运动的第一声呐喊，倾听《义勇军进行曲》被第一次唱响，回顾报童为胜利传递的第一个消息，眺望解放上海升起的第一面红旗，身临其境地感受革命先辈的伟大付出，通过“红色移动课堂”唤醒教师职业自觉、激发教师理想信念，坚定育人出行，提升育德能力。共有 600 多人次教师走进“红色移动课堂”。

同时，区教育党工委还组织 20 多名来自不同学校，拥有不同学科背景的教师组成“师说”理论及红色文化宣讲团，在红色遗迹为前往学习的老师们讲解。讲解之前，宣讲团还组织讲师们开展集体备课，在熟悉红色遗迹资料的基础上，结合学科背景，系统融入不忘初心、砥砺奋进、胸怀家国、心有大爱、敢为人先等方面的师德涵养内容，以此讲好有教育特色的红色故事。日常工作中，宣讲团的成员们还在各自所在学校、学区、教育集团内部开展理论宣讲，他们不仅宣传党的最新理论创新成果，还讲“四史”，讲黄浦教育的红色故事。宣讲团摄制的宣教片《时代的先觉者》还荣获区级评选的二等奖。

二、开展一次师德师风主题研学活动

黄浦教育系统开展了以“学习新思想，走进新时代”为主题的，以学习《习近平用典》一书为主的师德师风主题研学活动，各基层党组织纷纷响应，结合各自实际开展了丰富的活动。一是潜心研读学用典，学以致用重引领。教师们通过学习《习近平用典》一书，学习习近平引用的古典名句，了解典故的背景义理，思考用典的当代价值与意义。上外附属大境中学党总支组织党员开展学习，党员教师认真学习习近平引用的古典名句，他们深刻认识到正确的理想信念是教书育人、播种未来的指路明灯，教师应该先立德再立业，让学生成人又成才。光明中学党支部开展专题学习交流会，党支部书记为全体党员解读《习近平用典》一书，让党员教师理解“为什么立德”“立什么德”“怎样立德”的深刻道理。二是教师领学传经典，学生学典明事理。在教师学习的基础上，各基层党组织通过探索研究学生学用典的方法与途径，通过党课团课队课和主题班会课的渠道，形成适合不同年龄段学生阅读特点和理解能力的教学方法，让广大中小学生牢固树立永远跟党走的理想信念，做好接班人。市八初中党支部要求中队辅导员、思政课教师、语文教师着重从工作和学科特点出发，指导学生学与用，中队辅导员利用少先队活动课的机会为学生讲解，课堂形式新颖、有创意，起到了“润物无声”的效果。上海市实验小学以“党员故事屋”为载体，在四年级学生中开展了“跟着习爷爷学典故”活动，党员教师选择其中适合小学生认知特点的典故进行深入浅出的介绍，引导学生联系生活，理解传统文化的丰富内涵。上师大卢实小党支部党员教师组成的“红色导师团”，走进 40 个班级，针对一年级至五年级的学生特点，开展五个主题的微党课，引导学生从小学用典，争做伟大事业的接班人。

三、创新一种先进典型展示辐射方式

黄浦教育系统坚持弘扬高尚师德，让广大教师学有榜样、比有标杆，以“身边人讲身边事，身边事教身边人”，培树一批黄浦教师身边的师德师风先进典型，并且不断创新先进典型的展示辐射方式，以此形成了先进典型引领的良好局面。一是师德故事汇集成册，扩大宣传力度。“黄浦教育”公众微信号继续开展师德故事系列报道，2019 年全年推送了 32 篇师德故事，涉及系统内的中学、小学、幼儿园等各学段。师德故事通过生动诠释师德师爱的同时，也展现出黄浦优秀教师的良好形象。后续推出《师德师风在黄浦，和孩子们在一起的那些事》主题宣传册，讲述发生在教师与学生之间简单平凡但又充满温情师爱的故事。区教育局通过区社区学院将这些宣传册发给街道社区学校，社区学校将宣传册作为社区教育的学习资料，向社区居民介绍普通中小学教师的师德故事，使得这些师德故事走出校园，走入寻常黄浦百姓家，让更多居住生活在黄浦的人们，通过这些故事来了解教师，理解教师。二是多种载体同步宣传，形成矩阵效应。各基层党组织不仅开展了相关的师德主题活动，也充分利用橱窗展板等传统媒体和网站、微信公众号等新媒体及时宣传优秀教师典型事迹，以此激发广大教师教书育人的使命感和责任感。格致中学举行“悠悠岁月，拳拳初心——高润华老师从教 60 年”纪念活动，通过系统梳理语文特级教师高润华老师扎根基础教育 60 余年积累的教育思想和教育理念，为进一步提升当代教师的师德修养树立鲜活榜样。光明中学、向明初级中学、蓬莱路幼儿园、荷花池幼儿园分别在微信公众号上开设了“优秀党员”“向明人物”“师德专栏”和“荷•家园”等栏目，第一时间向广大教职工和家长宣传优秀教师典型，与“黄浦教育”微信公众号的师德故事形成矩阵效应，扩大了宣传影响力。

四、建立一个“环校园周边”的师德师风实践圈

社会的道德考场是检验师德师风的重要渠道，涵养师德师风，最终要“内化于心，外化于行”。黄浦区教育系统下属各基层党组织逐步建立起了本校周边的“环校园周边”的师德师风实践圈，通过加强与所在社区、结对单位等的联系，发挥教师的专业优势，积极开展形式多样、内容丰富的志愿服务活动，让“有时间做志愿者”成为大多数教师的行动自觉，使广大教师在参与志愿服务中涵养师风师德，形成了教师自觉弘扬主旋律、积极传递正能量的良好氛围。

黄浦区劳模爱心学校格致中学分校已坚持为区内多所初中家境普通但努力上进的学生义务补课19个年头，截至今年，爱心学校学生已达近2 000人次，劳模教师团队用初心践行师德，为每一个孩子圆梦。上海市第八中学“智诚”志愿服务队之“Hand in Hand”志愿服务队成立于2007年，为所在街道的海西居委老人教授英语，12年来，志愿者用热情感染着老人，用真情和老人建立起了深厚的友谊。上海市兴业中学“蓝风筝”志愿者协会成立于2014年，2019年学校党支部以“将教师志愿服务引入师德师风建设之实践研究”课题研究为契机，有序开展文明交通、为社区老人上英语课、残健融合运动会志愿者等教师志愿服务，共组织多名教师社区志愿服务项目。

教育发展，教师为本；教师素养，师德为先。目前，上海已经形成具有城市特色的师德师风建设成果，但距离总书记的要求、人民群众的期盼以及新时代教育改革发展新要求还存在着一定的差距。面对新的教育形势，面对越来越多的90后、95后加入教师队伍，涵养师德师风也必须大胆创新，适应时代发展的主题和教师专业化发展的需要。未来，我们要进一步将涵养师德师风同学习贯彻党的创新理论贯通起来；同新时代进行伟大斗争、建设伟大工程、推进伟大事业、实现伟大梦想的丰富实践贯通起来；同正确应对教育教学各项改革，推动学校工作工作全面提高，高质量践行教师育人使命结合起来，努力形成具有海派文化特色和现代教育烙印的师德师风涵养新模式。

作者介绍

李彬，现任黄浦区文明办创建指导科副科长（主持工作）。长期从事德育管理、红色文化传播、精神文明建设等工作，历任德育教导、副校长、区教育局德体卫艺科副科长、区委宣传部宣传科副科长，主持并参与多项科研课题研究，在核心期刊发表多篇研究成果，多次参与区域重要工作规划起草工作。

多元渗透　探索班主任研训机制建设

陈　杰

情境导入

自从2012年上海市启动中小学（幼儿园）见习教师规范化培训工作以来，新教师的职业培养与发展逐步走上了正轨。然而，对于见习教师与职初教师，德育工作与建班育人的指导与经验培育，相较于教学工作来说仍显不够。职初教师往往在规范化培训阶段有过较为系统的班主任相关工作培训与指导，而在入职以后，班主任相关工作的指导与经验培育往往停留于针对单一内容、单一事件、单一活动的指导与经验传授，成系统、成机制的德育工作与建班育人的指导与培养仍旧缺乏。

问题归因

一、对于职初班主任的培养不够系统

以《上海市见习教师规范化培训手册》2012版、2016版为例，班主任建班育人的相关指导内容集中于“班级工作与育德体验”板块中，主要内容为召开一次班干部会议、一次学生座谈会、就某个学生的某个问题做一次家访、策划并主持一次主题班会、策划并主持一次社会实践活动、写一份班级情况分析、个案分析、综合评价等。两版内容在班主任工作这块中没有变化和修改，虽然设计了班主任建班育人的相关工作，但内容多聚焦于实践层面，要求多聚焦于单次活动，对于建班育人的体系、思路，上升到观念、理念的培养还未得到关注。

二、班主任培训理念较为陈旧、方式较为单一

《中小学班主任工作规定》规定，“教师初次担任班主任应接受岗前培训”，“教育行政部门和学校应制订班主任培养培训规划，有组织地开展班主任岗位培训”。然而，不少班主任表示：入职后各种各样的培训很多，也有关于班主任的专门培训，而职初教师在这些培训中多为理论和经验传授的“被动接受者”，缺少对于班主任个性需求的关注。此外，培训的方式也大多基于学校校本培训，多以授课的形式或集中、分组讨论为主，或以所谓的“头脑风暴”、“创新论坛”等，实则仍是“换汤不换药”的传统形式，使得职初班主任们一怕听课、二怕参与、三怕互动交流。

三、职初班主任职业发展定位不明、规划意识欠缺

在认知上，对于班主任工作的认知往往停留于一项事务性的工作，将其简单认为“班级管理”与“学生管理”，更有甚者，将其作为学校教学工作的附属，是教学任务的“额外工作”，对其认同感较低。在思想上，并未将班主任的建班育人作为学校立德树人工作的核心；在行动上，缺少对自身班主任职业发展的规划，说到底还是“做一天和尚撞一天钟”的状态，对学生的德性培养成了“头痛医头、脚痛医脚”的应付状态。从客观层面来看，尚缺乏对于职初班主任明确的职业发展定位与职业发展规划，使职初班主任的发展既缺少“原动力”，又缺少“助推剂”。

理论分析

一、关注职初教师非专业能力的发展

通过对职初班主任的调查与访谈发现，职初班主任在进入学校后，班主任的建班育人建设处在探索期，在班级管理、育人理念、实施途径等方面尚处于摸索阶段，如何根据自身的个性特征，使自己的潜能得以最佳发挥，找到个人兴趣与班主任岗位要求融合发展之路，是职初班主任较为普遍的心理期待，也是加强职初教师对班主任工作认同的重要途径。

不少青年教师在建班育人中往往会陷入两种困境：一是“依葫芦画瓢”般的

博采众长，很难形成自己的个性，班级育人理念停留在看样学样却无法“渗透”的困境中；二是急于将自己的创新设想付诸实践，却容易在实践中出现问题。

究其原因，是当下的职初班主任培训过多关注其专业能力，却未对教师的“非专业能力”给予关注。非专业能力是除了专业能力以外的能力，非专业的职业能力具有普遍性，不是某一类型职业工作者所特有的能力。不少学者指出，非专业能力是所有工作者都应具备的能力，包含多种能力，如学习掌握新技术的能力、认知分析事物的能力、独立思考做出规划决策的能力、组织协调能力、心理承受能力、合作交往能力等。由于这些非专业能力基本涵盖了专业能力以外的所有方面，对职初教师的培养能否做到对其自身“非专业能力”的关注，将成为影响到其职业生涯可持续发展的重要因素。

二、关注职初班主任“人职匹配”的重要素养

西方学者帕森斯在 1908 年提出了“人职匹配”的职业指导理念，其理论虽针对的是“职业选择”，但运用到职初教师对班主任建班育人工作的选择也同样合适。帕森斯认为，个体的职业选择分为三个部分：“首先，清晰地了解自己，包括了解自身的能力、兴趣、资源、特长、局限及其形成原因；其次在不同视角下综合地了解职业，包括职业要求、职业状况等；最后在以上两种认知的基础上，进行客观的匹配和真实的推论。”作为职初班主任，建班育人能力的培育大多是在任职后同步进行的，因此，对于职初班主任的发展，更要建立起班主任们对于人职匹配的关注，使班主任能够清楚自身的情况，清楚班主任职业要求与发展定位，清楚自我能力与班主任建班育人要求的匹配程度，从而确立自身的发展方向，这是引导职初班主任从“就任”走向“胜任”的关键。

实践支招

一、构建学习共同体，探索学校民主管理新模式

我校特别重视青年教师的培养，注重以青年教师学习共同体组织带动青年教师的综合发展。立足“青年教师大院”为核心，探索融合研究生沙龙、青年班主任德育研究沙龙等专业学术团队，发展集教学、科研为一体的学校民主管理新模式。

这一模式的建立，以学校教导处、德育处、科研处为核心，以校学术委员会为专业指导，以青年教师各学习共同体组织为基础，将班主任建班育人能力的培养作为专门组织加以确立，激发教师对专业素养培育的渴求与专业发展的期望。

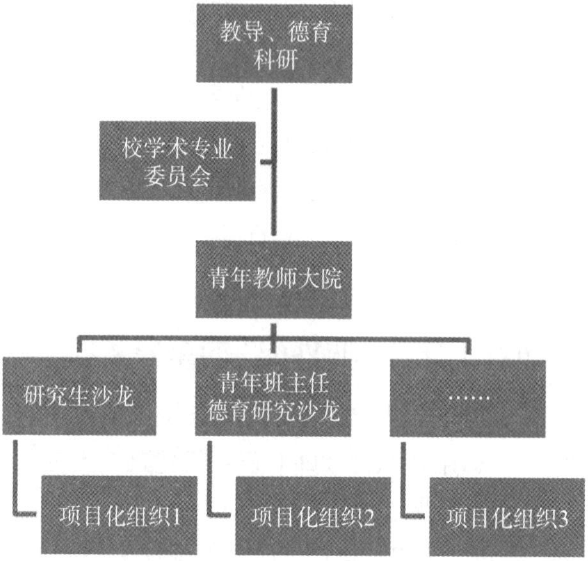

这一模式的特色是，青年教师可以在框架体系内根据群体或特定任务的需要，建立学习子共同体组织，确立组织框架，构建组织学习内容。该类组织作为项目化组织编入各专业学术团队中，例如在青年教师德育研究沙龙中，涵盖了“初高中综评及社会实践专业指导组织”、“德育特色课程项目组织”“思政融合德育课程项目组织”等，强调以课题为引领，以子课题、子任务为驱动，促使青年教师的专业发展。

二、多元学习形式，构建以教师个性化需求为核心的实训体系

青年班主任的培养要让青年班主任有话说、想说话、敢说话，更要让青年班主任说得有艺术、做得有方法、想得够长远。因此，在构建以专业成长为核心的学习共同体之外，更需要将目光关注于学习形式的丰富，发挥青年班主任在自我成长过程中的领导力与学习力。

为此，上海市第十中学组织建立了青年班主任德育研究沙龙，以提高班主任专业化为方向，把德育研究沙龙建设成为青年班主任专业化成长和发展的学习共同体。以学习力、研究力和反思力为支撑点，以研究性、实践性、创新性、可操

作性为原则，以“头脑风暴—新手讲坛—专家引领—智囊团互助—序列化构建—实践反思”为基本模式，引导青年班主任结合当前工作与具体实际，认真思考和分析面临的问题和困难，通过学习交流，最终在反思中寻求问题的专业化解决并获得自我专业化提升，在实践中改善心智模式，在科研中获得专业成长，在创造性的工作中开启智慧，从而领悟班主任工作的真谛：获取双重幸福，提升生命价值，实现共同愿景，活出生命意义，让青年班主任能发自内心地热爱本职工作。

（一）“头脑风暴”

引导职初班主任明确自我建班育人的方法、途径，构建个性化育人理念，提出需要解决或者需要寻求帮助的问题，构建起职初班主任个人发展过程中的“问题序列”，从而确立研训方向。

（二）“新手讲坛”

选取某一特色化育人举措或个性化育人案例，寻求学理依据，赋予班主任工作实践以理论意义，培养职初班主任的问题意识、研究意识，帮助职初班主任在项目化研究的基础上，引导对自身的德育科研能力的关注。

（三）“专家引领”

作为传统培训方式，在专家讲座的基础上，将职初班主任带进区域内优秀班主任工作室，以“实训”的形式，创新培训方式，使职初班主任更具宏观的视野。

（四）“智囊团互助”

以案例共研的形式，组建青年教师建班育人管理智囊团，在校学术委员会的引领下，通过对案例的研讨，分析个案背后的问题。融合学校心理咨询师与校内外专家的力量，分析案例背后的深层次问题，并提出可操作性解决方案，形成对职初班主任建班育人实践的强大后援。

（五）“序列化构建”

培养“序列化”意识，主要包括：学生发展各阶段下班主任建班育人目标的序列化，手段的序列化，素养培育的序列化，以及职初班主任自我发展目标及阶段的序列化，以序列指导教师发展与职初班主任建班育人实践的系统化构建，使职初班主任能够“更易上手”、“更好操作”。

(六)“实践反思”

以实践促反思，以反思促实践。关注职初班主任建班育人过程中非专业能力的提升，关注其人职匹配的程度。反思自身建班育人实践的差距，从而重新确定自我班主任建班育人提升过程中的“新问题”、确定“新方向”、形成“新序列”，从而构建起职初班主任职业发展的良性循环。

此外，以打造“全员导师”为重点，提高青年班主任的专业素养，引领一种追求教育境界的风尚，造就一支师德高尚、职业理想坚定、教育教学辐射效能高、在建班育人方面具有鲜明风格的青年班主任队伍；以“为了青年班主任的专业成长”为核心理念，充分发挥沙龙学员的引领辐射作用，扩大培训空间，提升增益效应，带动和促进青年班主任队伍专业水平的总体提升，吸引更多优秀青年教师从事班主任工作，让在岗优秀青年班主任更科学地从事班主任工作。

三、模块化学习内容，形成职初班主任的“菜单式”学习

在职初班主任专业发展序列化构建的基础上，将不同学习内容进行分割，形成学习模块，使职初班主任能够结合自身发展目标及定位，自主选择学习模块，形成自身专业发展的个性化“菜单”，关注职初班主任的发展需要。

课程模块	学习内容	方式	成果
专题讲座	围绕班主任职责，以青年班主任专业化发展理论与实践探究为主线，以资深班主任交流分享为主要形式，选择实际案例进行分析，分享好的经验做法	资深教师(班主任)讲座交流分享育人案例，提供学理依据	案例分析或学习感悟
热点探讨	围绕温馨教室建设、青年班主任专业化发展、建班育人模式设计等问题开展同伴互助式的研讨活动	专题研讨交流分享	热点调查报告或专题分析文章
展示活动	以班主任基本功为主题，提供素材和个案背景，指导每个成员进行专题展示	专题展示 学员共析专家点评	个人展示 反思报告 分析文章
观摩交流	区域及学校优秀班主任工作室实训	班主任实训	个人实践
个性培养展示	立足自我实践，梳理总结经验	自身总结	个人经验总结

（续表）

课程模块	学习内容	方式	成果
技能学习	熟悉现代信息技术，并运用它从事班级管理	分享交流	个人实践
案例研究	以行动研究法为主，指导青年班主任开展案例分析，每人选择一个方向或一个项目，撰写文章、案例、论文或研究报告	专家指导学员研究	教育案例专题论文研究报告

葛新斌在《学校组织与管理》一书中提出：“德育是学校全面发展教育的重要组成部分，德育管理需要‘实体化’，高素质的德育队伍是学校德育管理的中坚力量。”因此需要以德育管理的实体化建设，诸如学习共同体建设，项目研究共同体建设，德育工作制度建设，班主任专业发展目标建设等，使职初班主任真正觉得专业的发展与目标的发展是一个线性化可视的过程，而非零散的、事务性、琐碎的任务，让职初班主任真正具有做班主任的积极性以及专业提升的强烈愿望。

作者介绍

陈杰，上海市第十中学德育处副主任，高中语文教师。上海师范大学百色市中小学“百千万”名师培养工程第一、二批名班主任研修班讲座导师，黄浦区园丁奖获得者，同时承担上海市学校德育“德尚”系列项目课题。

成熟期教师不愿意继续做班主任，怎么办？

文化唤醒内驱　平台促进发展

万　涛

情境导入

刚送走了2020届高三毕业生，4名原高三班主任就向学校提出回高一后不再担任班主任工作的请求。其中一人是留任高三教学，一人是怀孕待产，都属于特殊的不可抗因素。而另外两名班主任没有特殊原因，两人身体健康，家庭美满，一个女儿刚考上大学，一个女儿在读小学，也没有重大的家庭负担。而且这两人都是四十岁左右的优秀班主任，任班主任超过10年，3年内都带出过市区级的先进班集体，培养出众多优秀学子，按理来说是非常适合继续担任班主任工作的。年级部和政教处做了大量的思想工作也未能说服两人，于是把目光转向另外一名刚卸任一年的成熟班主任身上，结果即便政教主任以良好的私人关系动之以情，也未能说服他重新出山。新高一的班主任一度陷入无人可用的境地。

问题归因

成熟期班主任的职业倦怠一般是由于长期处于高水平的压力之下而产生的一种不适应的身心反应。主要体现为班主任的情感出现衰竭，对待事物的态度和行为变得消极被动，进而缺少工作的积极性和投入度、对自己工作的满意度也大大降低，甚至出现自我怀疑乃至自我否定。究其原因，主要分为以下三个方面。

一、个人因素

成熟期的班主任经历了几轮班主任工作后早已失去了刚入职时的新鲜感和积

极性，重复繁琐的事务性工作和层出不穷的学生问题反复打磨着他们的心性。自身精力的衰退和家庭压力的增加使得他们慢慢进入了中年危机，转而更关注个人身心健康，慢慢厌倦班级管理工作。而且这个时期的很多教师已经完成了高级职称的评定，向上发展的职业空间已经很小了，也不再需要班主任工作经历作为必要筹码。再加上和学生年龄差距的不断扩大导致沟通障碍的不断增加，专业化程度的发展停滞使得这些班主任很难得心应手地处理新型突发事件，这使得他们自我效能感减弱，职业倦怠就越发明显了。

二、学校因素

随着学校管理制度化和规范化的不断加强，必然导致班主任工作任务重、工作要求高、工作时间长。班主任除了每天从早到晚完成班级日常管理工作，还要接手学校各处室的工作任务，上交各条线布置的计划、总结、活动反馈，解决师生、生生、家校之间的各种矛盾，同时还要完成自己的学科教学任务。与此相对的，班主任津贴制度过于陈旧且标准过低，班主任工作评价制度往往只重结果不重过程，班主任专业发展缺少平台且支持不够。过于严格规范的管理导致班主任主观能动性、合理个体性遭到抹杀，自我价值得不到较好发挥；付出和收获的不成正比又使班主任产生不公平感、低成就感，自然会产生职业倦怠。

三、社会因素

社会外部环境对班主任的期望度过高，越是优秀的成熟期班主任所承担的期望压力越重。对学生的教育应该是学校、家庭和社会的共同责任，然而社会舆论却过分夸大了班主任在学生教育过程中的作用。同时随着时代的发展，个性发展的需求早已获得大众的普遍认可，而众多公众号推送的各类“鸡汤文”也让不少家长和学生自以为深谙教育真谛，进而随意的质疑和指责班主任的教育方式。高期望和低认同的矛盾加深了班主任的焦虑。更突出的问题是，班主任的工作边界模糊，安全责任巨大，哪怕是家源性问题，一旦学生发生安全事故，班主任往往都难辞其咎。在现在学生心理问题日益增多的社会背景下，班主任所承担的责任有着很强的不确定性，这成为他们头上的达摩克利斯之剑，使他们时刻处于巨大的焦虑中。

理论分析

一、班主任专业发展不可避免地会迎来高原期

班主任的专业发展一般可分为启蒙期、认知期、发展期、成熟期、专业期五个阶段。其中成熟期的班主任多指工作 10 年左右的班主任，他们中的大多数会进入职业发展的高原期。所谓高原期现象，是指人类在学习工作过程中的一定阶段出现进步的暂时停顿或者下降的规律性现象，在这个阶段中向上运动的工作责任与挑战会相对终止，是个体职业上的一个停滞期。如果找不到二次发展的动力或者契机，很多班主任就很难走出这个高原期了。

二、马斯洛需求层次理论对班主任的心理影响

根据美国社会心理学家马斯洛的需要层次理论，人有五个层次的需要：生理需要、安全需要、社交需要、尊重需要和自我实现需要。班主任尤其是成熟期班主任往往知识层次高、有较强的人格尊严，而班主任的工作性质和在管理学生上的重要地位，决定了班主任群体更需要受到尊重。就是来自社会、学校、同事、学生对他们工作的肯定，给予他们成功的光环。

三、目标设置理论对班主任工作内驱力的激励

根据美国洛克教授的目标设置理论，目标的设置对人的行为能产生巨大的作用。目标能引导活动指向与目标相关的行为，使人们根据难度的大小来调整努力的程度，并影响行为的持久性。因此，在班主任的目标激励中，要设定恰当的目标，诱发班主任的工作动机和行为。设立目标具有引发、导向和激励作用，才能让成熟期班主任不断启发对高目标的追求，进而突破高原期的瓶颈，迈向专业期的阶段。

实践支招

一、组织多样活动，缓解班主任心理焦虑

1. 依托学校工会创建教师社团，以社团为单位定期开展活动，丰富班主任们的课余生活，培养他们广泛的兴趣爱好，缓解单调的工作带来的心理压力。如羽毛球

社、足球社和跳踢社等通过符合兴趣的体育运动来出汗宣泄，缓解身体的疲劳；多肉社和烘焙社通过绿植养护和美食烹饪的方式来增添生活色彩，缓解精神的疲劳。

2. 政教处和年级部不定期组织主题沙龙活动。成熟期班主任有着丰富的经验和成熟的策略，青年班主任有着新颖的理念和无限的创意，两者在一个轻松的环境中头脑风暴、思维碰撞，取长补短，产生很多行之有效的奇思妙想来应对新时代的新问题。这样一来新班主任得到提升，老班主任收获灵感，自然可以缓解棘手的新兴问题带来的焦虑。

二、以人为本改善管理机制，减轻班主任工作负荷

1. 在基于学校整体办学理念和顶层设计的前提下，充分尊重成熟班主任合理的个性化带班育人理念，实行民主平等的管理，改变只关注班主任工具价值的观念，多关注班主任的个体价值，真正给予班主任切实参与班级管理的自主权。这样可以体现对优秀班主任的价值认同，反过来又增强其对学校的认同感。

2. 建立德育导师—副班主任—班主任三级管理机制。青年教师精力充沛、上进心强，和学生更容易沟通，但是对班主任的常规工作和管理底线缺乏经验，通过三级管理机制既可以给青年教师快速成长的机会，也可以适当的减轻班主任在日常班级管理中牵扯的精力，把更多的时间和精力放在核心问题的处理上。

3. 优化和重组学校的各项德育活动，尽量减少一些不必要的会议和检查，合理地规划和分配一些必要的活动和任务。系统地制定活动主题，确定活动时间，明确活动形式，避免临时起意、朝令夕改，让班主任有的放矢、按部就班地高效工作，切实减轻班主任工作负荷。

三、评价激励搭建高端平台，促进班主任专业发展

1. 成熟期的班主任往往进入了职业高原期，长期停滞不前的专业发展会给他们带来很多负面情绪。学校应该采用“请进来”和“走出去”两种模式助力其进一步成长。一方面邀请知名德育专家进校讲座，一方面推荐班主任参加市区级班主任带头人工作室的培训，用最前沿的理论知识和最高阶的思维方式促使其专业的二次成长。

2. 对于特别优秀的班主任，学校应借鉴当前学科教师发展的经验，为其设立校级“名班主任工作室”，并推荐至区级乃至市级层面主持“班主任带头人工作室”，用区域成果交流辐射的形式进一步推动其班主任的专业发展。激励其努力

打破高级职称的职业“天花板”，争取成为德育特级教师和德育正高级教师，为自己的职业生涯寻找更高的奋斗目标。

3. 对于管理艺术特别高超的班主任，学校可以提供另一种发展的机制，即班主任—年级组长—中层领导。成熟期班主任的职业倦怠原因之一就是单调重复的轮回，如果职业发展呈现不同的可能途径，必然会很大程度上激发其动力。

四、文化熏陶打造精神家园，唤醒班主任工作内驱

1. 注重学校的精神文化建设，包括学校的办学理念、办学目标、校风校训、育人方针、价值观的构建等。由校级领导带头垂范，中层领导积极响应，以热情负责、无私奉献的价值观和行动力激励与学校价值观一致的班主任，同化原本不同价值观的班主任。以文化引领唤醒班主任的工作内驱力，加强班主任的工作主动性。

2. 树立学校的社会形象，通过全校师生的共同努力为学校赢得良好的社会声誉，使学校教师尤其是成熟班主任获得社会和家长更多的尊重和信任。从而增加班主任对学校的信仰激励和成就激励，强化他们对学校的归属感和责任感，加强班主任的工作积极性。

当然，成熟期班主任要消除职业倦怠，走出职业高原期，还需要个人主观努力，不忘教育初心，不断提升自己的师德修养，提升自己的班主任专业能力，在教书育人的大道上越走越远。同时也希望社会舆论和教育行政部门能维护班主任的正当权益，在学生的教育问题上为班主任、家长和社会树立合理的预期。逐渐纠正班主任无限责任的错误认识，降低班主任的工作负担和安全压力。只有这样，才能让越来越多的班主任们安心坚守在自己的教育岗位，实现自己的教育理想。

作者介绍

万涛，上海市奉贤区曙光中学政教主任兼年级部主任，奉贤区卓越教师培养工程“名教师”，奉贤区中学班主任带头人工作坊主持人，曾获上海市“优秀班主任”、奉贤区“十佳班主任”等称号，所带班级多次获市、区级先进班集体称号。

完善导师队伍建设
夯实生涯教育基础

钟 明

情境导入

学校计划在高一起始年级开展生涯教育，将所有教师纳入生涯导师队伍。但当德育主任和年级组长布置实施相关工作的时候，发现阻力重重。除了心理老师和个别参加过生涯教育培训的班主任老师外，其他不少教师对担任导师有不同程度的疑惑和抗拒。有的老师说：“什么是生涯教育？我是语文老师，对生涯教育一窍不通啊。”有的老师说：“日常教学工作这么忙，我哪有空给学生做生涯指导？”还有的老师说：“生涯指导有什么用？还不如在学科上多抓些分数更有意义。”

老师们的反馈让负责导师工作实施的团队犯了难。从现状来看，导师队伍的组建存在困难，生涯教育恐怕很难有效开展。该怎么办？

问题归因

生涯教育作为近年来的新生事物，在理论层面的研究方兴未艾，但在学校的实践层面，还无法全面有效地推进。其原因是多方面的，如学校的客观条件因素、教师因素和学生因素等。其中，教师因素尤其值得关注与分析。

一、教师对生涯教育重要性的认识不够

2020 年在闵行区五所初高中学校 450 名教师中开展的一项调查显示，认为

“生涯教育不重要也不紧迫”的比例为 14%。但是，在教师间的日常交流中会更多地接触此类观点，有一定的普遍性。在长年高考指挥棒的影响下，许多教师将教育教学的重点关注放在学业成绩上，认为成绩才是硬道理，因而以成绩为标杆来看待生涯教育的价值。有的老师认为生涯教育对学生的帮助主要在选科方面，但在促进学生学业成绩的提高方面作用不大；有的老师甚至认为生涯教育课程和生涯实践活动占用了学生的时间、分散了学生的精力，影响了学业成绩。要顺利有效地开展生涯教育，改变教师对生涯教育的态度与思维定势至关重要。

二、教师开展生涯教育的水平能力不够

问卷调查不仅反映了教师对生涯教育的思想认识，也凸显了教师生涯教育水平的不足。其中，认为“自己缺少生涯教育的知识和经验”的教师高达 71.78%，坦陈“对于学科与生涯如何融合尚未厘清”的教师为 50.22%。从调查中来看，心理学科的教师总体情况较好，其他学科教师在生涯教育方面的经验与能力普遍不足；参与过生涯教育培训的教师明显优于从未参与过培训的教师；在生涯教育方面已有一定基础的学校明显优于刚刚起步的学校。从调查来看，大部分教师对于开展生涯教育感到困难，缺少知识上的储备和实践的经验，工作的方向性也不明确。因此，提高教师开展生涯教育的水平和能力刻不容缓。

理论分析

《国家中长期教育改革和发展规划纲要（2010—2020 年）》指出，对于高中阶段教育，要建立学生发展指导制度，加强对学生的理想和学业方面的指导。2019 年 6 月 11 日，国务院办公厅发布的《关于新时代推进普通高中育人方式改革的指导意见》中强调加强学生发展指导，普通高中学校要明确指导机构，建立专兼结合的指导教师队伍，通过学科教学渗透、开设指导课程、举办专题讲座、开展职业体验等对学生进行指导。因此，近年来高中学校积极开展生涯教育，顺应国家和社会对高中阶段教育提出的新要求。

但是，生涯教育需要师资的保障。目前，大多数的学校开展生涯教育的骨干力量是心理教师和部分参加过生涯教育培训的班主任，大多数学科教师还没有参与进来。但是，学科教师必须成为生涯导师。生涯是一种基于学业、专业与未来

职业的规划和选择，缺失了学科教师的指导是不可能有效的。心理学专业导师和班主任团队虽然实力雄厚，经验丰富，但不能可取代学科教师在学科层面的专业权威。学生的生涯规划与选择又是个性化的，对个体学生差异化、针对性的生涯指导对于生涯教师和班主任来说无论从能力还是精力来说都是无法胜任的，必须要有学科教师的参与。因此，把学科教师纳入生涯导师队伍，对于生涯教育的有效开展意义重大。

实践支招

一、开展生涯导师分级培训

上述的问卷调查中反映出参与过各级生涯教育培训的教师在认知、实践等方面都优于没有参与过培训的教师。这说明生涯教育培训是加强生涯导师队伍建设的重要途径。在实践操作中，生涯导师培训应该循序渐进、分级开展，从而形成层次丰富、团结协作、共同推进生涯教育工作的导师队伍。

（一）生涯专业导师培训

生涯教育在一所学校的开展，需要一个高能高效的核心团队。核心团队的成员应较为全面地掌握生涯教育的知识，有丰富的生涯教育实践经验，并且有一定的组织与管理的能力。这个团队的成员 般由心理教研组的教师组成，是学生生涯发展的专业导师。因此，核心团队成员的培训专业性更强、要求更高。

上海市闵行中学通过长年的培训形成了一支生涯教育专业导师队伍。专业导师队伍以心理教师为主，部分对生涯与心理感兴趣的学科教师参与其中。专业导师都参与了各级各类的生涯教育培训，如闵行区教育学院组织的 CDP（国际生涯发展师）初阶培训和 CDA（国际生涯咨询师）进阶培训等。通过培训，导师掌握了生涯教育的理论概念，具备了解读学生生涯兴趣测试报告的能力和辅导个案的能力。在校内，专业导师团队聘请高校教授进行指导，依托工作实践定期开展学习和交流活动，不断促进导师专业能力的提升。

（二）生涯教育全员培训

生涯教育的实施并不是部分教师的任务，而应是学校教师全员参与的教育工作。全员参与的基础是教师对生涯教育的理念有基本的了解，在此基础上形成认同，进而有担任生涯导师工作的意愿。因此，有必要在校内开展生涯导师全员培训。

全员培训是初阶的培训，其作用主要是推动全体教师在了解生涯教育基本知识和价值意义的基础上改变固有观念，接受生涯教育的理念并愿意参与学校的生涯教育工作。实践证明，经过培训，教师在生涯教育的认可度、生涯教育的基本能力等方面会有明显的提升。因此，学校生涯教育的工作得到了教师更多的认可和更积极的参与。

（三）学科生涯导师培训

生涯导师队伍建设，更重要的在于将学科教师转变为生涯导师。

学科教师成为生涯导师，需要学习生涯与心理的基础知识，更重要的是将学科与生涯相融合。对学科骨干教师开展的生涯培训，更侧重于引导教师在学科与生涯的融合上进行探索。如闵行中学何美龙校长所言，学科生涯导师培训聚焦以下三个方面：

其一，学科的生涯意义提高，主要关注今后工作当中所需要的学科知识、技能，日常工作和生活中涉及的学科常识、方法、技能。

其二，学科相关的职业前景和学科发展。学科代表人物，学科职业和行业前景，学科专业应用，学科相关重大热点问题，学科前沿知识等，侧重学科的专业价值和社会贡献。

其三，促进学生优质学习的教学经验，提升学习效能感。帮助学生建构学科自我认知促进选择考试决策，即个人的学科学习、探索兴趣以及学校、家庭、社会的影响，学科特有的职业发展素养等。

通过学科生涯导师的培训，学科骨干教师明确学科生涯的方向和途径，努力成为学科领域指导学生生涯成长的专家。

二、促进生涯导师在实践中成长

生涯导师队伍建设中仅有培训是不够的，需要通过生涯指导的实践来加深认识、提升能力。因此，学校要建立一整套生涯导师工作的运作机制和保障机制，有效促进其在实践中不断成长。

（一）建立导师工作机制

生涯导师工作的开展，需要学校有整体的设计和机制建设。完善的导师工作机制，有利于生涯导师在实践中成长。

上海市闵行中学在高一年级起始就推进生涯导师工作。年级组的任课教师担任生涯导师，与学生通过双向选择成立生涯指导小组，每一名生涯导师指导 5—10 名学生。对于导师工作，学校首先明确基础要求，如指导形式分为群体辅导和个体辅导，指导内容包括学业诊断、阅读交流、课题指导、开展生涯体验活动等。学校的整体规划指明了生涯指导的大方向，导师按照要求开展指导工作，其能力都能得到了锻炼与提升。

学校又制定了工作交流制度和阶段总结制度。所有导师每月由核心团队组织召开工作沙龙。沙龙先由若干名导师介绍自己的工作并陈述工作中的主要困惑，然后导师间进行交流讨论，最后核心团队总结经验、梳理问题、指点迷津。此外，每学期导师撰写一份指导案例或工作总结，系统梳理一学期以来导师工作中的亮点或不足，将实践与理论结合起来深入反思生涯指导的内容、过程与方法。工作交流与总结制度推动导师不断学习、不断反思、不断改进，既提升了学生指导的有效性，又对导师成长起到了重要的推动作用。

（二）建立导师评价机制

导师工作需要通过评价来形成激励，因此建立导师评价机制对导师成长有重要的促进作用。

对于导师的评价可从多方面入手。首先，有过程性评价。主要关注导师“做了什么”，评价导师常规工作的落实情况。如通过学生问卷的方式了解导师基础工作的开展，通过学生成长手册的填写来梳理导师工作开展的主要内容和形式等。

最重要的是成效评价。主要关注导师“做的效果如何”，评价导师工作的实绩。如通过每学期的案例论文评比来评价导师工作开展的理念、方法和实效，从中发现导师对生涯教育认识水平和实践能力的提升；如对学生的成长与发展进行跟踪后评价导师工作对于学生成长的促进作用。

通过导师评价，对优秀导师给予奖励，从而提高教师参与生涯指导的积极性。优秀导师的工作亮点形成示范与辐射，推动更多的教师成为具有专业水平的生涯导师。

（三）建立工作保障机制

相比教学工作和班主任工作，导师工作的空间容易受到挤压，导师的隐性付出也更容易被忽视，因此学校需要在制度上保障导师的工作，从而为生涯导师队伍建设保驾护航。

工作开展方面，导师开展团队辅导要有固定的时间和场所，不受其他教育教学活动的冲击；薪酬保障方面，学校要将导师工作纳入工作量，每月发放导师津贴，每学期结束后对导师进行评价之后发放学期奖金，优秀导师予以表彰并纳入绩效考核。

工作保障到位，导师开展工作无后顾之忧，也更有积极性，利于生涯教育工作的有序开展和导师队伍的不断壮大。

作者介绍

钟明，上海市闵行中学科研主任、语文教研组长。曾获上海市园丁奖、闵行区优秀班主任、闵行区师德标兵等荣誉，参加首届长三角班主任基本功竞赛获高中组二等奖。

第五编

资源整合

合作创生——校外德育资源的开发与利用

陆春晔

德育资源是指对培养人的德性起作用的一切因素，包括人力、物力、财力，也包括知识、经验、信息等因素。德育资源是提高德育实效的重要因素，从场所范畴来划分，可以分为学校德育资源、家庭德育资源和社会德育资源，其中家庭德育资源和社会德育资源可称之为校外德育资源。《中小学德育工作指南》指出："坚持协同配合。发挥学校主导作用，引导家庭、社会增强育人责任意识，提高对学生道德发展、成长成人的重视程度和参与度，形成学校、家庭、社会协调一致的育人合力。"学校要积极构建"家校社"共育机制，建立多方联动机制，实现资源共享共建，助力广大中小学生健康成长。从各中小学的现状来看，学校资源的开发利用已呈百花齐放之姿，但校外资源的开发和利用却往往因为地域的不同、家庭的状态而参差不齐。

学校如何与家庭、社会更好地合作，将校外资源与学校办学理念、培养目标更好地融合创生，科学系统地开发与运用校外资源，是实现学校德育工作协同育人目标的重要环节。

一、校外德育资源开发与利用的意义

（一）更具体验性，助力德育回归生活

美国教育家杜威主张德育和生活要相结合，在丰富多彩、充满个性的生活中培养学生良好的品德和个性。陶行知先生也认为，"生活即教育""社会即学校""教学做合一"。学校的德育教育往往采用说教的方式，在课堂中以知识形态的方式教授给学生，脱离了生活实际的教育显得尤为空洞。而校外资源的开发可以让学生走出课堂小天地，在沉浸式的体验中去感受，去参与社会活动和人际交往，去学习和实践社会生活规范，让德育真正回归学生的生活。

(二)更具灵活性,促进学生全面成长

校外德育资源非常多元化,学生可以根据自己个性特长、爱好兴趣自由选择,这给了学生非常大的自我探索空间,弥补了学校教育内容与模式单一的缺陷,学生在融入自然和社会的过程中,可以发挥自己的优势,也可以突破自己的短板,不断去感悟自然、社会、人类之间的关系。校外资源的利用价值可以在每一个学生身上体现最大化,满足学生全面成长的需求,提高学生德性成长的主动性。

(三)更具实效性,利于教改纵深发展

德育的根本目标是促进学生自身道德品质的发展,德育过程就是促进受教育者思想品德内部矛盾的积极转化过程,如何推动转化是德育工作者需要思考与研究的内容。相比学科课程建设,德育课程建设的发展步伐显得缓慢而滞后。校外德育资源的开发与利用是德育课程建设的一个有力抓手,不仅顺应了新课程改革“应注重课程资源的开发与利用”这一要求,而且更贴近学生、贴近实际,为德育课程改革提供了依据和保障,更好地回答了“培养什么样的人”的问题,有利于教育综合改革纵深发展。

二、校外德育资源开发与利用的现状分析

在当前新课程改革理念的推动下,上海中小学非常重视校内外德育资源的开发与利用,特别是实施学生综合素质评价以来,学校化被动为主动,走出校门,联系家庭、联系社区、联系政企,尽一切力量开发校外实践基地。然而,受传统教育理念影响,不少学校还是停留在完成任务走过场的层面,没有把德育资源的开发与学生终生发展联系起来,因此,当下的校外资源开发呈现以下两个问题:

(一)校外德育资源开发随意零散,系统性不强

校外资源的开发各校还都处于摸索状态,往往会出现“胡子眉毛一把抓”的现象,只要有校外机构愿意提供场所,学校就全盘接收。因此,常常是清一色的红色资源或乡土资源,也有的学校东一榔头西一榔头,没有一个固定的实践基地。学校缺乏整体构架,大多只从某一类型或层面来考虑,没有形成不同年级的不同序列,也没有与学校教育进行统整,系统性不强。

（二）校外德育资源利用呈原生态，教育性不强

与开发的随意零散相似，开发后的资源也没有得到价值最大化的利用，学校没有很好地与资源所在地合作，也没有对资源的教育内涵进行适合本校学生的再开发，往往是资源所在地能提供什么服务就照单全收，这就导致了好不容易开发的资源只是走马观花，或因为知识结构的深度与学生的认识水平不匹配而造成学生体验感和收获感差，教育性不强。

三、合作创生——校外德育资源开发与利用的策略

基于目前德育资源开发的种种瓶颈，我们认为必须从学校、家庭、社会“三位一体”的大教育观出发，创设“三位一体”的德育资源环境才能实现全方位育人。上海是最早探索学校、家庭、社会“三位一体”育人格局的区域，很多学校在家校社共育的体制机制上做出了非常有创意的尝试，校外德育资源的开发利用是在此机制上的深入实践。学校作为主导方，要与家庭、社会进行深度的合作，并在达成共识的基础上对这些校外资源进行再度开发与架构，创生适合本校学生成长的内容。

（一）家庭德育资源的开发利用

家庭是学生思想品德形成的重要场所，家庭德育资源有隐性与显性之分，家长利用自身特长或工作资源为学校提供的一些家长微课、讲座、参观等可以称之为显性资源，而家风家训、家庭思想方式、家庭生活习惯、家长的素养等都可以称之为隐性资源。学校要在关注家庭显性资源的同时，用好隐性资源的熏陶作用。

1. 活用家庭显性资源

家庭是学生的第一所学校，家长是学生的第一任老师。来自各行各业的家长本身就是非常丰富的教育资源，近年来，各学校都尝试着打开校门，让家长作为教育的主体直接参与学校的教育教学，开发了许多家长微型课程。如嘉定区普通小学在对全体家长摸底的基础上，配备教师团队与家长共同开发了五大类型近百节的课程，其中“如何从小树立法制观念”“今天你笑了吗”“网络安全我知道”等综合生活类课程指向学生的健康成长，同时，学校还利用家长的职业优势，引入嘉定博物馆、嘉定青少年阳光禁毒所等丰富的社区课程资源，与嘉定博物馆、

青少年阳光禁毒所等签订共建协议，建立家长微型课程活动基地，针对嘉定的名胜古迹、民俗特产、青少年禁毒现状等开展微型课程系列探究，并由活动基地的家长对学生进行课程活动指导。这些家长的资源进一步优化了校本课程体系，丰富了校本课程内容，更促进了学生的健康全面成长。

2. 善用家庭隐性资源

相比家庭显性资源的开发，家庭隐性资源还未受到学校的重视。其实，家长的素养、家庭的氛围、家风家训都是非常好的教育资源，可以让学生在耳濡目染中传承。学校可以有意识地设计相关的活动让这些隐性资源得以充分发挥作用。比如，“跟着父母上一天班”活动，可以让学生近距离接触父母的工作，不但是一次很好的职业体验，同时也是感受敬业、勤劳、爱岗的好时机。又如，嘉定区德富路中学开展的三家文化“家庭篇”活动，让全体家长和孩子共同经历听家史、寻家训、传家业的体验，在探寻的过程中感悟家的意义，感受家的魅力，懂得家的责任。而金鹤学校则利用《幸福存折》家长版这一载体，让家长与学生一起参与争章活动，让家长成为孩子幸福生活的引领者。在争章的过程中家长给孩子起到了表率作用，并且家长和孩子处在平等的位置上，亲子互帮互助，极大地增进了家长与孩子的沟通交流，也为家长隐性资源的运用走出了试验性的一步。

(二)社会德育资源的开发利用

社会德育资源的范畴比较广，包括山川风物等自然资源；乡土的民风、民俗、民情等非物质文化资源；社会机构、企事业单位、各类实践基地等；还有劳模、明星、校外辅导员等人力资源以及大众传媒等。学校要因地制宜，充分利用和发挥本校地域环境所蕴含的资源的德育价值。

1. 根据学校实际，搭建社会德育资源库

无论是城市还是乡镇，处处有蕴含着丰富而独特的德育资源。乡镇的田野农场、河道湿地、别墅老屋、民风民情，城市的高楼大厦、科技场馆、红色基地、文化场所，这些都可以成为学校校外德育资源的素材。学校要根据实际情况，对周边的资源进行梳理，分门别类进行规整，尽量体现层次性、多样化。如可以以资源性质，即爱国主义类、人文素养类、职业规划类等进行归类，并根据学生的年龄特点，进行分级段的资源库建设，尽量做到每一个级段都能覆盖全类别。

2. 基于学生需要，重构社会德育资源课程

一个人的道德品质和价值观真正形成的动力来自实践，学生在贴近自身实际的德育实践活动中感受知识的价值，展开理性的思考，德育过程才能充满真实性和有效性。校外德育资源是学校实践课程的重要组成部分，如何让这些资源真正发挥育人的作用，是学校在确定使用此资源的第一考虑要素。作为校外资源，很大一部分是各类场馆和社会机构，了解这些场馆和机构固然是实践课程的教育目标之一，但如果仅限于参观一下，对学生的触动远远达不到教育的深度。只有根据学生的需求进行沉浸式的体验，才能达到真正的教育目的。如曹杨二中附属江桥实验中学在对学生的调查中发现，初中生的责任意识大多淡薄，尤其是社会责任意识。学校从学生不同的年龄特征出发，统整设计了全校的课程图谱，围绕“责任与担当”，积极开发校外教育资源，以“立言—立行—立志”为路径，逐步形成以“责任教育”为核心的递进式综合社会实践活动课程体系，让学生通过参与社会实践，认识自己，认识家乡，认识社会，培养良好的道德品质、行为规范和创新意识以及社会适应能力，增强其社会责任感和使命感。

3. 实现双向对接，打造“双主体”师资队伍

场馆、机构、工厂等场所具有综合性、开放性、体验性、生成性等特点，有利于引导学生深入理解和践行社会主义核心价值观，有利于落实立德树人的根本任务。这些场所也尽力配合学校，设计一些课程以期让学生实践，但由于场所工作人员对学生的认知和心理发展知之甚少，因此，他们课程往往流于形式。学校要充分发挥教育的主体作用，主动与场所对接，变“接收者”为“开发者”，对场所隐含的德育教育资源充分利用起来，打造“双主体”教师队伍，即场馆开发本体知识，学校开发德育知识，二者合二为　，共同完成教育过程。上海外国语大学嘉定外国语学校将行规教育融入每一个综合实践活动课程中，如研学课程中最多的是博物馆参观活动，按照以往，只需教师将学生带入博物馆，之后就由博物馆老师讲解。学校发现很多学生在博物馆的某一个角落里三五成群地玩手机游戏，或者由于兴奋大声地喧哗，或者由于看不懂茫然地跟随队伍前进。于是课程开发团队在设计中国三大博物馆之一“南京博物馆”的活动时，事先踩点，设计博物馆闯关卡、行规评价表。在活动现场，学生们分成六人小组，合作完成任务卡中的题目。通过这样的形式，学生从走马观花到积极探究，从孤军奋战到小组协作，沉浸感十足。

4. 探索机制创新，优化固化社会德育资源

目前学校的校外德育资源除了一部分必须向中小学开放的社会公共资源外，部分场地、工厂、农场是由学校教师、学生家庭的人力资源衍生而来，随着教师的调离、学生的毕业这一部分资源也将就此结束，这就导致了学校校外实践基地的不稳定。学校要不断探索创新机制，在首次引入资源之后，落实专人负责，确定共建目标，签订共建协议，同时可以聘请该场所负责人为校外辅导员。建立校外优秀辅导员、校外优秀基地评选制度，每年予以表彰，不断扩大基地的社会影响力。社会德育资源开发唯有形成机制，形成比较完善的共建共惠模式，才能得以固化。

当然，校外德育资源的开发利用仅靠学校一方的力量是远远不够的，期待全社会形成良好的共育氛围，期待国家、政府出台相应的文件规范，才能让"家校社"三位一体的教育大格局最终得以实现。

作者介绍

陆春晔，嘉定区教育学院班主任、家庭教育德研员，教育硕士，中学高级教师，嘉定区班主任学科带头人、双名工作室主持人。多年来致力于德育研究与实践，主持多项重点课题，编著多种书籍，区域工作特色明显、成果显著。

传统行规教育效果不理想，怎么办？

强化沉浸式体验　提升行规教育品质

黄丽峰

情境导入

在一次绍兴研学综合实践活动中，听到两名带队教师这样的对话。非班主任小王老师：“这一届学生真难带，到了博物馆，跟他们说跟着导游慢慢走、守秩序、认真听。结果一溜烟，走马观花地拍了几张照片，就算全看完了。有的还嘻嘻哈哈、吵吵闹闹。”班主任小李老师一脸尴尬和无奈：“出发前，在学校的班队课、午会课都做过行规教育了，出来了全部忘掉了。”

在目前德育教育的管理形式下，学生行为习惯教育属于德育教育范畴，由学校德研部主抓。而综合实践活动课程属于教学范畴，由学校教研部主抓。德研部抓行规往往是以抓问题、搞扣分、进行思想教育等形式开展，婆婆妈妈、苦口婆心地教育，但是收效甚微。而另一边，综合实践活动课程的老师经常埋怨学生的行规有待提高。教学与德育两张皮的现象严重存在。

问题归因

一、行规教育重说教、轻体验

各个学校都十分重视学生行为养成教育，开展了系列的主题教育活动，狠抓学生行为规范训练，以开展文明班级评比为主线来强化德育管理，都取得了良好的效果。但我们更应当关注学校德育发展历程中面临的问题：一是学校德育缺乏人文性，二是学校德育呈现封闭性，三是学校德育形式以说教为主。导致学的时候轰轰烈烈，说得头头是道、有理有据。但是，到具体生活情境中却忘得一干二净。

二、实践课程重技能、轻德育

综合实践课程的开设不仅对教师教学方式和学生学习方式的转变有促进作用，而且对于培养学生的实践创新精神、社会责任意识和问题解决能力发挥了独特的作用。课程的综合性、开放性、实践性、自主性和生成性的特点，有利于引导学生深入理解和践行社会主义核心价值观，有利于落实立德树人的根本任务。大家都已认识到综合实践课程本身蕴含的德育功能可以很好地落实《中小学德育工作指南》中德育实施的有效途径，即“课程育人、活动育人、实践育人、协同育人”，但是，将行为规范教育与综合实践活动相融合起来开展行规教育的却不多。

理论分析

一、德育生活化

德育生活化是以生活为根基，以学生为主体，以实践为途径的，旨在塑造良好道德品质、提高生活质量的德育理念，是一种创新的道德教育。大量的实践证明，学生更加喜欢贴近生活的、有趣的教学方式。陶行知强调“没有生活做中心的教育是死教育，没有生活做中心的学校是死学校。没有生活做中心的书本是死书本。”同理，离开了生活的德育是死德育，生活与德育是相互包容的。

二、德育无痕化

苏霍姆林斯基曾说：“在教育过程中，儿童越是觉察不到教师的教育意图，教育效果就越好。我认为这条规律是教育艺术的核心：德育无痕。”德育追求的是一种无痕的教育，淡化说教、灌输的痕迹，人不是在“被教育”中成长，更不是在“被改造”中改进。道德观念是在自觉自愿中接受的；道德情感、道德意志是在亲自体验中产生的；道德行为是在潜移默化中改变的。这是德育工作的最高境界，也是教育工作者必须追求的目标。

实践支招

一、策划自编综合实践活动礼仪课程，让行规教育自动生长

常规的行为规范教育以道德规范体系的逻辑为主线。以这样的方式建构的教育内容看似有较为严密的逻辑体系，但与学生的生活、道德品质发展却是不相关联的，与学生的现实生活世界相分离的。

学生行为规范教育与综合实践课程相融合，倡导行为培养回归生活，因为行为规范只有通过真实的生活才能得以形成与发展。因此我们将行为规范教育与综合实践活动课程结合在一起，以学生品德发展的基本规律为主线，融合各类行规教育的内容，使学生在课程学习中找到一条通向社会生活的道路。

我们从综合实践活动课程中挖掘“行为规范教育的点”，以看来是“小事”的内容为切入口，注重贴近学生生活，增强行规教育的实用性，让行规教育自动生长。

我校的国内外研学综合实践课程让学生走出上海、走出国门，体验不一样的生活。学生在丰富的课程中体验着、成长着。一段研学旅程，学生的自理能力、交往能力、包容合作、国际情怀等，无形之中都被锻炼着。刚开始，作为带队老师，我们会随时随地提醒学生注意国际形象。因此我们会说，你不仅代表你自己，你更代表中国人的形象。而像 One by one（一个接一个），Be quiet（轻一点），是我们指导老师常挂在嘴边的礼仪教育。但是，带队老师会感到很累。于是，我们想到了一招：建设我们自己的研学礼仪课程，而且是通过学生合作编写来完成。对学生提出这个要求后，你就会发现，他们开始做一个有心人了，观察着目的地国家的各种礼仪要点，并互相提醒、督促。回国后，我们组织学生将研学中感受到的礼仪要点编写成文，完成最后的价值认同。这样的礼仪课程是生长的、生本的、生动的。因为这是学生通过体验后的文化认同。

二、细化操作性的综合实践课程，让行规教育融入课程

综合实践活动课程是基于学生经验，密切联系学生的生活和社会实际，体现对知识综合应用的学习活动，比较关注培养和发展学生解决问题的能力、探究精神。

我校综合实践活动课程在行规教育目标的确定上，不仅会考虑社会的要求，

更重视学生自身成长的需要。但是如果只是停留在目标的设定上，没有配套的、可操作、显性的具体举措，那么很难落地。我们是如何突破的呢？

我校的英语情景体验中心的模拟飞机场综合实践课程在刚开始建设时，以英语应用对话为主，创设一个飞机场的情景，为学生构建一个真实的语用空间。后来，我校课程开发团队在英语对话学习的基础上增加了融合生活礼仪、生活规则的生活体验内容，让学生在体验中心学习语言的同时，了解并实践机场规则和礼仪。在机场购物处，我们的要求不仅要学会购物的对话，而且增加了文明购物的行规礼仪要求。在办理登记时，我们要求学生关注“一米线”礼仪规则等。此时的综合实践活动创设为行规教育目标的实现搭建了十分重要的平台。行规教育不仅发挥教师的主导作用，更强调学生的主体参与，使学生充分参与行为规范的自我构建，发挥自主性，在课程中自我发展，在发展中自主成长。

三、设计参与度强的综合实践课程，让行规教育渗入生活

德育的效果应是知行并重，行为规范教育亦是如此。综合实践活动中融合行为规范教育的价值更关注看到学生综合素养的提升。如何评价德育效果，不能只看方案中的情感态度价值观，更要看在学生身上是否体现了中华传统的美德，是否养成了良好的行为习惯。课程开发团队提出，要使道德认知内化为学生自身的道德要求，外显为学生的道德行为是关键。学校设计参与度高的综合实践活动，在活动中观察和评价学生。

研学行程中博物馆的参观活动是非常多的。博物馆资源丰富，能够拓展学生的学习知识。但是我们往往看到的是学生在博物馆的某一个角落里三五成群地玩手机游戏，或者大声喧哗，或者由于看不懂茫然地跟随队伍前行。

文化寻访活动的组织形式是比较新颖的场馆探索形式，在越来越重视场馆教育的现代社会，如何在场馆里开展活动是一个新课题。慢慢走，细细看，用心品，学生礼仪规范必须直指生活中的实效。我们希望学生能在研学综合实践活动中慢慢习得良好的礼仪规范。

于是课程开发团队提出以下改进策略：一是精心设计研学综合实践活动的形式与内容，二是重视学生社会实践活动中的行为规范教育，把行为规范教育的内容作为实践活动课程中的重要内容。在中国三大博物馆之一“南京博物馆”的活动设计时，课程开发团队进行事先踩点，设计融入行规评价表的博物馆闯关卡。在活动现场，学生分成六人小组，合作完成任务卡中的题目。通过这样的形式，

学生从走马观花到积极探究，从孤军奋战到小组协作，沉浸感十足。

四、搭建亲子互动的行为规范课程，让行规教育回归家庭

每个学生个体不仅在学校生活，更要在家庭中生活，并走向社会，在广阔的社会环境中生活。目前学校承担着行为规范教育的主要责任，大部分学生在老师的眼皮底下举止文明。但是我们也清醒地看到一些学生在校内外表现的差异。比如，不少学生一出校门就把不乱扔垃圾、礼貌打招呼等抛到脑后。行为规范教育单凭教师的力量是不完整的，还应动员家庭中的成员一起来有效担负起孩子的行为规范教育。

我校"沉浸式"家庭教育指导综合实践课程，是融合家庭成员与孩子共同成长的课程，包括"家庭礼仪训练课程、父母规课程、您认识您的孩子吗——走近孩子课程、做一个尊重负责超越的家长校训课程"。

其中的"家庭礼仪训练课程"为每一名学生印发"起居礼仪、就餐礼仪、待客礼仪、做客礼仪"实践评价表。班主任在午会课进行教育指导或者现场模拟训练。父母在家庭中督促孩子们实践这些家庭礼仪内容，并每周做好评价。在一花一世界的办学理念下，唤起每一个家长的自我觉醒，行为规范教育指导直指每一个家庭，最终让每一个家庭收获养育的甜蜜。

作者介绍

黄丽峰，上海外国语大学嘉定外国语学校党支部委员、副校长。在学校"一花一世界"的办学理念下，提出构建"沉浸式"德育体系，多篇论文在各类期刊报纸发表。

学生劳动不积极，怎么办？

优化教育资源　提高劳动教育实效性

王婷婷

情境导入

在全面落实教育部《关于全面加强新时代大中小学劳动教育的意见》(以下简称《意见》) 的背景下，学校将劳动教育融入已有教育教学活动中，探索将“红马甲”志愿者活动与劳动教育相融合。这一天，轮到七 5 班开展为期一天的志愿者劳动实践活动。活动开始前，孙老师班级的同学们正争先恐后填报岗位：

天天：班长班长，我要报名门卫室助理，就坐在门口看看监控，开开门，太爽了！

哲哲：对对对！我也报名，这个岗位最清闲了。

莉莉：班长，哲哲平时老是欺负人，应该给他最脏最惹人厌的岗位，厕所保洁员或者去食堂打扫不错。

全班哄堂大笑……

怡怡：班长，念在我平时人品还不错的份上，打扫学校卫生死角的活儿别给我……

栋栋：班长，我动手能力差，那些技术性强的校外岗位别派我……

班长：好了！这次我们就看谁平时德育分高，就先选吧。

全班：好！

……

班主任孙老师虽然在活动前特别上了一次以劳动教育为主题的班会课，虽然每个岗位都有专岗人员担任辅导员监督和指导，但在巡查学生志愿者活动中，发现部分学生还是会想办法让同岗位的其他同学多承担一些；还有一些学生打扫工作不尽力，虎头蛇尾；有些学生认为每次的岗位都差不多，对其已经没有吸引力，自然就提不起兴趣。最后，不少学生虽然都完成了一天的劳动课时，但获得“优秀志愿者”荣誉的永远就是那些“熟面孔”。

问题归因

劳动教育在具体实施中，需要先从三个方面来入手：劳动教育价值的认同，劳动教育资源和内容的完善，以及劳动教育机制的健全。学校在组织和实施过程前应根据本校初中学生的实际情况，充分做好劳动教育资源的调研分析。班主任在活动组织中更应注重从培育正确的劳动观和自主管理能力入手，否则就会出现学生抵触劳动或消极劳动的状况，影响实践教育的有效性。究其原因，主要有以下几条：

一、劳动价值认识的偏差性

劳动被普遍作为创造财富的手段和工具，而忽略了其在精神上的价值和意义。在“唯分数论”大行其道的当今，劳动教育显得功利化，劳动教育如果不能“走心”，体验中缺少前期认知和后期内化，那么对学生而言就是“走过场”。情景中学生对劳动岗位“挑肥拣瘦”和“贴标签”就是学生对劳动价值和劳动精神认识的不足。

二、教育内容和方式的单一性

劳动教育重在实践和体验，每一个劳动岗位都具有鲜明的教育特点，教育者需有的放矢地因材因地施教。情景中，学校将校内志愿者服务活动与劳动教育相结合未尝不可，但并未在前期梳理本校已有志愿者服务活动资源与劳动岗位特性之间的匹配度和融通性，也没有研究学生个性特点和所掌握的劳动基本技能情况，致使活动的针对性不强，影响了教育实效。

三、活动激励机制的不健全

有效的评价激励是激发学生内在动力，克服畏难情绪，冲破成长舒适区的有效途径。劳动教育评价更要以学生为本，关注到学生实践活动中的关键点，实施激励性评价为主、管理性评价为辅，过程评价为主、结果评价为辅，定性评价为主、定量评价为辅的多元评价机制，从而激发每一名学生挖掘自身潜能，避免情景中出现表彰过于集中。同时，对教育者的评价机制也应完善，以此增强教育实施的有效性。

理论分析

一、新时代劳动教育的育人目标和总体思路

新时代加强劳动教育强调以习近平新时代中国特色社会主义思想为指导，落实立德树人根本任务，体现以劳树德、增智、强体、育美的综合育人功能，贯穿家庭、学校、社会各方面，把握育人导向，遵循教育规律，强化综合实施，体现时代特征，坚持因地制宜。通过劳动教育，使学生能够理解和形成马克思主义劳动观；体会劳动创造美好生活，体认劳动不分贵贱，热爱劳动，尊重普通劳动者，培养勤俭、奋斗、创新、奉献的劳动精神；具备满足生存发展需要的基本劳动能力，形成良好劳动习惯，从而培养具有劳动精神的建设者和接班人。

二、除日常生活劳动，为什么要开展服务性劳动

依据马克思主义劳动观，劳动可分为生产劳动和非生产劳动,《意见》将非生产劳动教育分为日常生活劳动和服务性劳动教育。前者注重学生个人生活自理中强化劳动自立意识，体验持家之道，这是学生健康发展、适应社会生活的重要基础；后者具有较强的时代特点，注重利用知识、技能、工具、设备等为他人和社会提供服务。初中生尤其可以通过校内组织推进，同时逐步走向社会，在公益劳动、志愿服务中强化社会责任，培养良好的社会公德。

三、劳动教育应充分体现因材因境施教原则

教育者在开发和实施劳动教育时，既要从学生的年龄特点、个性差异和思想品德现状出发，又要主动适应日趋变化的社会发展，结合教育环境和教育力量的实际状况，做好充分和深入的调研，将劳动教育与社会环境、地域文化和学校文化相结合形成统一整体，灵活地创设一定的教育情景和有利的教育时机，形成学校内部与外部目标、方向一致的三位一体的大劳动教育体系，激发学生内在的心理需求，积极促进学生的发展。

实践支招

无论是劳动教育的设计开发者，还是劳动教育的实施者——班主任，都需要不断探索劳动教育的有效路径。

一、由迭代凝聚课程共识

对已有教育教学活动做充分调研和有效整合，从“政策资源”“基地资源”和“导师资源”三方面出发，形成家校社三位一体的劳动教育资源网，并初步构建劳动教育课程体系，逐步聚焦具有学校鲜明文化特色的劳动教育专项课程。如，我校结合学校百年震川文化和被校内外广泛认可的志愿者品牌活动，继续将劳动教育课程与校园文化、地域文化统整，不断挖掘传统文化和现代教育融合的育人价值，以统整文化特色鲜明的校园名胜名人资源、地域鲜明的汽车文化资源等为抓手，积极探索实践了基于文化的“红马甲”劳动教育专项课程：“校内基础课程—蓝色课堂（重在奠基）”、“校外拓展课程—红色课堂（重在提升）”、“家庭亲子课程—金色课堂（重在巩固）”。

二、由融合提炼主题资源

劳动教育的吸引力需要活动课程之间的融合性与连贯性来维系。我们的思路是：校内打基础—校外求突破—家中重巩固，各项活动相互联系、互相促进、螺旋上升。因此在劳动阵地的选择上我校更注重形成主题资源群，打通校内校外教育资源间的围墙。在充分开发校内资源的基础上，以主题形式链接和拓展相应的校外劳动教育资源，以此形成校内培养学生的基本劳动素养，校外运用和实践以提升并巩固劳动素养的培养模式。

具体来说，如：在学校“震川博物馆”劳动教育的基础上，拓展校外安亭老街、安亭蓊云博物馆、安亭药斑布体验基地形成文化传承主题教育阵地，学做一名讲解员、引导员、非遗传习者，在“蓝色课堂”的“震川博物馆”讲解员活动中学生对劳动岗位有初步体验，培养讲解员的基本素养，与“红色课堂”中“安亭蓊云博物馆”讲解和接待活动相对应，后者需要梳理的博物馆材料更复杂，了解家乡变化更直观，更提升了对家乡对国家的自豪感，“金色课堂”中鼓励家长与学生一起利用节假日参加学校劳动教育基地的公益服务，强化巩固劳动教育成果。又如：在学校"归有光（号震川）水利"劳动教育课程基础上，开发上海水闸博物馆、上海"远望一号"、河南安阳红旗渠纪念馆作为水利探究主题教育阵地，在校外更深入开展对水利知识的学习研究和实践，从中提升动手能力，培养工匠精神，传承红色基因；再如：学校发挥地域优势，拓展上海汽车博物馆、上海延锋彼欧汽车有限公司等作为汽车主题的企馆劳动教育阵地，在实践中提升创造能力。课程资源的主题式递进，既增强了教育资源间的内在联系，又提升了课程吸引力，提高了活动挑战性，让学生在体验劳动辛苦，学得劳动技能之外，更感受到劳动创造和劳动精神的可贵。

三、由家校社合作强化育人合力

教育质量的好坏取决于施教者，师资力量就是劳动教育效果的关键。劳动教育的老师不应该只局限于校内教师、班主任、各学科教师、后勤职员，还应包含家长、社会人士。我校依托劳动教育基地资源群和家委会，有着较大的劳动教育校外教育队伍。但由于校外人员并非教育专业领域人员，为了保证教育效能，我校建立了一套管理模式和一套研修模式：

首先是建立三级管理模式，以此统一教育目标、教育内容和教育行为规范。三级即为：劳动教育领导小组—劳动教育课程项目小组—课程实施人员，领导小组由校长、副校长、校家委会主任和校外劳动实践基地负责人组成，负责对劳动教育课程进行全面设计、培训和指导；课程项目小组由学生工作部主任、年级部主任、年级家委会成员和各基地实践活动策划人组成，负责对具体活动的策划、组织、协调以及对参与活动的指导人员的培训；课程实施人员包括班主任、教师、校内工勤人员、校外实践基地指导员、家长，负责带领和指导学生开展具体劳动教育活动，并对其开展活动评价。

其次是组织校外课程实施人员开展研修活动，提升劳动教育课程执行力，保证劳动教育质量。我们采用"一项目一研一录"的分散式研修模式，这里的"一项目"为狭义的一种劳动岗位活动，"一研"即就一种岗位活动开展研讨工作，根据已有活动指导手册，详细讨论本岗位活动的方案、具体内容、操作流程、安全预案和评价方式等，统一思想，做好部署；活动后，以针对过程中典型困惑和难点做交流分享并梳理成文，将金点子、好方法编辑成册《"红马甲"金点子汇编》供大家学习借鉴。"一录"是对技术性教育内容做精心录制，由校外指导员和学生共同完成，主要以录像形式记录活动过程的规范动作、组织安排和注意事项，以及学生的精彩表现，作为下一批学生活动指导的影像资料，这样既减少了各校外场所和基地因各种原因调动负责人或指导员后造成的人员反复沟通和培训损耗，影像资料的生动形象也深深吸引了学生，使活动前的指导不那么枯燥抽象，提升了学生学习与实践的参与兴趣。

四、由发展细化多元评价

要充分发挥劳动教育综合育人功能，使学生得到全面发展，离不开科学规范的教育评价。我们一直努力研究建构适合学情生情的劳动教育评价体系，规范校外劳动教育评价机制。

学校研究并制定了《震川中学劳动教育学生素养评价指标》，共五大板块20条指标，使劳动教育的目标更具体化，育人导向更全面综合。各校外劳动教育基地活动据此制定活动评价要求，以此聚焦学校培养目标，达到预期教育效果。

在对学生评价方面，我校将劳动教育评价纳入学校学生综评体系中，成为学校最高荣誉“小震川先生”评比的重要依据。具体操作时，采用积分评价方式，四年可累积，根据学生活动的知识、技能、情感、态度、价值观等方面的外显表现，对学生的活动前、中、后全过程开展综合性评价。“蓝色课程”以学生自评、小组内互评、小组间评优为主，“红色课程”和“金色课程”以校外指导员和家长评价为主，小组互评为辅。班主任作为审核员，项目工作组负责人作为仲裁员。

此外，学生也是课程的评价者。每次活动结束，学生会通过问卷形式，对指导员老师、班主任以及活动课程做满意度评价，学校以此作为参考依据，每学期末评选和表彰优秀劳动教育指导员和优秀校外活动基地，激励和感恩为学生全面发展做出不懈努力和付出心血的广大社会人士和家长。

案例中的孙老师经历了上次劳动教育的遗憾后，采取了一系列措施为下一次活动做充足准备：首先，对班级学生的劳动观念、劳动技能、劳动习惯等做了调研，了解本班学生的成长需求；其次，了解各活动课程目标、要求、评价方式等，结合班情生情对学校的劳动课程做了梳理，有针对性地为学生选择活动内容；再次，向学校提出建议，深入校外实践基地实地考察，与指导员们做沟通、互留联络方式；然后，召开班委会和主题班会，引导学生总结反思本次活动的收获和不足，并征集改进措施；最后，组建岗位小队和“微型自管会”，选择自律性高、责任心强的学生做队长，对其进行活动过程的直接培训。孙老师也把反思和后续措施递交给了学校，根据基层教师的反馈，学校规范了劳动教育的内容，注重队伍培训，规范管理和评价措施……学校的劳动教育在不断探索中前进。

作者介绍

王婷婷，上海市嘉定区震川中学党支部委员、副校长，高级教师。从事德育研究十余年，关注家校社协同教育，先后主持并参与多个市区级德育课题，多篇德育论文在各类期刊发表。

学生责任意识淡薄，怎么办？

利用社会实践资源
有效开展责任教育

蔡青桔

情境导入

马上要到寒假了，学校号召学生积极参加社会实践活动，李老师在班级进行了动员，但主动报名参加的学生却寥寥无几，学生们都各有各的理由，有的学生说自己太忙没时间参加，有的学生认为活动太无聊没意思，更有些学生认为这些活动对以后升学没帮助，纯粹是浪费时间……

班主任们在班级管理工作中也有自己的困惑，大家纷纷感叹班级学生越来没有责任心：班级用心组织了各项活动，学生的参与积极性却不高，觉得这些事情都跟他们没关系；班主任在班级天天讲，天天教，可班级学生损坏公物、在课桌椅上乱涂乱画的现象还是时有发生；班级打扫卫生时总有那么几个学生总是会"忘记"自己的打扫任务；更有个别学生甚至对自己的生命和家庭也很淡漠，一遇到挫折和打击，动辄离家出走，甚至发生自残行为……这对学校的日常管理工作带来很大挑战。

问题归因

学生之所以不愿意参加社会实践活动，对班级日常任务敷衍了事，甚至对生命也没有敬畏心理，归根结底有一个很重要的影响因素——责任意识淡薄，他们没有深刻地认识到每个人都应该对自己、对他人、对集体、对社会承担相应的责任。因此，无论是开展社会实践活动，推进班级日常任务，还是改进学生个人行为问题，想要取得良好的教育效果，都离不开责任意识，尤其是社会责任意识的培养。学生责任意识（尤其是社会责任意识）淡薄产生受多方面因素的影响。主要受家庭、学校、社会等综合因素的影响。

一、家庭教育

传统的家庭教育往往重视对孩子智力和能力的培养，在“只有学习好才能考上好学校，只有考上好学校才能找到好工作”的教育观的影响下，大多数家庭容易忽略对孩子责任意识的培养。现在的初中学生大多为独生子女。随着生活水平的提高，家长们对子女的疼爱有目共睹，难免存在溺爱或只重视知识文化教育而忽略道德品质教育的现象。从小生活在父母乃至长辈们的保护伞下，学生们养成了衣来伸手饭来张口的生活习惯，逐渐形成一种以“我”为中心的观念，习惯了将责任推给父母，进入学校之后就理所当然是将责任推卸给他人。久而久之，学生慢慢淡化了自己应尽的责任，逐渐形成责任意识淡薄的心态。

二、社会环境

改革开放以来，我国经济持续飞速发展，随着我国融入世界程度的不断加深及网络信息化的日益推进，当代初中生在接收信息的渠道上，无论是从其广度，还是深度上，都较以往更为深入、广泛和复杂。西方文化逐渐渗透到我国，西方文化理念中浓烈的个人主义色彩，导致中学生对责任与自由产生了一些错误认识，过度追求自我价值和自我的自由，从而弱化了对国家民族的责任和承担社会责任的能力，一旦涉及具体利益时，往往以自我为中心，缺乏奉献精神。

三、学校教育

随着社会的发展和教育改革的不断深入，我们越来越意识到了素质教育的重要性。虽然目前素质教育的呼声越来越高，但考试分数仍然是各界非常看重的一个因素，这就导致了学校教育“重智轻实践”和以分数衡量学生。在这样的环境下，中学生普遍缺乏社会实践经验，缺乏接触和了解社会的机会，这样势必造成学生的社会责任感缺失。

针对学生责任意识淡薄这一现状，学校管理者应该着重考虑学校教育对学生责任意识的影响，通过丰富多彩的社会实践活动增强学生的社会责任意识。

理论分析

一、责任意识的概念

责任意识是指一个人对其所属群体的共同活动，行为规范以及他所承担的任务的自觉和负责的态度。主要包括自我责任意识、家庭责任意识、集体责任意识、社会责任意识等。负责任、有担当是每个公民应该具备的基本而又崇高的品德，是每个学生今后进入社会、适应社会、服务社会、贡献社会的基本素养。

二、社会实践活动对增强责任意识的重要作用

学校教育不应只是短时教育，教育工作者更应该关注学生的终身发展，应加强学生学习与社会现实之间的联系，让学生动态地观察、体验社会生活，为将来适应社会、参与社会、解决社会问题奠定基础。这就要“促进学生社会性的发展”，关注时事、关注生活，所谓“家事、国事、天下事，事事关心”。

基于此，学校积极开发校内外社会实践资源，以“立言—立行—立志”为路径，以“责任意识、创新精神和实践能力培养”为重点，逐步形成从六年级到九年级“对自己负责、对家庭（家乡）负责、对他人负责、对社会负责”的以“责任教育”为核心的递进式综合社会实践活动课程体系。

实践支招

一、目标确立，定位科学化

负责任、有担当是每个公民应该具备的基本而又崇高的品德，是每个学生今后进入社会、适应社会、服务社会、贡献社会的基本素养。在“重在奠基，和谐发展”办学理念的指导下，我校围绕“责任与担当”，积极开发校内外教育资源，以“立言—立行—立志”为路径，以“创新精神和实践能力培养”为重点，逐步形成以“责任教育”为核心的递进式综合社会实践活动课程体系（如下图所示）。

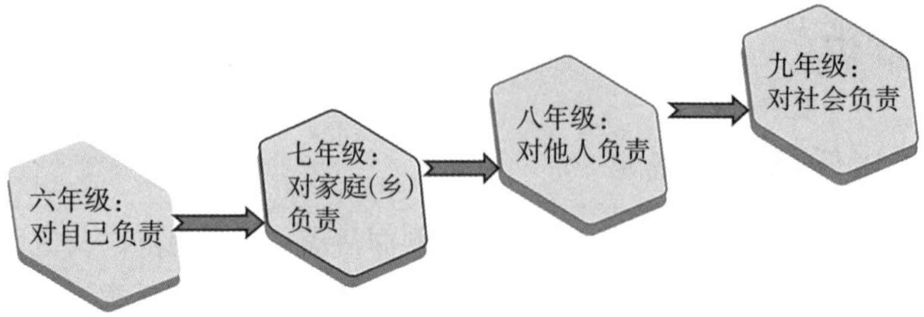

华江中学以“责任教育”为核心的递进式
综合社会实践活动课程体系

力求通过以“责任教育”为核心的递进式综合社会实践活动课程实施，达到以下目标：

首先，围绕“责任与担当”，以“创新精神和实践能力培养”为重点，构建学校与社会资源协同实践育人新模式。

其次，学生在实践体验课程中，能了解认识自我、家庭、他人和社会，并在实践体验中感悟到自己的责任，增强社会责任感和使命感。

最后，学生在实践体验课程中，能获得体验过程中的幸福成长历程，培养良好的道德品质、行为规范和创新意识以及社会适应能力。

二、内容丰富，课程系列化

根据学校实际情况，在明确课程目标的基础上，学校逐步形成了“六年级对自己负责”“七年级对家庭负责”“八年级对他人负责”“九年级对社会负责”的递进式综合社会实践活动课程体系。

在此基础上，学校以“满足学生活动场地资源需求”为出发点，以“合作共赢”为理念，以“遵守共建协议”为措施，挖掘校内外基地资源，落实和完善基地共建制度，确保以“责任教育”为核心的八大学生社会实践活动课程能充分实施。在前期的不懈努力下，学校已和周边的消防中队、解放军部队、阳光之家、水务所、花木园林市场、申窑、各大社区等十几个校外机构签订了共建协议，形成了良好的合作与互动氛围，营造了一个宽松、良性运转的大德育环境，“责任教育”综合社会实践活动课程实施创造了良好条件。

学校充分利用社会资源，统筹协调，分年级开发实施了八大社会实践课程（见下表），通过丰富、系列化的社会实践课程逐步培养学生的责任意识。

以“责任教育”为核心的八大社会实践活动课程

<table>
<tr><th>课程类别</th><th>课程资源（地点）</th><th>课程名称</th><th>课程内容</th></tr>
<tr><td rowspan="2">六年级
对自己负责</td><td>学校
阳光之家
江桥消防中队
共建部队</td><td>◆ 走进学校，了解自我</td><td>● 理想信念教育；
● 行为规范教育；
● 校史校情教育；
● 心理健康教育；
● 新生军训</td></tr>
<tr><td>学校
农场</td><td>◆ 走进春天，认识自我</td><td>● “对自己的生命负责”系列活动；
● “对自己的学习负责”系列活动；
● “对自己的行为负责”系列活动</td></tr>
<tr><td rowspan="2">七年级
对家庭
（乡）负责</td><td>学校
家庭</td><td>◆ 走进家庭，对家庭负责</td><td>● 了解家史；
● 共建成长档案；
● 完成爱心作业；
● “一日当家”活动；
● 展示分享交流</td></tr>
<tr><td>黄家花园
新泽源画家村
上海申窑
高潮中心村</td><td>◆ 走进虬江河（家乡），对家乡负责</td><td>● 感受社会主义新农村；
● 探究文化艺术和市场经济；
● 体验原生态</td></tr>
<tr><td rowspan="2">八年级
对他人负责</td><td>共建社区
敬老院
学校周边公共场所</td><td>◆ 走进社区，对他人负责</td><td>● “清洁家园，共创文明”社区志愿服务；
● 共享一片蓝天——与“阳光之家”融合活动；
● “青春辉映夕阳红”关爱孤寡老人行动；
● 文明交通志愿服务；
● 绿色环保志愿服务</td></tr>
<tr><td>嘉兴</td><td>◆ 走进青春，对他人负责</td><td>● 与绿色有约
● 与能手有约
● 与勇敢有约
● 与创意有约
● 与成长有约</td></tr>
<tr><td rowspan="2">九年级
对社会负责</td><td>绍兴</td><td>◆ 走近鲁迅，对社会负责</td><td>● 学习鲁迅精神系列探究活动。
● 在鲁迅故乡——绍兴考察拓展，对社会尽责</td></tr>
<tr><td>学校
东方绿舟</td><td>◆ 走进社会，立志尽责</td><td>● 励志成长，放飞理想
● 畅游绿舟，放飞理想
● 惜别母校，放飞理想</td></tr>
</table>

三、注重评价，成果显性化

评价是各类课程实施过程中最重要的环节之一，也是衡量课程目标是否达成的必要环节。在以“责任教育”为核心的综合社会实践活动课程实施过程中，学校尤为重视评价的导向作用，将过程性评价与结果性评价相结合，既关注学生的活动表现、尽责情况，也关注学生相关“社会实践活动学习单”或“学习任务单”、活动手册的填写情况、各方反馈意见及活动反思体会等，综合评价学生的整体表现。同时，在每次实践活动课程结束后，通过问卷调研、学生行为观测、座谈等形式掌握实践课程对学生责任意识的影响，并持续不断改进课程设置。

通过几年的持续探索，学校以“责任教育”为核心的综合社会实践活动课程已经取得了较为明显的成效。

（一）体验合作实践乐趣，合作共进的团队悄然形成

在综合社会实践活动课程的实施过程中，实力相对均衡的班级、雏鹰假日小队、志愿服务队、探究小组等各种学生团队以及各有所长的指导教师团队，在各种学习、展示和竞赛活动中，公平竞争，实现各尽所能，各获所需的社会实践体验的目标。一个个积极进取、合作共进的团队悄然形成，这是我校综合社会实践活动课程实施的最为可喜的成果之一。

（二）充分挖掘社会资源，责任教育的魅力悄然绽放

挖掘本土资源不是简单地将本土资源直接拿来使用，而是将其中蕴含着的人文情感充分提炼和释放出来，并与学校教育有机相融，共同锤炼学生个体生命的独特性。我校以“责任教育”为核心的学生综合社会实践活动课程，秉承的就是有效利用本土资源的一种理念，为学生形成正确的责任意识、责任行为和责任品质奠基。

（三）贯彻自下而上原则，学为所需的社会实践目标悄然实现

我校学生综合社会实践活动课程内容的安排，均采用自下而上的原则，征询广大学生和教师的意见，将广大师生喜欢和感兴趣的形式和活动，作为社会实践活动的重要载体和主要内容，学生尽职尽责，自主自动，加之和谐的师生关系、

正气的校风校貌，让广大学生充分体验到，学校组织开展实施的综合社会实践活动课程是为他们的成长服务，是为他们今后的和谐发展奠基。通过一段时间的实施，学生的参与度和主动性得到了明显的提升，取得了预期的效果。

作者介绍

蔡青桔，嘉定区华江中学副校长，高级教师，具有丰富的班主任工作经验及德育管理经验，秉承“教育即生活，实践即学习，让学习在社会实践中自然发生”的教育理念，创造性开发和设计社会实践活动课程，曾在各级各类刊物上发表多篇德育论文。

家庭教育效能低，怎么办？

开发“幸福存折” 提高家庭教育效能

李 莎

情境导入

学校在充分做好学校教育、用好社会资源的同时，日益重视家庭教育，通过集会、讲座等各种途径向家长大力宣传解读《嘉定区“学生幸福课程”实施指导纲要》，同时下发《家校携手 共创幸福》倡议书，期待着家长们能够跟学校并肩同行，从孩子的健康起居、创设和睦家庭等诸多方面助力孩子健康幸福成长。但是我们却在班主任群中听到了这样的声音——

“我们班小 A 同学的家长太不关心孩子了，居然连孩子在哪个班读书都不知道。”

“我们班家长倒是挺关心孩子，但是就只关注学习成绩。”

“是呀，我上次上一节幸福指导课，想请家长配合，其中我们班的家委会主任倒是挺支持配合的，可大多数家长完全没有配合的意识，真是伤脑筋！”

“我们班家长也挺积极，但家长总会向我抛出这样的问题——为什么我的孩子在校表现很乖，在家怎么就不听话？”

问题归因

以上这些声音反映了家庭教育效能的问题。家长在家庭教育中承担着主体责任，家长是否真正履行家庭教育的职责？家长在教育孩子的过程中是否遵循孩子的成长规律？家长能否做到在家庭教育中以身作则？这些问题逐一摆在我们面前，值得大家深入思考。

目前家庭教育效能低主要原因是：

一、家长教育观念陈旧

一些家庭在教育孩子问题上重智轻德、重智轻能、过分宠爱、过高要求，造成孩子心理负担过重、只知死读书没有任何兴趣爱好或者成绩尚可品德欠缺等问题，严重影响孩子的身心健康发展。

二、家长缺乏主体责任

家长认为教育是学校的事，是老师的事，对孩子疏于管教，把教育的责任完全转嫁给学校。这类家长不懂得家庭教育的重要性，也没有家庭教育的紧迫感，完全没有认识到家庭是孩子人生的第一课堂，父母是孩子的第一任老师的观念。

三、家长未能以身作则

一些家长心里想的、嘴上说的是要用正确的方法教育引导孩子，可是没有拿出具体的实际行动，没有系统掌握家庭教育的科学理念和方法，更没有重视以身作则和言传身教，造成自身素质不高、说的跟做的“两张皮”现象。

四、学校未能充分挖掘资源

著名教育家马卡连柯有一个鲜明的观点：“学校应当领导家庭。”家庭教育方法如何，对子女的身心产生极大影响。一般说来，家庭教育是有其局限性，需要学校的指导和帮助。如果学校不充分挖掘优秀家长资源，不充分调动家长参与学校教育的积极性，学校不能起到很好的家庭教育指导作用，那势必会影响孩子的健康成长。

上海市嘉定区为了满足学生成长发展需要，立足区域特点，研发了区本德育课程“学生幸福课程”，幸福课程以培养具有良好行为习惯与幸福生活能力的学生为核心理念，把培养健康人格、培养公民素养作为课程总体目标，以生活体验方式，指导学生获得幸福和自信的能力。其中家庭教育就是实施“学生幸福课程”的重要途径，课程中强调：要让广大家长理解、支持、配合、参与学生幸福课程的实施，让家长也成为学生幸福生活的引领者，才能真正发挥家庭教育的力量。学校结合区域、校本实际，借力家委会资源着手解决“家庭教育效能低”这一问题。

理论分析

一、家庭教育效能是孩子成长的关键所在

“效能”一词在《现代汉语词典》里解释为：事物所蕴藏的有利的作用。顾名思义家庭教育效能指的是发挥家庭教育对孩子积极、有利的教育引导作用，促进孩子健康、全面发展。苏霍姆林斯基把儿童比作一块大理石。这块大理石要雕琢成一件成功的艺术品，主要依赖六位雕塑家：家庭、学校、儿童所在的集体、儿童本人、书籍、偶然出现的因素。由此我们可以看出家庭教育效能的高低对孩子的成长至关重要。

二、借力家长委员会激发家庭教育活力

《教育部关于加强家庭教育工作的指导意见》中指出：学校要发挥好家长委员会作用……将家庭教育指导服务作为重要任务。家长委员会要邀请有关专家、学校校长和相关教师、优秀父母组成家庭教育讲师团，面向广大家长定期宣传党的教育方针、相关法律法规和政策，传播科学的家庭教育理念、知识和方法，组织开展形式多样的家庭教育指导服务。由此我们得到启发，借力家长委员会资源激发家庭教育活力可以从组建优质家庭教育讲师团、创新家庭教育方式等方面展开。

实践支招

基于以上分析，为提升家庭教育效能，学校从借力家长委员会开发“幸福存折”这一实践寻求问题解决之策。

一、积极思考激发灵感

1. 制定调查问卷，了解家长心声。家长的生活环境、社会阅历不同，文化程度参差不齐，处理孩子问题的方法也不同。简单粗暴的家长说，这孩子我都打了不知道多少次了，就是没用；无奈的家长说，老师，我们说了好多次要好好学习，可他就是不听；盲目的家长说，我们每天早出晚归，为了赚点钱，哪有时间

管他们；当然也有配合的家长与老师一起指导孩子的学习生活，只是这部分比例还有待提高。从家长的实际需求出发，学校联合家委会制定家庭教育问卷。从调查结果我们得知，家长的文化程度差异较大，家长在教育孩子方面，存在以下问题：一部分家长没时间教育孩子，大多数家长不知道教育方法，少部分家长父母双方教育意见不一致。在家庭教育的指导方面，大多数的家长希望通过学习提升自己的家庭教育水平，同时迫切希望学校多安排一些活动。比如多组织一些有针对性的专家讲座；多搞一些校园开放活动；多挖掘家长资源，开展小组活动，相互学习，互相帮助；多搞一些亲子活动，增进家长和孩子的感情等。

2. 召开座谈会，解决重点问题。了解家长的心声后，学校联合校级家委会成员共同商议解决问题的对策。问题聚焦在如何挖掘家长资源，丰富家校活动，提升家庭教育的水平方面。

3. 进行头脑风暴，创设《幸福存折》。家委会成员普遍认为学生版幸福存折围绕学校“自教育”办学思想，成功开发幸福六自章——自信章、自强章、自律章、自主章、自助章、自足章，孩子们通过积极参与学校各项文体活动等，能够争取到不同形式的奖章，并且学校每月都会利用集会隆重颁发“幸福章”，看着孩子拿到奖章骄傲的模样，家长们内心也很自豪。大家“突发奇想”：目前学校学生有“幸福存折”争章活动，为了调动家长们参与家庭教育的积极性与主动性，学校联合家委会是不是也可以搞一个家长“幸福存折争章活动”呢？

二、集体智慧创生存折

1. 细化争章条目，创新教育形式。家委会成员及学校德育骨干结合学校“自教育”办学思想，参照学生版《幸福存折》及《上海市0—18岁家庭教育指导大纲》具体制定家长版《幸福存折》。通过实施家长版《幸福存折》引导家长关注家庭教育，改变家庭教育理念，提升家庭教育水平，有效促进亲子沟通、家校沟通等。

家长版“幸福存折”以争章积分的形式开展。每个家长需要完成三个章（“自信自强章”“自律自主章”“自助自足章”），每个章的达标要求为全体家长必做，每达成一项得5分，3个章的达标要求全部达成得60分；每个章的超标要求为全体家长选做，每达成一项加10分，3个章的超标要求全部达成得40分。

以自信自强章为例，达标要求为：每周与孩子交流学习、生活等的时间不少于30分钟，做一名合格的倾听者；每月至少组织一次户外运动等亲子活动；告诉孩子近期的工作目标，有切实的行动，并坚持一个月以上；与孩子分享一段勇于克服困难、实现目标的经历。超标要求为：完成工作目标后，及时与孩子沟通，家长与孩子都有心得体会，能够形成文本。

2. 民主征集意见，完善幸福存折。第一轮《幸福存折》实施条目制定完成后，家委会在全校家长群中征集意见及建议，完善并通过家长版《幸福存折》。捧着一本本红通通的家长幸福存折，家委会成员如获至宝，但是片刻兴奋之后，大家又担心起来：“存折是有了，但是广大家长能不能很好去落实完成呢？”带着这一疑虑，学校管理者跟家委会成员又开始了新思考。

3. 广泛宣传辐射，奠定成功基石。家委会主任向广大家长宣传解释此项工作的意义并组织大家学习《幸福存折》具体内容。在家委会主任的宣传解释下，每个家长逐步了解了文字背后的深意、懂得了存折存在的意义。

三、大胆展示突破自我

1. 成员以身作则，率先积极争章。第一单任务：担任“校外辅导员”，家长来争“自信自强章”。学校德育、教学“精兵强将”对接校级家委成员，耐心指导家长如何备课、如何上课、如何制作精美的 PPT 课件。经过一周培训，家委会主任王爸爸敢于“吃螃蟹”，给全年级的师生成功上了一堂“消防安全知识”课。学校家委会把家长上课的视频转发至各个家长群，王爸爸的“第一秀”大大助涨了家长们的自信心，家长们发挥自己的职业特长，纷纷走进校园，登上讲台，担当起“校外辅导员”。乔妈妈带来的禁毒讲座，给大家普及了禁毒知识；张爸爸的“互联网与我”，让孩子了解 IT 行业的知识……言传身教，有了敢于挑战自我的爸妈做榜样，孩子们学习上、生活中更增添了一份向困难作斗争的勇气与毅力。

2. 掀起争章热潮，促进工作开展。家委会主任开了个好头，后续精彩故事还在上演：聂爸爸对于女儿的学习及生活习惯养成都比较重视，但是脾气急躁。他曾多次发现，孩子用的牙膏盖儿总是不翼而飞。经过观察，原来孩子每次挤完牙膏，不是先把盖子盖上，而是把牙膏往旁边一丢，久而久之盖子就不知道滚落到哪里去了。为此，聂爸爸先后采取过多种措施：反复提醒、给孩子演示刷牙的“标准流程”、告诫她如果再出现不盖盖子的情况他就把她牙膏扔掉等，虽经过长期“斗争”，但效果却依然不如人意，甚至时常引发家庭矛盾。

正在困惑之时，聂爸爸拿到了家长版“幸福存折”，将计就计，根据存折里“家长跟孩子居家能够养成良好的生活习惯”这一要求，父女双方互相督促，成功获得“自律自主章”，一个因为“幸福存折”的小小转变，既收获了父女之间的和谐关系，营造了良好的家庭氛围，又帮助孩子养成了良好的生活习惯。

四、活力争章收获幸福

1. 丰富评价形式，评选“最美家长”。争章过程采用“1+3”评价模式。“1”即家长本人自评，“3”指的是家委会评价、教师评价、学生评价相结合。并且幸福存折争章活动成立由家委会主任担任组长、家委会成员、学校教师、学生代表组成的活动监督小组，对整个过程进行监督指导。同时通过“1+3”评价模式，每年年终根据家长表现，评选“最美家长”十名，让家长站上最美的舞台，接受全校师生、家长为他们送去赞扬与祝福。

2. 工作成效显著，幸福指数倍增。家庭教育工作取得显著成效，学生、家长、教师幸福感倍增。学校家委会似乎是一块有力的基石，在这块基石上架起了“幸福存折”这座桥，桥上走着充满着成就感、幸福感的学生们、家长们、老师们。大家清晰地看到家长版“幸福存折”，让家长成为孩子幸福生活的引领者，家长给孩子起到了表率作用，并且家长和孩子处在了平等的位置上，亲子互帮互助，极大地增进了家长与孩子的沟通交流，也为家庭教育和学校教育的结合走出了试验性的一步。

如果孩子是成长的树苗，那么家庭是根，学校和教师是肥和水，只有根深才能叶茂。家庭应该是教育的主导者，学校借力家委会资源开发“幸福存折”，有效提升了家庭教育的效能，真正做到了“一把钥匙开一把锁”，实现了家校双赢!

作者介绍

李莎，上海市嘉定区金鹤学校党支部委员、副校长。从事管理工作十余年来，她始终把孩子们、老师们的信任当作荣耀，把育德事业当作自己人生的光辉阵地。

外来务工子女对未来缺少规划，怎么办？

建立多方联合机制
开启学生生涯导航

陈肖前

情境导入

一天，在学习完社会课“职业的变迁”后，一名九年级外来务工子女学生焦虑地找到老师，说：“老师，你上课说未来职业会有很多变动，对人才的要求也越来越高。我很担心，我不知道我以后能做什么？”老师问道：“那你喜欢和擅长的是什么呢？”学生摇摇头，丧气地说：“我没什么擅长的，虽然喜欢打球和电脑游戏，但是好像对我未来的就业也没什么帮助，我觉得我未来肯定找不到好工作了。”

这名同学的困惑代表了当今初中生普遍面临的困惑，尤其是外来务工子女学生，他们因不具备在户报考普通高中的资格，会更早地面临专业与职业选择的问题。加之家庭教育理念与资源差异，如何有效联合校内外资源引导他们开展对未来的生涯规划，是当今中学教育亟待解决的问题之一。

问题归因

在欧美等地区，关于生涯教育的理论与实践已有多年的经验，并形成了一套相对全面系统的模式。而我国，生涯教育还处于初步尝试阶段，无论是教育体系与资源的规范化，还是家长与学生本身的生涯教育意识，都有待进一步加强和提升。虽然市教委已经发布了《关于加强中小学生涯教育的指导意见》的政策文件，但在具体的生涯教育实施过程中还存在着诸多欠缺，具体原因有以下几个方面：

一、政策层面缺乏实施细则的系统性和规范性

关于生涯教育实施的政策文件虽然对中学开展生涯教育的重要性和必要性进行了肯定和倡导，但在具体实施过程中，从课时安排、师资配备、社会资源等方面还未形成详细的保障措施。各校在实践中多从校本资源出发，开展形式多样的实践。生涯教育课程也还未形成统一教材，教育实施具有极大差异性，存在不系统、不全面、不深入的问题，所以学生生涯素养和能力的培养效果会大打折扣。

一、实践层面缺乏社会资源的衔接与联合

生涯教育的开展除了校内课程的理论学习，离不开校外社会实践的经验积累。目前，各校开展生涯实践的社会资源大相径庭，大多受各地本土资源限制，未能形成多方社会资源的联合机制，中小幼学段的生涯教育和实践也缺乏科学的有效衔接，未能形成社会实践系统模式。

三、学生层面缺乏对内部与外部世界的全面了解

进入中学阶段，学生自我意识开始萌芽，但是因为缺少科学的引导，很多学生对自我的认识要么完全出于自我想象，要么会完全依赖于同龄人的评价，可能会形成过度自负或过度自卑的心理。只有将自我评价和他人评价相结合，才能形成对自我客观、全面的了解，也能对自己的生涯规划实践路径充满信心和自我效能感。

对于社会职业的发展，许多学生所了解的职业大多局限于“教师”“医生”等传统职业，对于一些新兴职业则知之甚少；对于社会职业的发展变迁、所需技能、工作内容等更是全然无知。所以，面临自己的职业发展规划，很多学生表现出了迷茫和不知所措。

理论分析

基于中考改革对综合素质评价的考核要求，以及学生发展需求与学校发展现状，留云中学结合学校周边资源开始了面向初中生的“云星追梦”校本生涯教育探索，并形成了开启学生生涯导航的多方联合教育机制。“云”既代表“留云中

学”，又代表“多元”发展理念，意为“实现社会资源的共建共享”，形成“家校社三位一体”的资源创生实践；“星”意在“人人都是留云之星”的个性化发展教育理念，以实现让外来务工子女更好融入社会、提高自我认同、成长为自信追梦人的教育目标。

一、多方联合机制有助于落实国家育人目标

中考改革更关注探究学习、职业体验、社会考察，以此体现学生的创新精神与实践能力。而党的十九届五中全会《建议》要求“十四五”时期“要健全学校家庭社会协同育人机制”。我校的生涯教育多方联合机制，正是将党中央决策要求落到实处的重要实现方式。学校将生涯教育融入文化知识教育、社会实践教育等各个环节，增强了学生的综合素养、社会责任意识和实践本领，动员学校教育、家庭教育、社会教育相互协调，搭建各方协同育人的有效运行机制和资源网络平台，从而以良好的学校环境、家庭氛围、社会风气巩固育人成果，帮助每一个学生健康成长、努力成为全面建设社会主义现代化国家的有用之才、栋梁之材。

二、多方联合机制满足学生个性化成长需求

初中阶段的生涯教育重点在于生涯体验，我校实施的“云星追梦”生涯教育，就是在建立多方联合机制的基础上，突破课堂理论学习的时空限制，让学生在全方位的自我探索和自我发展过程中，激发生涯意识的觉醒；在丰富多彩的社会实践体验中挖掘多样化领域的潜能，提升生涯素养与能力；在个性化、多元化的评价中增强执行力和自信心，切实实现为学生筑梦、圆梦定位导航的教育目标。

学生在多方联合机制的学习体验下，可以成为“服务之星”“艺术之星”“创意之星”“学习之星”“科学之星”等，总之，人人都可以成为“留云之星”。《追梦少年团——留云中学社会实践 TED 集》，是学生们根据自己在课程和实践中的体验，总结经验感悟，形成的独具风格的 TED 演讲，将他们自信成长的经验辐射到更广泛的学生群体中。

外来务工子女学生，他们虽然不能走报考普通高中的升学路径，但是，他们可以在丰富的生涯实践与体验中体会工匠精神、掌握劳动技能，哪怕做一个踏实勤恳的普通劳动者，也可以绘制出属于自己的个性化梦想蓝图。

三、多方联合机制促进一体化发展教育的形成

学校多方联合机制能够在拓展横向社会资源的基础上，基于学生纵向成长发展需求，利用学区联盟优势，将生涯教育与高中接轨，并延伸至小学和幼儿园教育之中，形成生涯教育一体化发展。同时，也能在学区教育研修中将优秀经验成果分享给其他初中兄弟学校，在区域层面起到更广泛的示范与辐射作用。

实践支招

一、开展生涯调研定位发展需求

学校围绕“利用校本资源提升初中随迁子女生涯自主性的实践研究”开展课题研究，对初中阶段随迁子女生涯自主展开现状调查，了解学生生涯发展水平及需求，并依据调研结果，制定了“提高认知水平”“增强规划决策技能”“加强社会实践”等方面的生涯培养目标。在实施校本生涯教育中，以生涯课程为基础，帮助学生更客观理性地认识自我，激发学生的生涯意识觉醒和生涯能力习得。同时，学校重点发展生涯社会实践课程，使学生了解社会与职业需求，可以有目标地去学习与之相符的知识技能，从而提高对未来职业生涯的掌控感。

此外，学校委托第三方生涯专业机构实施生涯测评服务，涵盖6—9年级全校学生，定期对学生进行“生涯发展水平评估”“兴趣评估”“多元智能评估”“学习力测评”等，建立学生生涯发展档案，对学生生涯素养进行长期追踪和评估，并依据评估反馈的大数据开展不同年级的分层生涯实践，以满足学生的个性化发展需求。

二、拓展人文资源引进生涯导师

校内的生涯课是基础，但具有局限性，学生需要更多元的生涯体验，就需要引进社会教育资源。因此，学校在培养校内核心生涯教师专业队伍的基础上，同时注重发挥家长和社会人文资源拓展生涯导师储备量。

1. 生涯评委指导特色主题活动

学校独具特色的四大生涯主题活动：职业游园会、生涯TED大赛、梦想心理剧、商业挑战赛，保证每一个学生在校四年内可以每年参与一项大型生涯活

动。每次活动都由校内外生涯导师担任评委共同指导，引导学生拓展生涯视角和知识外延。

从商业挑战赛为例，该活动通过模拟商业运作形式，让学生切实体验企业经营的全过程。学生先组成商业团队参与生涯评委导师的商战培训，再通过集思广益、市场调查等形成兼具特色和创意的商业计划书，然后在商业路演中通过演说和表演宣传团队的商业计划，并赢得评委老师的投资资金，最后完成商业实战模拟经营。商战这一天，学校通过发放虚拟货币，营造真实的商业环境。这一过程完全由学生自主协作完成，台前幕后各种角色的体验，有效提升了学生们的实践能力和自我效能感，为学生筑梦打下坚实基础。

2. 生涯导师开设品牌选修菜单

学校邀请校外名人开展的“名人云中行”“不一样的生涯课”；引进JA大学生导师开展的“我们的世界”“点亮未来”JA课程；还有发挥家长资源的“爸爸活力团”等，成为校内生涯拓展选修课，为学生提供菜单式的选择，有效拓宽了学校生涯教育外延，为生涯教育的多元化提供时空保障。

以“爸爸活力团”为例，学校针对家庭教育中“爸爸地位”弱化和学校男教师偏少的现状，将家长资源中“爸爸”的角色地位放大，让学生家长来校开设“运动职业”类拓展课，让孩子在爸爸的带动下，充分调动体力、耐力、能力，充分展现阳光、勇敢、坚强等素养，进一步促进学生积极品质的形成。来自不同职业领域的家长，根据学生的兴趣开设主题互动式小班课程，呈现“短、平、快”成效的“胶囊”课程菜单，为学校开展家庭生涯教育提供了可实践的新样态。

三、联合地域资源巡航生涯实践

读万卷书，不如行万里路。生涯教育的内容不仅仅局限于学校，是在社会实践体验中将学习的理论与实践相结合，在运用过程中得到能力的提升。

学校结合社会实践与初中综评要求，利用高校、企业等各种社会资源，构建了“家校社”协同机制。有基于南翔地域特色，联合云翔寺开展的“云中国学夏令营”，联合南翔智地与南翔老街开展的“走近古镇职业人”职业参访；有基于教育一体化发展需求，联合大众工业学校和江南造船厂开展的高职院校参观；也有基于企业自身品牌文化传播需要，联合工业领域开展的“康师傅”“养乐多”“京东物流”工厂参访，联合文化产业开展的“ACG动漫产业中心”学习，联合餐饮服务行业开展的“星巴克咖啡文化之旅”“麦当劳服务生体验”；以及调动家长资源的“今天我陪父母上班”和“假日小队职业参访”等，20余个校外联合基地，很好满足了孩子们多元化、个性化的发展需求，切实提高了生涯教育的针对性和实效性。

四、多管齐下提升生涯素养和能力

学校根据前期调查报告分析，针对性地加强了对外来务工子女学生的生涯教育，通过“家校社”三位一体联合资源的创设，多管齐下地实施系统化校本生涯教育，让学生在全方位自我探索和自我发展的过程中，培养了探索心和觉察力；在丰富多彩的社会实践体验中，肩负起家庭和社会的责任感，提升了同理心和协作力；在个性化、多元化的评价中增强了自信心和执行力。经过学校调研和实践显示，系统的校本生涯教育机制显著提升了初中学生生涯适应能力的各个维度，有效提高了他们对自己人生的掌控感，促进了学生生涯素养和能力的全面提升。

我们相信，每一个学生都是一颗生命力旺盛的“幸福种子”，我们的老师、家长将和“种子”们共同成长，共同孕育每一颗“种子”的生根发芽、茁壮成长！

作者介绍

陈肖前，上海大学附属嘉定留云中学副校长，高级教师。在德育管理方面，形成具有“云”特色的倒三角型学校管理模型，实现德育工作的扁平化管理；在德育学科融合方面，研究并实践具有特色的PECULIAR社会实践课程，并多次发表相关论文。

对中华优秀传统文化认同不足，怎么办？

丰富实践体验资源　实施浸润式教育

吴　斌

情境导入

开学伊始，又值孔子文化节，学校筹备举行孔子入学礼，带领学生走智慧门、作揖礼、佩戴智慧巾，旨在通过传统仪式的形，塑“尊圣贤、敬师长、启心智、明事理”的华夏学子之魂。

入学礼正式举行的前两天，学校广播响起，提醒学生尽快进入操场参加排练，学生稀稀落落，姗姗来迟，不少同学开始抱怨：

A：这种传统仪式也太无聊了，就是浪费时间走形式，看不到任何意义。

B：还不如国外的入学仪式，活动好玩新颖，还可以穿自己中意的服装。

C：算了算了，希望以后这种可有可无的仪式能越来越少，不要影响我们学习。

显然，部分学生对参与传统仪式活动的积极性不高甚至有所抵触，对传统文化的情感态度淡薄，缺乏认同感。

问题归因

高中生对中华优秀传统文化认同不足，主要有以下几方面的原因。

一、社会环境

当今社会思想文化日益丰富多元，信息更新快速、获取便捷，人们思想活动的独立性、选择性、多变性和多样性逐渐增强，各种文化相互交融，各种思想观念相互碰撞，对高中生中华优秀传统文化认同的形成产生了直接的影响。

而当代青年学生正处于经济快速发展、物质条件丰厚的时代，产生于不同社会背景下的传统文化对他们来说是很陌生的，没有切身的体验，难以形成强烈的感知，文化认识多浮于表面，导致理想信念缺失，文化认同不足。

再者，大众传媒对中华优秀传统文化的宣传力度不够，反而出现许多低俗的内容，易引起一些辨析能力差、模仿能力强的中学生的盲目效仿，导致他们对传统文化的认知和情感日益滑坡。

二、学生个性特点

高中生自我意识强，追求个性、标新立异，不喜欢守旧、老套的事物，存在崇尚西方文化、追求西方潮流和时尚的现象，有的学生甚至认为中国的传统文化是落后的，跟不上时代的，缺乏文化自信，自我辨别能力也有待提高。

由于对传统文化缺乏认识，大部分学生认为传统文化教育活动存在形式化、工程化的弊端。

此外，迫于应试的压力，不少学生把重心放在各考试科目的分数上，较少关注自身文化素养的养成与提高，存在功利主义的思想。

三、学校教育

学校教育在高中生优秀中华文化认同中扮演着重要的角色。学校是学生系统接收文化知识，塑造优秀中华文化认同的主要场所。然而，部分学校育人方式较为传统，片面追求学业成绩，缺乏人文道德素养的教育和培养，校园的文化氛围不够浓厚。

部分学校在开展传统文化活动和教育时，要么方式上过于单一，对学生没有足够的吸引力和感染力，要么流于形式，并没有真正落到实处，只是嵌入式地开展活动，并未对其中的精神实质进行挖掘再传递给学生，导致学生未能充分理解活动意义，教育效果甚微。

此外，缺乏相应的评价考核机制和专项资金也给学校开展文化培育活动带来困难。

四、家庭教育

家庭是学生了解中华优秀传统文化的首要场所，家庭教育对于培养学生的文化情感以及认同有着重要的作用。部分家长在教育过程中更注重成绩，轻视道德素养提升和文化认同教育，或本身对优秀传统文化的了解程度较低，很难帮助孩子了解中华文化的深厚底蕴，更难以帮助孩子形成对优秀中华文化的认同。

还有一部分家长虽对孩子进行了文化教育，但方法较为生硬，如用说教的方式强迫孩子接受，使得孩子在情感上有所抵触。

理论分析

学校为贯彻落实全国教育大会精神和国务院办公厅《关于实施中华优秀传统文化传承发展工程的意见》《关于新时代推进普通高中育人方式改革的指导意见》，积极推行开展中华优秀传统文化教育活动。

一、在实践与体验中实施浸润式教育有助于落实国家育人目标

《完善中华优秀传统文化教育指导纲要》中指出，加强中华优秀传统文化教育的基本原则之一是坚持课堂教育与实践教育相结合，既要充分发挥课堂教学的主渠道作用，又要注重发挥课外活动和社会实践的重要作用。《加强和改进中小学中华优秀传统文化教育工作方案》提出，充分利用校外优秀传统文化资源，鼓励文物保护单位以及博物馆、非遗场所等资源单位，研发中华优秀传统文化研学课程和路线，鼓励青少年校外活动场所开展中国传统手工艺体验等活动。《关于实施中华优秀传统文化传承发展工程的意见》中提到，注重文化熏陶和实践养成，把跨越时空的思想理念、价值标准、审美风范转化为人们的精神追求和行为习惯，不断增强人民群众的文化参与感、获得感和认同感，形成向上向善的社会风尚。

我校定期组织学生到文博场馆参观学习、进行暑期传统文化研学、志愿者服务、文艺体验活动、仪式教育活动等，充分落实国家育人目标，把课堂教学、社团活动等搬进文博场馆，改变一味灌输与说教的教学方式，让学生在真实情景下接触和了解丰厚的文化遗产，接受文化熏陶，体味优秀传统文化魅力，增强对传统文化的学习、理解和感悟，提升文化认同。

二、在实践与体验中实施浸润式教育符合学生成长特点

高中阶段以增强学生对中华优秀传统文化的理性认识为重点，引导学生感悟

中华优秀传统文化的精神内涵，增强学生对中华优秀传统文化的自信心。基于此，我校根据高中生年龄特点推进中华优秀传统文化教育。浸润式教育符合高中生的认知水平和成长需求，在情景交融中潜移默化地产生熏陶作用，更切实地引导学生感悟其精神内涵。

学校利用传统节日的内涵，开展以感受传统节日文化为主题的教育活动，比如在清明节进行感恩先烈的教育，在端午节进行爱国教育，在中秋节进行亲情教育等。或在班级文化建设中加入传统文化的元素，在展览台或文化墙布置传统手工艺作品，让学生随时接收传统文化的熏陶，获得审美的感受。

三、具身认知与情境化熏陶促成浸润式教育

具身认知理论认为身体和心理紧密相连，身体是心理的基础，先有身体再有心理，强调身体在人的认知过程中的核心作用，即身体不仅是心理的载体，还主动参与认知活动过程，从身体感知到心理认知，人的概念系统、认知框架建构基于身体运动、身体感觉以及人在社会环境中的身体体验，这种“身心统一”的身心关系理论，在教育学领域具有重要的指导意义。

文化认同养成教育是一种价值建构，是学生在对优秀传统文化的认知、感受、体验中不断生成的，在此过程中应充分重视学生的主体性，引导他们自觉接受文化认同养成教育，通过课程学习、教育实践，在创设的情境或真实生活中通过身体参与不断体会、不断感悟、不断积累，把优秀传统文化内化为民族精神并外化为实际行动。

文化认同的形成是一个以身心体验为核心的知情意行整合过程，这与具身认知理论所强调的身体体验在认知过程中具有基础性、关键性作用相一致。我们可以借鉴具身认知理论优化学生文化认同养成教育，促使学生对优秀传统文化的认知、情感、意志、行为统一发展。

实践支招

一、借助文博场馆资源，发挥铸魂育人功能

我校依托嘉定文博场馆开展各项活动，学生前往明止堂字砖馆、嘉定博物馆、陆俨少艺术馆、韩天衡美术馆等进行志愿者服务活动，以增强对地域特色文

化的了解，并在优秀文化的浸润中内化红色基因，增强社会责任感，坚定理想信念，树立报国志向。

与嘉定档案馆合作开展读书节活动，挖掘档案馆丰富的馆藏资源，通过阅读、聆听、感悟、实践和志愿者服务活动等形式，让学生了解并传播本地的历史文化，走进和了解档案，激发学生爱家乡、爱祖国的情怀。此外，在建党百年之际，馆校联动讲好党的故事、传承红色基因，推送各类红色档案史料，让学生在观看红色革命史料、倾听红色革命故事中，进一步了解“红”是一种精神，是一份信仰。

前往嘉定文化馆和保利大剧院进行观剧活动，以提升自我的文化修养，丰富学生的审美体验，培养学生具有美的感受能力，使学生主动地“用美”来净化心灵、美化心灵，树立正确的审美观，激发生命的活力，丰富精神内涵。

依托嘉定烈士陵园，开展“祭奠革命英烈，传承红色基因”“革命先烈，我想对你说”主题活动，组织学生祭扫英烈，向烈士献花，追思缅怀，把缅怀英雄、致敬祖国的爱国主义情怀厚植于学生心中；让学生学习革命先烈的英雄事迹和奉献精神，从而坚定理想信念，立志成为建设祖国的栋梁。

二、引进校外优质资源，丰富学生文化体验

我校通过龙狮文化校本课程帮助学生了解并体验中华民族勤劳、勇敢、不屈不挠、大胆创造等精神，增强学生的爱国主义精神；以影视编导社团、行止剧社、瓷画社、数码摄影社团、民族服饰社团、舞蹈社、中光合唱社等社团活动以及一年一度的校园艺术节系列活动为载体，在活动中促使学生主动养成团队合作的集体意识和遵守规范秩序的意识，并内化为良好的行为习惯，潜移默化地提升人文素养，升华自我人格。

在原有的基础上，我校进一步探索与属地街道、高校的团组织及学生社会实践基地等组织的共建模式。如引入上海师范大学示范实验学院志愿者指导我校创新实验室学生社团活动，依托嘉定镇街道师资资源开展彩虹手工社，借助明止堂字砖博物馆老师指导我校明止拓片社，引入具有扎实专业知识的专业老师和大学生志愿者，极大开拓了学生的视野，有力提升了我校社团活动的品质，更有效地促进学生成长与发展，为学校的教育教学改革提供广阔的平台。

三、运用外力助推文化浸润，开展文化认同指导活动

通过校园文化、地域文化、中华传统优秀文化介绍和参观活动，开展学校传

统特色文化、民族历史、民族语言、革命传统、人文传统等文化指导活动，增强学生的文化认同感。

我校依托学校的各项中外文化交流互访活动，通过介绍国家优秀传统文化、了解互访国或城市的文明成果（包括文化、价值观、风土人情、思维习惯、生活方式）等形式，培养学生对国家文化的认同和传承意识，增强民族意识和爱国主义情感。陶瓷研学课程，除了在学校开设相应的陶瓷文化、瓷画、制瓷课程外，还开发了“中兴之光，瓷行天下”景德镇陶瓷研学课程，组织学生前往千年瓷都——景德镇体验学习陶瓷文化，领会其深刻内涵，以陶瓷文化的历史流变为脉络，以绘画审美为核心，感受陶瓷绘画淡然、内敛的魅力和情怀，增强文化认同和传承意识。

四、借助特色乡土资源，在仪式感中加深文化认同和理解

仪式内蕴的庄严、神圣所激起的仪式感具有很强的道德教化功能；校园仪式具备一般仪式所具有的“实践知识”，学生能在不同的仪式中感受不同的影响；学校仪式能贮存社会记忆、促进社会凝聚、创造社会化情绪、化解群际冲突，以及进行教化等。通过激活文化记忆增强情感认同，通过增进文化体验获得价值认同，通过感悟文化力量唤醒信仰认同。

我校通过丰富孔子入学礼，在原有宣誓和智慧巾等环节的基础上，邀请社会贤达致辞，家长给孩子写一封信，让孩子们懂得担当、责任、尊重等品质内涵。在嘉定孔庙举行现代成人礼，免去了冠笄之礼，注入新的时代精神，激励养成青年们爱国、进步、理性等应有的精神品格，将我校“礼诺担当”责任教育行规实践的品牌项目示范辐射到全区乃至全市。凸显诚信宣誓仪式。人而无信不知其可，诚信既是中国传统文化中十分重要的一种品质，也是中国社会主义核心价值观的重要组成部分，学校将利用日常考试这一教育中十分重要的环节，进行诚信教育，让学生学会对自我行为负责，信守承诺。

五、联合家庭、社区资源，促进文化融入日常

将中华优秀传统文化教育融入学生的日常生活，充分利用家庭、社区等实践场所开展教育，促进学生更深刻地意识到优秀传统文化的意义和价值，为学生提供更全面、多样的教育素材，从多方面进行渗透。如在清明节等传统节日中，倡导家长带孩子体验传统习俗，扫墓祭祖、郊游踏青，让孩子通过家长的示范感受

中华民族自古以来的优良传统，增强家族甚至民族凝聚力和文化认同感，潜移默化地让孩子认识到传统节日与生活和社会的联系，而不仅仅只关注节日的欢快气氛。

我校整合家庭、学校、社会各方面的力量，推出“寒暑期生涯发展体验课程”，将劳动教育与生涯教育相结合，对不同的年级提出不同的要求，如要求学生到父母的单位进行为期至少一个星期的体验活动；与共建单位合作，给学生提供跟岗实习机会，切实感受劳动到底是什么样的；开展“劳动创造美好生活”系列活动，鼓励家长与孩子共同居家劳动；在创城期间，组织“中光蓝帽子志愿队”维护学校周边的环境卫生，对于不文明的行为进行劝导；与社区教育相结合，要求学生为社区服务，协助做好社区垃圾分类工作，讲解垃圾分类知识，督促家庭成员践行垃圾分类。通过家、校、社三位一体的社会劳动实践，深化了学生的劳动意识和劳动精神，引导学生在亲历劳动过程中体会热爱劳动是中华民族的优良品德。

作者介绍

吴斌，嘉定区中光高级中学党支部副书记、副校长。长期从事学校德育管理工作，致力于挖掘区域文博资源，拓展学生德育实践体验空间。先后参与《爱赏嘉定宝典》(小学版)、《学生幸福课程指导手册》等的编写。

家庭教育指导“药到病不除”，怎么办？

聚焦热难点，心理剧赋能

仇虹豪　陈　豫

情境导入

上海市实验学校东校根据不同年级学生的心理发展特点，定期邀请市、区层面的专家为每个年级的家长度身定做专业的讲座，帮助、引导家长树立正确的家庭教育观念，掌握科学的家庭教育方法。讲座分为：

必修课程（分年级授课。每学期一次，循序渐进。）

普适性课程（分中小学部。每学年一次，因需而设。）

比如：

一年级：如何把握孩子的优势？

二年级：如何帮助孩子管理时间？

三年级：如何培养孩子的责任心？

四年级：如何正确定位家长的角色？

五年级：如何帮助孩子提高学习效率？

六年级：如何创设适合初中生学习的家庭环境？

七年级：如何关注孩子独立人格的发展？

八年级：如何激发孩子的成长动力？

九年级：如何做个聪明的初三考生家长？

近年，学校增加了供家长网上自学的慕课课程，慕课的内容主要是用微视频演绎的方式，将家庭教育中可能遇到的问题进行细致分析，并提供解决办法。家长登录家长慕课平台就可以看到分年段家庭教育指导视频，随时随地有家庭教育方法可借鉴。

学校期望通过线上线下相结合的混合式学习，满足家长在家庭教育方面的多元化需求。但是实践下来，我们发现其有效性并不如我们想象得那么好。家长对待家长课程的热情很高，参与度也很高，但是听完课后真正能消化课程内容的并不多。在听讲座的时候似有所得，而回到实际生活中依然“涛声依旧”。因而在实际生活中，家庭教育指导往往“药到而病不除”。

问题归因

一、家庭教育指导的形式

1. 大多是讲座形式，家长与专家存在一定的距离感。
2. 讲座过程缺少情境化体验，家长参与度不够。

二、家庭教育指导的内容

1. 讲座内容比较笼统，不能满足个性化需求。
2. 后续缺乏针对性引领措施。

理论分析

一、开展家庭教育指导的意义

《中小学德育工作指南》中提到：“要加强家庭教育指导。要建立健全家庭教育工作机制，统筹家长委员会、家长学校、家长会、家访、家长开放日、家长接待日等各种家校沟通渠道，丰富学校指导服务内容……帮助家长提高家教水平。”

《中共中央国务院关于进一步加强和改进未成年人思想道德建设的若干意见》中也提到：“普及家庭教育知识，推广家庭教育的成功经验，帮助和引导家长树立正确的家庭教育观念，掌握科学的家庭教育方法，提高科学教育子女的能力。充分发挥各类家庭教育学术团体的作用，针对家庭教育中存在的突出问题，积极开展科学研究，为指导家庭教育工作提供理论支持和决策依据。”

家庭是孩子成长的土壤。学校可以通过多种方式定期开展“家长学校活动”，在家庭教育方面给予家长指导，让家长充分接触科学的家庭教育理念，掌握家庭教育的正确方法，减少家校沟通的障碍，促进孩子更好地成长。

二、开展家庭教育指导的策略

家庭教育指导的对象是孩子的家长，都是成年人。教育孩子和教育成人有很大的区别，教育学家诺斯尔斯提倡学习应划分为儿童学习和成人学习。

成人的学习不光注重知识的积累，更注重实用性和实效性。那如何能让家长感受到学习的内容是真实有效的呢？这就要求培训内容具有较强的实践性和指导性，贴合家长的实际需求。

同时，成人的注意力持续时间短，遗忘速度快。因此在培训的过程中，我们不能只是一味地传授，更要时刻注意学习者的接受度与吸收度。解决这一问题行之有效的方法就是——演练！知识要在实践中运用，只有牢牢掌握并转化为价值才有用，才能将所学的知识转化成“行为习惯”，才能成为能力。

因此，学校开展家庭教育指导时应提供给学习者各种实践的机会，使其积极参与课程，如引导其参与各种练习、测试、讨论。

实践支招

一、家庭教育指导形式的变化

（一）变讲座为心理体验剧

心理体验剧是由东校家长发起的，在专业人士的指导下，由家长自行编排、表演，以演教（Play）、看见（See）、体验（Do）、收获（Get）为主要表现形式，通过浸入式心理剧表演的形式，将素养教育的思维方式具象化地表现出来，帮助家长们更好地辨识家庭矛盾本质，探索解决方法。

2017 年底，在上海浦东新区一心公益发展中心的引领下，东校家委会戏剧社的家长、孩子针对家庭教育中家长的困惑，创新开发了一种新型的应用戏剧——“心理体验剧”。通过具有代入感的情景和开放性的问题，解决了传统家长课堂互动少，针对性和实效性不强的问题。

（二）变讲授式为情境化

心理体验剧用独特的互动方式，将亲子生活在舞台上真实演绎，将或破碎、或猜疑、或剑拔弩张的亲子矛盾完整呈现，再通过家长上台体验扮演剧中角色并在舞台上作出最真实的反馈，使家长们产生更强的共情，有更多的思考。

比如心理体验剧《门里门外——谁的错？》就设置了这样的情景：书房门外，外企高管妈妈一身疲惫，放下领导电话，就得开始上“夜班”，管理俩宝的学习；门里，相比乖巧好学的妹妹，顽皮拖沓、有点小叛逆的哥哥将作业写得一塌糊涂。

老公工作繁忙，长期缺位；老人的宠爱孙辈，一味“护短”，这些都让妈妈“不堪重负”，家庭矛盾一触即发……

台上，大、小演员们将一幕幕熟悉的场景、似曾相识的故事搬上舞台，情景再现；台下，家长们看得仔细，听得真切，没人刷手机，没人交头接耳，每个人或微笑、或蹙眉，都若有所思……

（三）变集体教育为个性指导

在心理剧的过程中，会在关键问题上按“暂停键”，由家长们上台进行情景演绎以及角色互换的体验。然后专家会针对家长处理问题的方式方法进行点评与分析。这样的环节既能解决共性化的问题，又能对个性问题进行分析并提出解决建议。

比如心理体验剧《我该怎么办？》演的是发生在随迁子女家庭中的寻常琐事。主人公是一个被婆媳关系、亲子关系、夫妻关系搞得焦头烂额的父亲。随着剧情的发展，当所有的矛盾指向这位父亲的时候，剧情戛然而止。接下来父亲到底“怎么办”？领航员上台，引领观众们思考、发言，甚至上台来体验。

有的爸爸觉得此事不难，领航员邀请他上台来试试。当这位家长用他认为可以搞定的方式来出演的时候，没想到“妈妈”完全不买账！“奶奶”也不给好脸色。这个时候，这位家长茫然了，原来，这样的沟通方式行不通啊！此时领航员上场，对这位爸爸就刚才的体验做了采访。有了体验之后，爸爸的感想和之前就完全不同，爸爸说：原来，沟通还真是门学问，需要好好了解和学习。领航员又通过几个桥段的设计，邀请更多的家长上台，分别体验妈妈角色、孩子角色，通过这样的方式，参与者能深刻的换位思考，得到启发。

心理体验剧的最后，由专业的心理咨询师给予大家专业的意见和指导，咨询师由浅入深地对舞台演出的案例进行分析解读，观众们透过现象看到了背后的本质。然后咨询师从心理学角度剖析家庭教育中的各种关系和心理状态，给予家长们有效的建议，比如更多用倾听、共情等正面的做法来处理家庭中的种种关系。

二、家庭教育指导内容的变化

（一）变大众化为个性化

根据不同学校的特点，可以编排出符合该校家庭教育特点的心理体验剧，如：

《门里门外——谁的错？东校版》（控制不良情绪问题）

《门里门外——谁的错？进涛版》（外省市来沪务工者家庭教育问题）

《门里门外——青春之戈》（孩子手机管理问题）

《我该怎么办》（随迁子女心理问题）

除此之外，根据家庭教育中出现的不同问题，还可以编排不同主题的个性化心理体验剧，如：

安全教育方面：《安全教育——遇到陌生人》

学习指导方面：《我的作业谁做主？》

疫情网课期间：《都是云课惹的“火”》

……

我们还聘请家庭教育指导专家，为家长们提供一对一咨询指导服务，无论是亲子沟通问题，孩子学习方法指导问题，还是性格养成教育问题，家长都能得到有价值有针对性的方法指导。

（二）聚焦热点教育内容

心理体验剧的内容聚焦热点，与时俱进。比如在中考及中招新政之下随着考试科目增加、考试年级下沉，孩子面临的学业压力有所增长；学科总分大幅增长，录取分数线变化未知，令家长焦虑度攀升。

如何在新中考政策下安排好有限的家庭学习时间？五项管理以及双减政策出台后，孩子的课外自学计划和整体发展规划该怎么调整？

问题逐渐显化，需要家校共同探求解决问题的方法，舒缓堆积的焦虑情绪。通过心理体验剧的课程形式去探寻答案，得到的不是标准答案式的解答，而是适用于不同的家庭，解决方法是开放式和多样化的。

心理体验剧集观看、演绎、思考感悟于一体，在探寻答案的过程中，家长们理解自身焦虑并接纳焦虑情绪。通过对矛盾的多位体验和深化思考，引发行为的改变。

心理体验剧这样的新型课程让参与的家长不仅仅是通过被动的“听、看”来接受信息，反馈交流也不仅仅是单一的“想、说”，而是让参与者在观看到“我”和“非我”的家庭中家长与孩子、家庭成员内部、家长与学校、家庭与学校之间不时会产生的问题、困惑和误区，再通过现场实时情感代入去思考、聆听、交流、感悟，更进一步的过程还可以进入表演场域，自己去演、自己去面对矛盾、去尝试解决矛盾，并且在演自己的过程中更多地认知自己，最终真正实现认知和行为上的改变，并将科学的家庭教育方法运用在实际生活中，做到“表里如一”，从而进一步提升家庭幸福指数，为孩子的茁壮成长提供沃土。在学校和家庭的携手中，心理体验剧课程有助于深化家校协同治理能力，促进家校共同培养完整人格的阳光少年。

作者介绍

仇虹豪，上海市实验学校东校党支部书记、校长。中学高级教师，校长职级高级，教育管理硕士学位，华东师范大学“教育领导与管理”博士研究生。以课题和项目为抓手，通过课程建设、教师专业发展、智能化校园、家校社共育、项目化学习等举措，以“共同学习、整体优化、持续创新”的工作方针，带领全体师生家长共创教育改革新征程、新格局。

陈豫，上海市实验学校东校教导处副主任，浦东新区骨干教师、中心组成员。曾获“上海市优秀班主任”称号；全国青年教师教学基本大赛三等奖；长三角班主任基本功大赛三等奖；多次获得市、区教学大赛和班主任基本功大赛的一、二等奖。